中国房地产金融报告 2017

China Real Estate Finance Report 2017

房地产金融市场分析小组

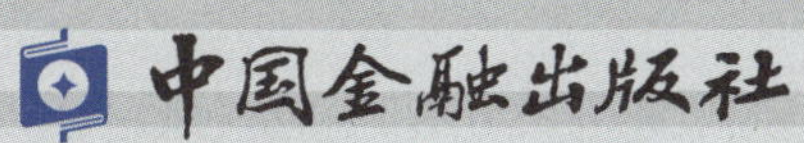

责任编辑：黄海清　李　哲
责任校对：刘　明
责任印制：裴　刚

图书在版编目（CIP）数据

中国房地产金融报告. 2017/房地产金融市场分析小组编. —北京：中国金融出版社，2018.10

ISBN 978-7-5049-9507-0

Ⅰ. ①中…　Ⅱ. ①房…　Ⅲ. ①房地产金融—研究报告—中国—2017　Ⅳ. ①F832.45

中国版本图书馆CIP数据核字（2018）第054869号

出版
发行　中国金融出版社
社址　北京市丰台区益泽路2号
市场开发部　（010）63266347，63805472，63439533（传真）
网 上 书 店　http://www.chinafph.com
（010）63286832，63365686（传真）
读者服务部　（010）66070833，62568380
邮编　100071
经销　新华书店
印刷　北京市松源印刷有限公司
尺寸　210毫米×285毫米
印张　13.25
字数　350千
版次　2018年10月第1版
印次　2018年10月第1次印刷
定价　68.00元
ISBN 978-7-5049-9507-0
如出现印装错误本社负责调换　联系电话（010）63263947

房地产金融市场分析小组

组长：纪志宏

成员（按姓氏笔画排序）：

邹　澜　张其光　曹金彪　谭华杰

总纂：周永坤　杨　曦

执笔并统稿：江会芬　孟　萍　谷仕平　刘　溢　田　鑫

其他执笔人（按姓氏笔画排序）：

王亦舒　方玉红　吕潇潇　朱海燕　安　平　李　莹　李华伟　沈春芽

张　明　陈　敏　陈　晨　陈　慧　陈　聪　郑力瑄　郝　杨　姜　涛

袁　也　袁　征　徐精文　董　琪　潘艾敏

内容摘要 NEIRONG ZHAIYAO

2016年，中国经济运行总体平稳，金融市场健康发展，新型城镇化稳步推进，城镇居民家庭收支状况稳步改善，为房地产业发展提供了良好的外部环境。商品房销售实现较快增长，去库存取得积极成效。房地产开发企业加快开工和投资速度，促进上下游行业以及政府房地产相关收入增速触底回升，对经济增长的贡献率也有所提高。2016年，我国房地产业增加值4.8万亿元，同比增长15.6%；占GDP的比重为6.5%，比上年提高0.4个百分点。

土地供应继续下降，主要城市土地成交规模略有上升，地价涨幅较大。全国商品住宅销售创历史新高，70个大中城市房价出现较快上涨，房价上涨城市个数明显增加。全国商品住宅新开工面积恢复增长，全国住宅开发投资增速有所回升。全国保障性安居工程完成全年目标任务，各类棚户区改造新开工606万套。商业地产投资增速显著回升并趋于稳定，一线城市写字楼仍维持一定规模的供应量，零售物业调整升级趋势明显，工业地产市场趋于稳定，星级酒店出租率小幅上升。

地产开发贷款整体呈现降低态势，2016年末地产开发贷款余额为1.4万亿元，同比降低4.9%，比上年同期低17.7个百分点。房产开发贷款增速全年呈现先抑后扬的态势，2016年末余额同比增速为12.2%，较上年末低5.7个百分点。保障性住房开发贷款仍然保持快速增长，全年新增保障性住房开发贷款6 972.2亿元，同比多增210.8亿元，新增保障性住房开发贷款占同期住房开发贷款新增额的135.0%，较上年提高17.8个百分点。住宅销售额与住房开发贷款余额的比值为2.26，较上年上升0.38个百分点。

个人住房贷款增长较快，主要满足了居民家庭首次购买普通住房的贷款需求。截至2016年末，商业银行历年累计发放8 079万笔、共计29.7万亿元的个人住房贷款；个人住房贷款余额18.0万亿元，同比增长36.7%，占各项贷款余额的16.9%。总体来看，住房贷款借款人平均年龄小幅上升，借款人所购住房总价和单价持续上升。平均房价收入比较2015年小幅上升，月供收入比持续回落，贷款风险总体可控。平均首付比例和贷款利率均值较2015年有所下降，借款人的贷款利率均值为基准利率的0.92倍，平均首付比例为35.1%。根据推算，目前约有19.3%的存量住房有尚未结清的个人住房贷款，个人住房贷款余额占存量住房市场价值的8.2%，远低于发达国家一般水平。

住房公积金制度改革加快推进，缴存覆盖面进一步扩大，资金使用效率明显提高，有效提高了缴存职工住房支付能力和促进房地产市场去库存。住房公积金缴存人数、缴存额持续增加。截至2016年末，缴存总额超过10万亿元，缴存余额4.6万亿元。2016年，住房公积金提取额1.2万亿元，较去年有所增长；全国共发放住房公积金个人住房贷款327.5万笔、1.3万亿元，分别比上年增长4.8%、14.6%。截至2016年末，利用住房公积金贷款支持保障性住房建设试点城市85个，试点项目390个，累计已发放试点项目贷款1 058亿元。

2016年，受房地产企业债券融资限制的放松、国内利率下行、美元升值等因素影响，部分房地产企业融资由境外回归境内，境内债券融资规模显著提高。债券融资方面，债券市场成为房地产企业最重要的融资渠道，全年境内债券融资规模7 771亿元，境外债券融资规模110亿美元。股权融资方面，全年A股市场房地产企业共完成26单定向增发，合计融资规模1 032亿元，境外市场完成股本融资项目15单，合计融资规模12.9亿美元。信托融资方面，房地产资金信托占比有所减少，房地产信托产品收益率略有下降。从第四季度起，国家加强房地产调控，房地产企业融资渠道逐渐收紧。

目 录 CONTENTS

第一章　宏观经济与房地产业 …… 1

一、房地产发展的宏观经济环境 …… 3

（一）宏观经济运行平稳 …… 3

（二）金融市场平稳健康运行 …… 6

（三）新型城镇化稳步推进 …… 8

（四）城镇居民家庭收支状况稳步改善 …… 10

二、房地产发展对宏观经济运行的影响 …… 11

（一）房地产业对宏观经济的影响 …… 11

（二）房地产业对建筑业的影响 …… 12

（三）房地产业对其他相关行业的影响 …… 13

（四）房地产业对政府财政收入的影响 …… 14

专栏一　房地产业关联行业及相关性分析 …… 15

第二章　房地产市场 …… 19

一、土地市场 …… 21

（一）全国土地供应和成交情况 …… 21

（二）主要城市土地供应和成交情况 …… 23

二、商品住宅市场 …… 25

（一）新建商品住宅市场 …… 25

（二）一线城市二手住宅市场 …… 31

三、保障性住房 …… 34

（一）落实棚改支持政策 …… 35

（二）提高棚改货币化安置比例 …… 35

（三）努力实现市域内棚改资金大体平衡 …… 35

（四）抓好公租房竣工和分配管理工作 …… 35

（五）加强监督检查 ······ 35
四、商业地产市场 ······ 36
（一）写字楼市场 ······ 36
（二）零售物业市场 ······ 38
（三）工业地产市场 ······ 40
（四）酒店物业市场 ······ 41
专栏二　房地产宏观审慎政策工具及实施原则简介 ······ 42

第三章　房地产开发贷款 ······ 45
一、地产开发贷款 ······ 47
（一）全国情况 ······ 47
（二）区域结构 ······ 50
（三）土地出让收入与地产开发贷款比较 ······ 52
二、房产开发贷款 ······ 53
（一）全国情况 ······ 53
（二）区域结构 ······ 55
（三）保障性住房开发贷款情况 ······ 57
（四）住房开发贷款与住房投资销售的关联性分析 ······ 59
专栏三　房产税征收制度的国际经验 ······ 60

第四章　个人住房贷款 ······ 63
一、个人住房贷款发放情况 ······ 65
（一）个人住房贷款累计发放情况 ······ 65
（二）2016年个人住房贷款发放情况 ······ 65
（三）2016年新发放贷款的主要特征 ······ 68
二、个人住房贷款存量情况 ······ 68
（一）全国概况 ······ 68
（二）区域结构 ······ 71
（三）机构分布 ······ 72
三、个人住房贷款与住房市场 ······ 74
（一）新建房贷款发放与商品住房销售情况 ······ 74
（二）个人住房贷款与存量住房市场 ······ 75
四、个人住房抵押贷款证券化市场 ······ 75
（一）世界主要国家个人住房抵押贷款证券化发展现状 ······ 75
（二）我国个人住房抵押贷款证券化市场 ······ 76
专栏四　居民部门房贷杠杆率简析 ······ 77

第五章　住房公积金管理情况 ······ 81
一、住房公积金缴存和提取情况 ······ 83
（一）缴存覆盖面进一步扩大 ······ 83
（二）提取额增速平稳 ······ 85
（三）缴存余额稳定增长 ······ 87

二、住房公积金个人住房贷款情况 …… 90
（一）个人住房贷款发放额继续增加 …… 90
（二）流动性趋于紧张 …… 94
（三）住房公积金个人住房贷款利率情况 …… 95
三、利用住房公积金贷款支持保障性住房建设试点情况 …… 95
（一）试点情况 …… 95
（二）资金安全情况 …… 96
专栏五 各国政策性住房金融制度概述 …… 96

第六章 房地产直接融资和信托融资 …… 99
一、债券融资 …… 101
（一）境内融资 …… 101
（二）境外融资 …… 101
二、股票融资 …… 102
（一）境内融资 …… 102
（二）境外融资 …… 104
三、其他融资方式 …… 105
（一）房地产信托 …… 105
（二）房地产投资信托基金 …… 105
专栏六 银行间市场房地产投资信托基金概况 …… 105

附录一 世界主要经济体住房市场和住房金融概况 …… 108
一、美国住房和住房金融市场概况 …… 108
（一）经济金融形势 …… 108
（二）住房市场发育程度 …… 109
（三）住房和住房金融市场概况 …… 110
二、日本住房和住房金融市场概况 …… 111
（一）经济金融形势 …… 111
（二）住房市场发育程度 …… 111
（三）住房和住房金融市场概况 …… 112
三、德国住房和住房金融市场概况 …… 113
（一）经济金融形势 …… 113
（二）住房市场发育程度 …… 114
（三）住房和住房金融市场概况 …… 114
四、英国住房和住房金融市场概况 …… 114
（一）经济金融形势 …… 114
（二）住房市场发育程度 …… 115
（三）住房和住房金融市场概况 …… 115
五、加拿大住房和住房金融市场概况 …… 116
（一）经济金融形势 …… 116
（二）住房市场发育程度 …… 117
（三）住房和住房金融市场概况 …… 117

六、澳大利亚住房和住房金融市场概况 …… 118
（一）经济金融形势 …… 118
（二）住房市场发育程度 …… 119
（三）住房和住房金融市场概况 …… 119

附录二　2016年个人住房贷款抽样调查报告 …… 121
一、抽样调查的基本情况 …… 121
二、抽样调查的具体情况分析 …… 121
（一）借款人的居住地和户籍分布 …… 121
（二）借款人的年龄分布 …… 124
（三）借款人的收入和投资情况 …… 127
（四）住房性质和单价 …… 131
（五）住房面积情况 …… 135
（六）住房总价和房价收入比 …… 139
（七）贷款总额和首付款比例 …… 142
（八）利率水平和利率调整方式 …… 146
（九）贷款期限分布 …… 149
（十）还款方式和月供收入比 …… 151
（十一）借款人的经济预期 …… 156
（十二）借款人的住房套数 …… 158
（十三）购房贷款次数分布情况 …… 160

附录三　2016年房地产相关重要政策文件汇编 …… 162
住房城乡建设部关于加快建设住房公积金综合服务平台的通知 …… 162
中国人民银行　中国银行业监督管理委员会关于调整个人住房贷款政策有关问题的通知 …… 164
财政部　国土资源部　中国人民银行　中国银行业监督管理委员会
关于规范土地储备和资金管理等相关问题的通知 …… 165
中国人民银行　住房城乡建设部　财政部
关于完善职工住房公积金账户存款利率形成机制的通知 …… 169
财政部　国家税务总局　住房城乡建设部
关于调整房地产交易环节契税　营业税优惠政策的通知 …… 170
中国人民银行　中国银行业监督管理委员会
中国保险监督管理委员会　财政部　国土资源部　住房城乡建设部
关于印发《农民住房财产权抵押贷款试点暂行办法》的通知 …… 172
财政部　住房城乡建设部关于进一步做好棚户区改造相关工作的通知 …… 176
住房城乡建设部　国家发展改革委　财政部　中国人民银行
关于规范和阶段性适当降低住房公积金缴存比例的通知 …… 179
国务院办公厅关于加快培育和发展住房租赁市场的若干意见 …… 180
住房城乡建设部　财政部　国土资源部
关于进一步做好棚户区改造工作有关问题的通知 …… 183
住房城乡建设部　国家发展和改革委员会　工业和信息化部　中国人民银行
国家税务总局　国家工商行政管理总局　中国银行业监督管理委员会

关于加强房地产中介管理促进行业健康发展的意见 …… 184
国务院办公厅关于大力发展装配式建筑的指导意见 …… 188
住房城乡建设部　财政部关于做好城镇住房保障家庭租赁补贴工作的指导意见 …… 191
国土资源部关于进一步加快宅基地和集体建设用地确权登记发证有关问题的通知 …… 193
财政部　国家税务总局关于明确金融　房地产开发　教育辅助服务等增值税政策的通知 …… 196
国土资源部　国家发展和改革委员会　财政部　住房城乡建设部
农业部　中国人民银行　国家林业局　中国银行业监督管理委员会
关于扩大国有土地有偿使用范围的意见 …… 198

第一章

HONGGUAN JINGJI YU FANGDICHANYE

宏观经济与房地产业

2016年，中国经济运行总体平稳，金融市场健康发展，新型城镇化稳步推进，城镇居民家庭收支状况稳步改善，为房地产业发展提供了良好的外部环境。房地产开发企业加快开工和投资速度，促进上下游行业以及政府房地产相关收入增速触底回升。房地产行业对经济增长的贡献率有所提高。

一、房地产发展的宏观经济环境

（一）宏观经济运行平稳

2016年，中国经济运行总体平稳。初步核算，全年实现国内生产总值（GDP）74.4万亿元，按可比价格计算，比上年增长6.7%。分季度看，四个季度同比分别增长6.7%、6.7%、6.7%和6.8%。

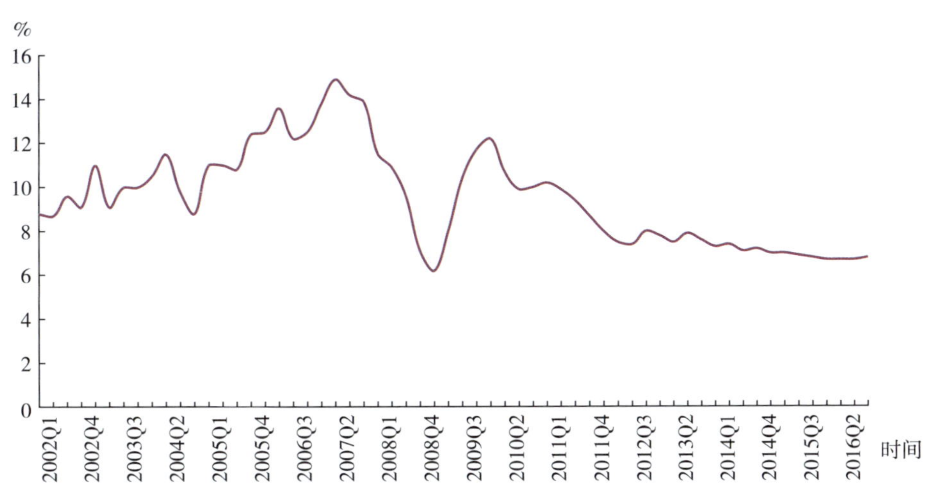

资料来源：国家统计局、CEIC数据库。

图1.1 2002～2016年我国GDP增长率

消费平稳较快增长。2016年，社会消费品零售总额为33.2万亿元，同比增长10.4%，增速比上年低0.3个百分点。分城乡看，城镇消费增速低于乡村，城镇消费品零售额为28.6万亿元，比上年增长10.4%；乡村消费品零售额为4.7万亿元，比上年增长10.9%。

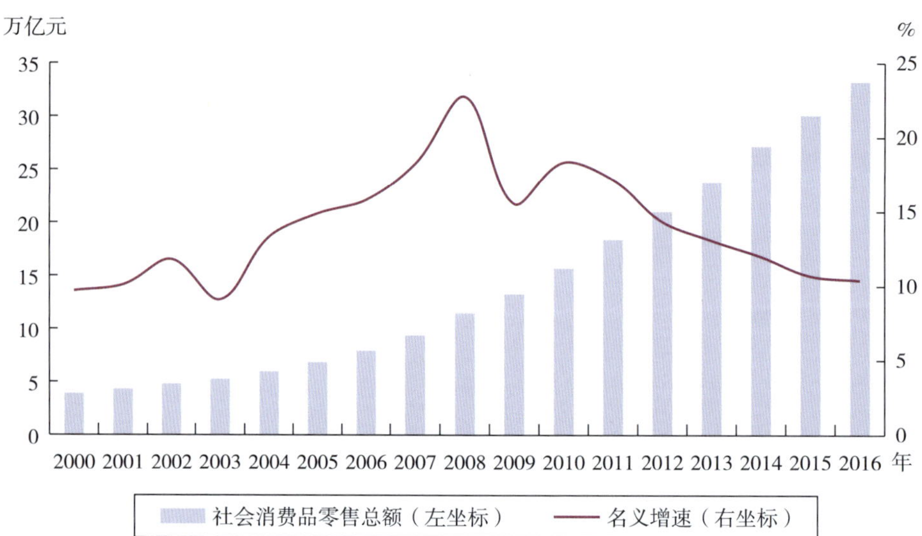

资料来源：国家统计局、Wind数据库。

图1.2　2000～2016年我国社会消费品零售总额及增速

固定资产投资增速放缓。2016年，固定资产投资（不含农户）59.7万亿元，比上年增长8.1%，增速比上年低1.9个百分点。分地区看，东、中、西部地区固定资产投资分别比上年增长9.1%、12.0%和12.2%；分产业看，三次产业投资分别比上年增长21.1%、3.5%和10.9%。

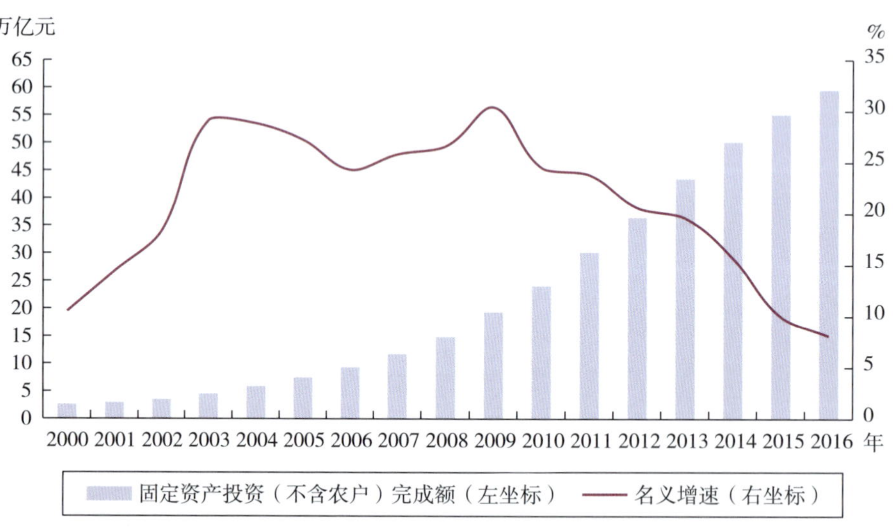

资料来源：国家统计局、Wind数据库。

图1.3　2000～2016年我国固定资产投资（不含农户）完成额及增速

物价总体温和上涨。2016年，居民消费价格指数（CPI）同比上涨2.0%，涨幅比上年扩大0.6个百分点，其中各季度涨幅分别为2.1%、2.1%、1.7%和2.1%。工业生产者出厂价格指数（PPI）同比下降1.4 %，降幅比上年缩小3.8个百分点，接近2012～2014年的平均水平，其中前三季度分别下降4.8%、2.9%和0.8%，第四季度增长3.3%。

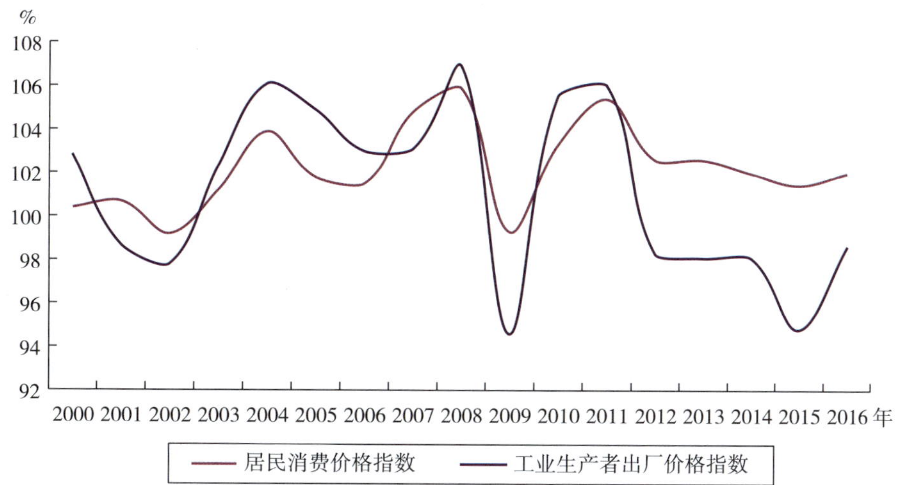

资料来源：国家统计局、CEIC数据库。

图1.4 2000～2016年居民消费价格指数及工业生产者出厂价格指数

就业形势总体稳定。2016年末，全国就业人员7.8亿人，比上年末增加152万人；其中，城镇就业人员4.1亿人，比上年末增加1 018万人。全年城镇新增就业人员1 314万人，超过全年预期目标。全国人户分离的人口为2.9亿，比上年末减少200万人；其中流动人口为2.5亿，比上年末减少200万人。

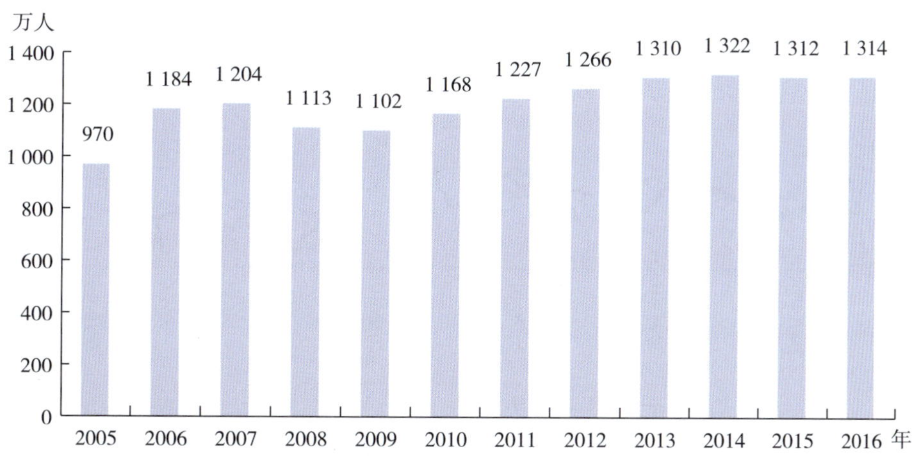

资料来源：国家统计局、Wind数据库。

图1.5 2005～2016年我国城镇新增就业情况

财政收入低速增长，财政支出增幅缩小。2016年，全国一般公共财政收入16.0万亿元，按可比口径比上年增长4.5%，增速比上年低1.3个百分点；其中税收收入13.0万亿元，比上年增长4.3%，增速比上年低0.5个百分点。全国一般公共财政支出18.8万亿元，比上年增长6.4%，增速比上年低6.8个百分点。全年收支相抵，财政支出大于收入2.8万亿元，两者之差比上年多0.5万亿元。从支出结构看，财政支出增长较快的有城乡社区支出、社会保障和就业支出、科学技术支出、医疗卫生与计划生育支出，同比分别增长17.1%、13.3%、12.0%和10.0%。

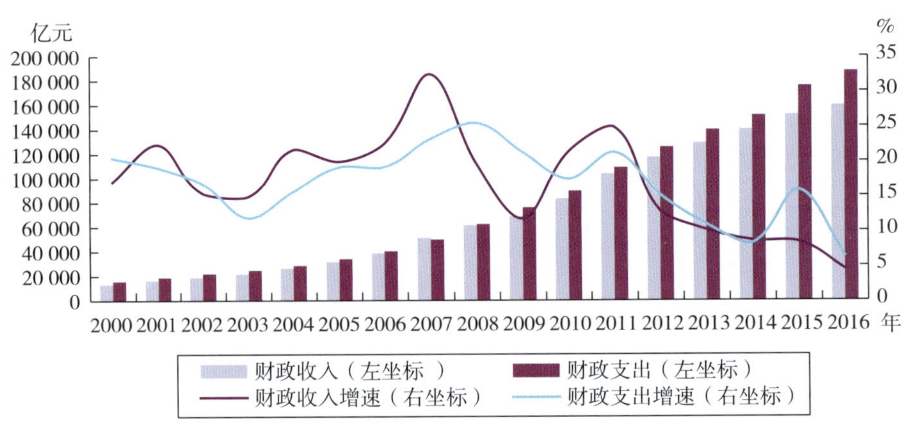

资料来源：国家统计局、Wind数据库。

图1.6 2000～2016年我国财政收支情况

（二）金融市场平稳健康运行

银行体系流动性合理充裕。2016年末，广义货币供应量M2余额为155.0万亿元，同比增长11.3%，增速比上年末低2.0个百分点。狭义货币供应量M1余额为48.7万亿元，同比增长21.4%，增速比上年末高6.2个百分点。总体来看，稳健货币政策取得了较好效果。

资料来源：中国人民银行、Wind数据库。

图1.7 2000～2016年我国M1及M2增长情况

存款增长总体平稳。2016年末，金融机构本外币各项存款余额为155.5万亿元，同比增长11.3%，增速比上年末低1.1个百分点；比年初增加15.7万亿元，同比多增4 348亿元。人民币各项存款余额为150.6万亿元，同比增长11.0%，增速比上年末低1.4个百分点；比年初增加14.9万亿元，同比少增924亿元。

贷款平稳较快增长。2016年末，金融机构本外币贷款余额为112.1万亿元，同比增长12.8%，增速比上年末低0.6个百分点；比年初增加12.7万亿元，同比多增9 810亿元。人民币贷款余额为106.6万亿元，同比增长13.5%，增速比上年末低0.8个百分点；比年初增加12.7万亿元，同比多增9 257亿元。

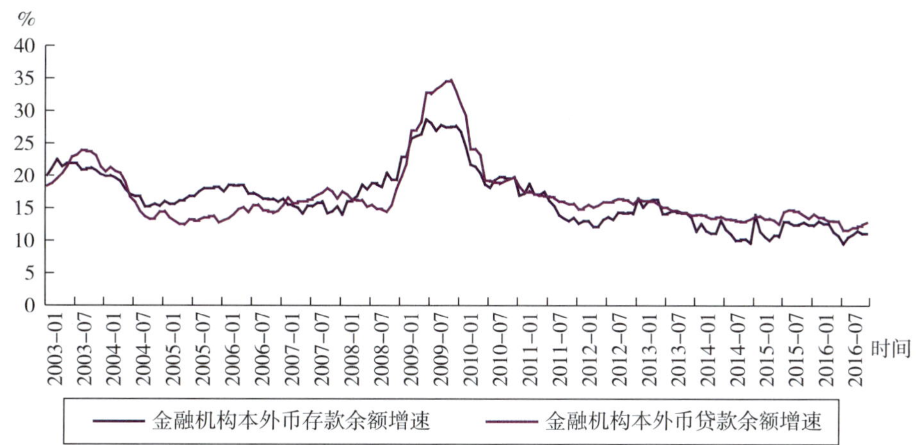

资料来源：中国人民银行、CEIC数据库。

图1.8 2003～2016年金融机构本外币存贷款增长情况

贷款利率总体平稳。2016年12月，非金融企业及其他部门贷款加权平均利率为5.27%，与上年12月基本持平。其中，一般贷款加权平均利率为5.44%，比上年12月下降0.20个百分点；票据融资加权平均利率为3.90%，比上年12月上升0.58个百分点。个人住房贷款利率稳步下行后于第四季度趋于平稳，12月加权平均利率为4.52%，比上年12月下降0.18个百分点。

2016年，人民银行按照党中央、国务院统一部署，主动适应经济发展新常态，保持货币政策的审慎和稳健，尤其是注重根据形势变化把握好调控的节奏、力度和工具组合，加强预期微调，为供给侧结构性改革营造了适宜的货币金融环境。

一是优化货币政策工具组合和期限结构，保持适度流动性。在年初普降存款准备金率0.5个百分点补充长期流动性缺口的基础上，更多运用公开市场操作、中期借贷便利、常备借贷便利、抵押补充贷款等工具灵活提供不同期限流动性。同时，建立公开市场每日操作常态化机制，开展中期流动性常态化操作。

二是推动调控框架逐步转型。一方面继续强化价格型调控传导机制，探索构建利率走廊机制；另一方面也注意在一定区间内保持利率弹性，与经济运行和金融市场变化相匹配，发挥价格调节和引导功能。连续在7天期逆回购利率进行操作，释放政策信号，并适时增加14天期和28天期逆回购品种，引导和优化货币市场交易期限结构。

三是进一步完善适合我国国情的宏观审慎政策框架。将差别准备金动态调整机制升级为宏观审慎评估（MPA），对金融机构行为进行多维度引导；将全口径跨境融资宏观审慎管理扩大至全国范围的金融机构和企业；按照“因城施策”原则对房地产信贷市场实施调控，强化住房金融宏观审慎管理。

四是促进信贷结构优化，支持经济结构调整和转型升级。发挥好信贷政策支持再贷款、再贴现和抵押补充贷款、窗口指导等的作用，创设扶贫再贷款，将民营银行纳入支小再贷款的支持范围，引导金融机构加大对小微企业、“三农”和棚改等国民经济重点领域和薄弱环节的支持力度。

与此同时，坚定推动金融市场化改革，进一步完善货币政策调控框架，疏通传导渠道。继续深入推进利率市场化改革，着力培育以上海银行间同业拆放利率（Shibor）、国债收益率曲线和贷款基础利率（LPR）等为代表的金融市场基准利率体系，不断健全市场利率定价自律机制。继续完善人民币汇率市场化形成机制，初步形成“收盘汇率+一篮子货币汇率变化”的人民币对美元汇率中间价形成机制，汇率政策的规则性、透明度和市场化水平进一步提高。圆满完成人民币加入SDR篮子的各项技术性准备，2016年10月1日人民币加入SDR货币篮子正式生效。

稳健货币政策取得了较好效果。银行体系流动性合理充裕，货币信贷和社会融资规模平稳较快增长，利率水平低位运行，人民币对一篮子货币汇率保持基本稳定，对美元双边汇率弹性进一步增强。

（三）新型城镇化稳步推进

新型城镇化稳步推进。国家统计局数据显示，截至2016年末，我国大陆城镇常住人口为7.9亿人，占总人口比重为57.4%，比上年末提高1.3个百分点，比2000年末提高21.2个百分点。

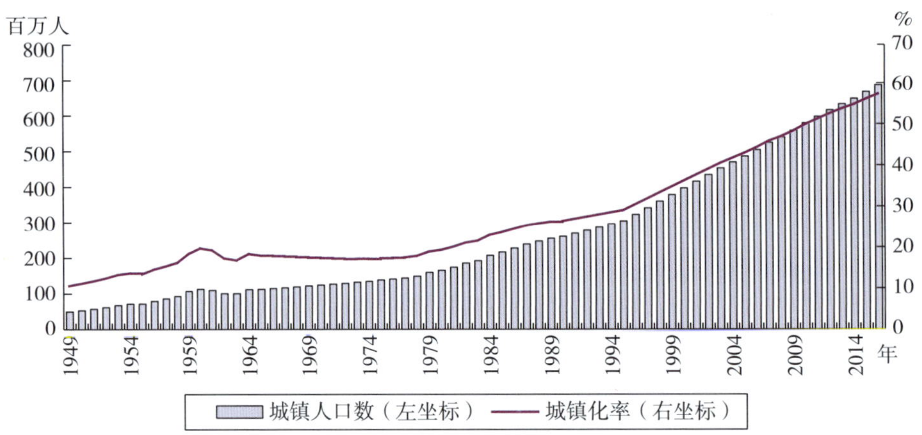

资料来源：国家统计局、Wind数据库。

图1.9　1949～2016年我国城镇化率

劳动年龄人口比重持续下降。国家统计局数据显示，截至2016年末，全国总人口中，15～64岁年龄段人口比重为72.6%①，较上年末低0.4个百分点，连续六年下降。

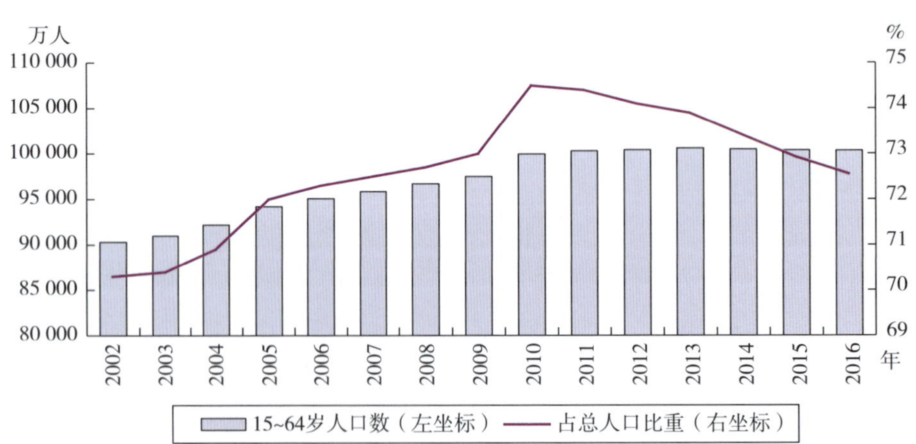

资料来源：国家统计局、Wind数据库。

图1.10　2002～2016年全国劳动力人口及占总人口比重情况

① 按照联合国统计指标，15～64岁年龄段人口定义为劳动适龄人口。

适婚年龄人口购房置业需求较为突出。新中国成立以来，我国人口经历过几次较为明显的生育高峰，最近的一次是1981～1991年，目前这部分群体已进入20～35岁的婚育年龄，购房置业需求较为突出。

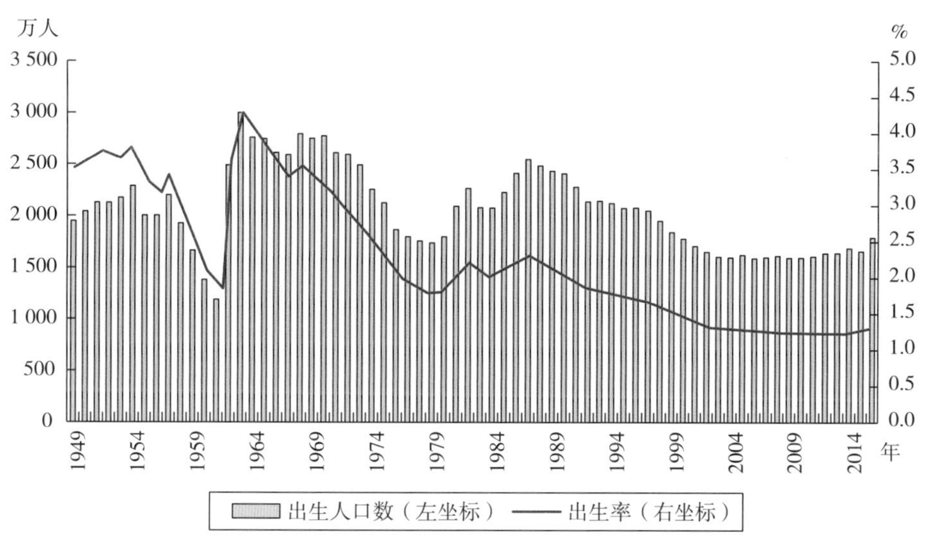

注：出生人口数根据国家统计局公布的年度总人口数、出生率计算所得。

资料来源：国家统计局、Wind数据库。

图1.11 1949～2016年我国每年新出生人口情况

结婚登记对数持续高位。2015年，我国结婚登记对数达1 225万对，自2008年以来连续八年超过1 000万对。家庭数有所提高，户均人口略有下降。国家统计局抽样调查数据显示，2016年末，全国31个省、自治区、直辖市共有家庭户4.50亿户，平均每个家庭户的人口为3.08人。家庭户数量比2015年末上升1.4%，户均人口数略低于2015年末的3.10人。

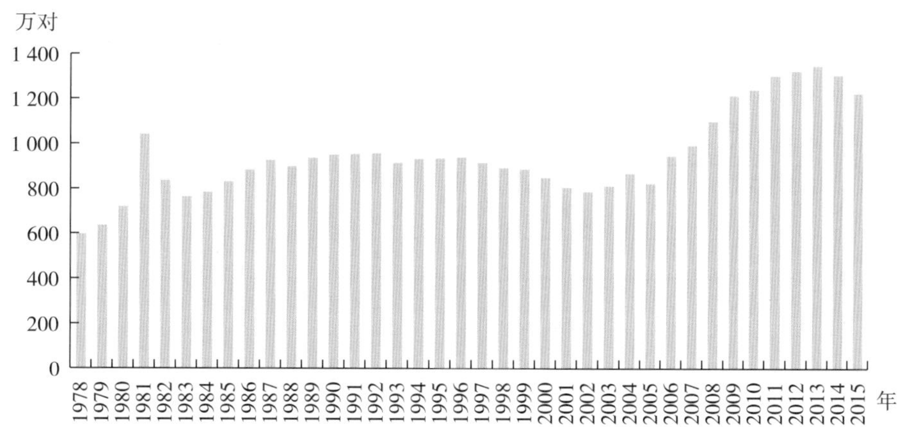

资料来源：国家统计局、Wind数据库。

图1.12 1978～2015年我国结婚登记情况

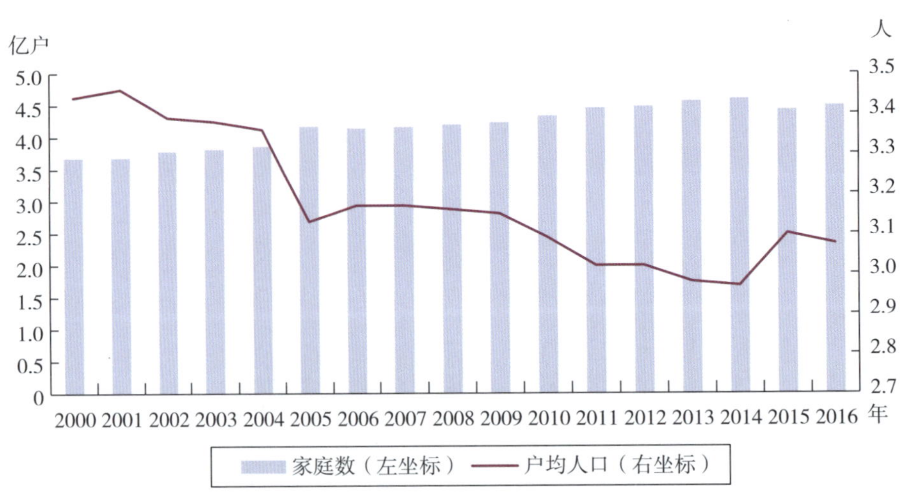

资料来源：CEIC数据库。

图1.13　2000～2016年我国户均人口和家庭总数

（四）城镇居民家庭收支状况稳步改善

城镇居民收入稳步增长。2016年，城镇居民家庭人均可支配收入为33 616元，同比增长7.8%，扣除价格因素实际增长5.6%。地区发展差距仍然较大，收入最高的上海市是收入最低的西藏自治区的2.5倍。

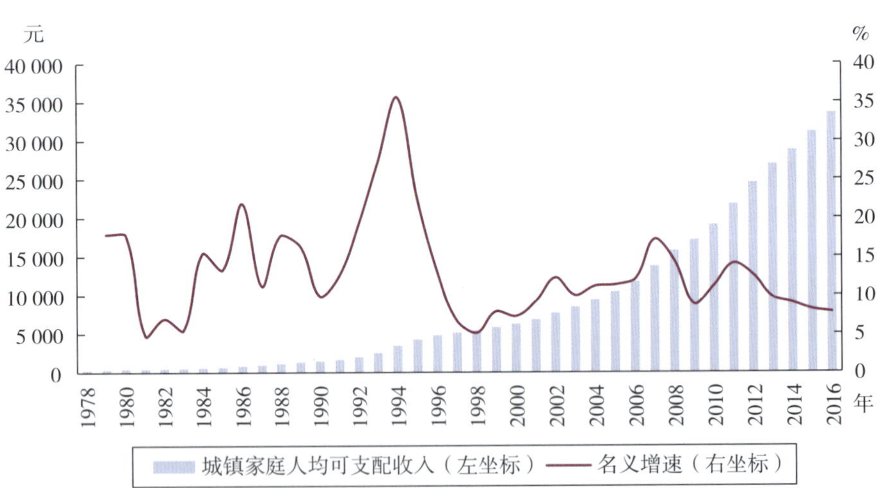

资料来源：国家统计局、Wind数据库。

图1.14　1978～2016年城镇人均可支配收入及增长情况

城镇居民消费支出持续增长。2016年，我国城镇居民家庭人均消费性支出为23 079元，比上年增长7.9%，扣除价格因素，实际增长5.7%；城镇居民家庭人均消费性支出占城镇家庭人均可支配收入的68.7%，比上年略高0.1个百分点。

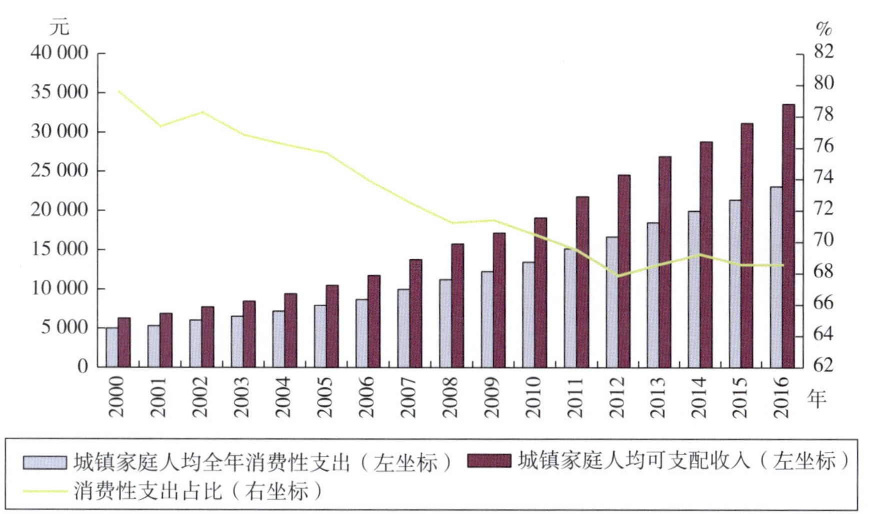

资料来源：国家统计局、Wind数据库。

图1.15 2000～2016年城镇家庭人均全年消费性支出

住户存款增长平稳。2016年末，住户人民币存款余额59.8万亿元，同比增长9.5%，增速较上年末扩大0.8个百分点。当年新增住户存款5.2万亿元，同比多增0.8万亿元。

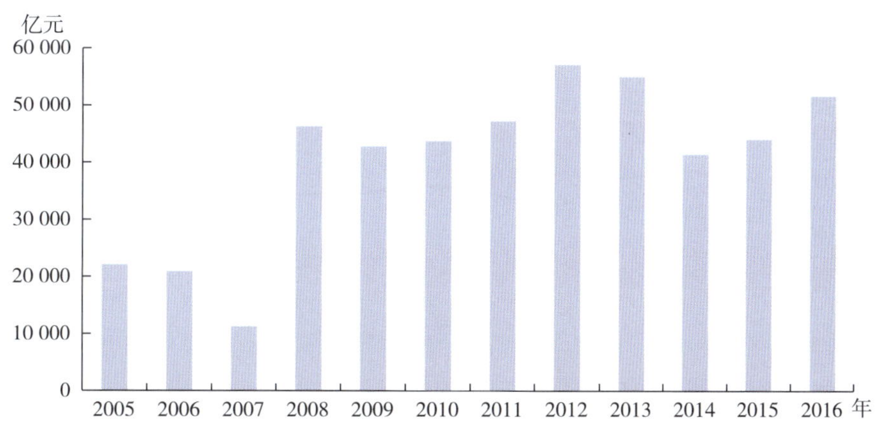

资料来源：中国人民银行。

图1.16 2005～2016年我国居民户新增人民币存款情况

二、房地产发展对宏观经济运行的影响

2016年，商品房销售实现较快增长，去库存取得积极成效。房地产开发企业加快开工和投资速度，促进上下游行业以及政府房地产相关收入增速触底回升，对经济增长的贡献率有所提高。

（一）房地产业对宏观经济的影响

2016年，我国房地产业增加值4.8万亿元，同比增长15.6%，增速比上年提高5.8个百分点；占GDP的比重为6.5%，比上年提高0.4个百分点。房地产业对GDP增长的贡献率为7.8%，拉动GDP增长0.5个百分点，比上年提高0.3个百分点。

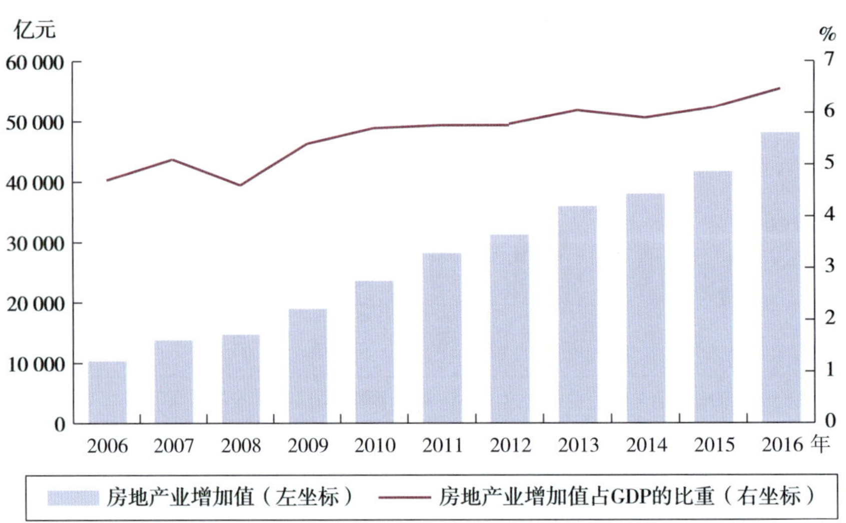

数据来源：国家统计局。

图1.17　2006～2016年房地产业增加值及其占GDP的比重

2016年，全国房地产开发投资10.3万亿元，同比增长6.9%，增速比上年提高5.9个百分点。房地产开发投资占城镇固定资产投资的比重为17.2%，比上年回落0.2个百分点。

数据来源：国家统计局。

图1.18　2006～2016年全国房地产开发投资额及其占城镇固定资产投资的比重

（二）房地产业对建筑业的影响

2016年，全国商品房施工面积75.9亿平方米，同比增长3.2%，增速比上年提高1.9个百分点；占建筑业房屋施工面积的60.0%，比上年提高0.8个百分点。

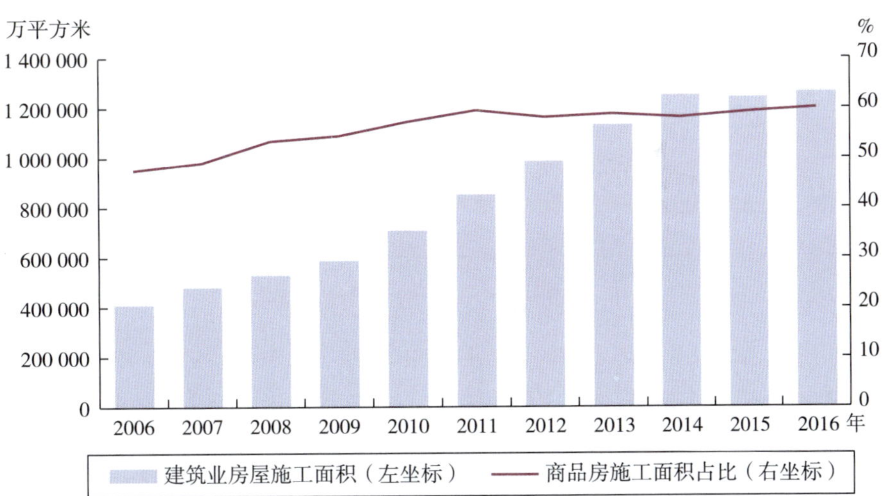

数据来源：国家统计局。

图1.19　2006～2016年全国房地产施工面积占建筑业比例

2016年，全国建筑行业新签合同额为21.3万亿元，同比增长15.4%，增速比上年提高15.5个百分点。分季度看，建筑业新签合同额增速呈现先升后降的趋势，第二季度达到年内高点，同比增长19.0%；第三、第四季度逐步回落，其中第四季度同比增长13.1%。

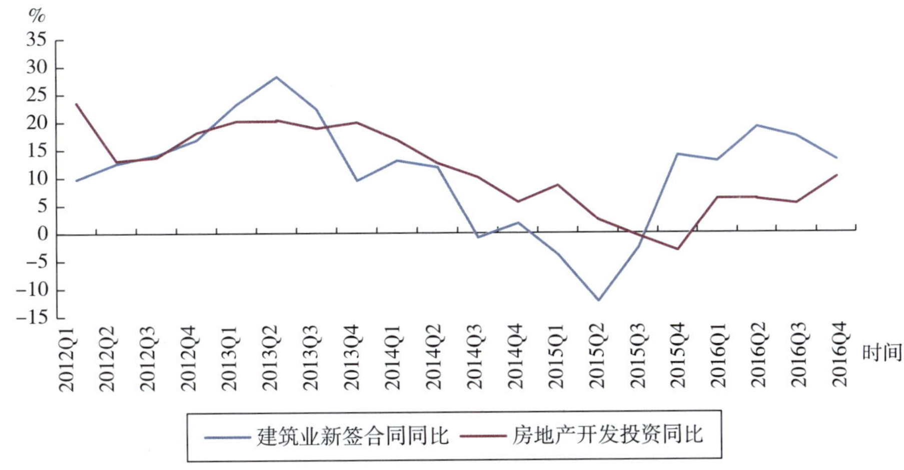

数据来源：国家统计局。

图1.20　2012～2016年全国建筑业新签合同额和房地产开发投资同比增速

（三）房地产业对其他相关行业的影响

房地产投资增速出现回升，带动全国水泥、钢材产量恢复增长。2016年，全国水泥产量24.0亿吨，同比增长2.3%，增速比上年提高7.5个百分点；钢材产量11.4亿吨，同比增长1.3%，增速比上年提高1.5个百分点。

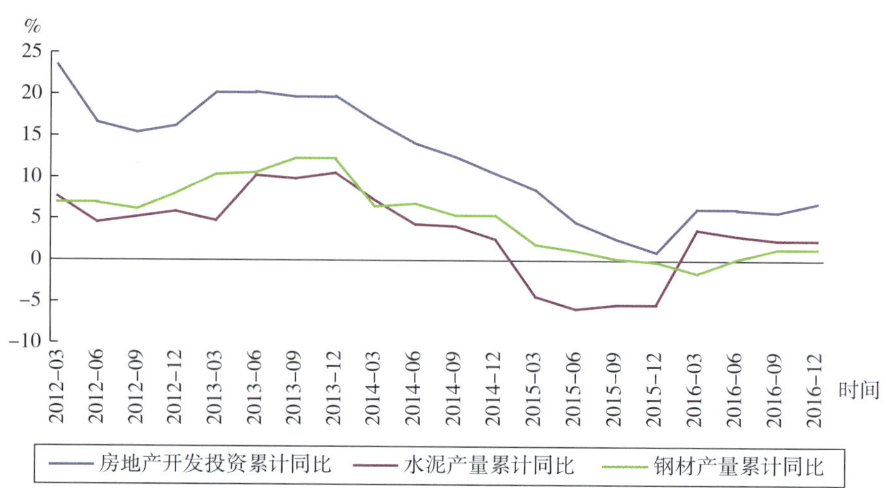

数据来源：国家统计局、中国钢铁工业协会、Wind数据库。

图1.21　2012～2016年全国房地产开发投资额、水泥、钢材产量累计同比

（四）房地产业对政府财政收入的影响

2016年，在商品房销售快速回暖、地价大幅上涨等因素带动下，房地产相关税收增长明显加快，土地出让收入实现增长。全国房地产相关税收金额[①]合计2.0万亿元，同比增长11.6%，增速比上年提高9.4个百分点；占全国公共财政收入的比例为12.5%，比上年提高0.8个百分点。

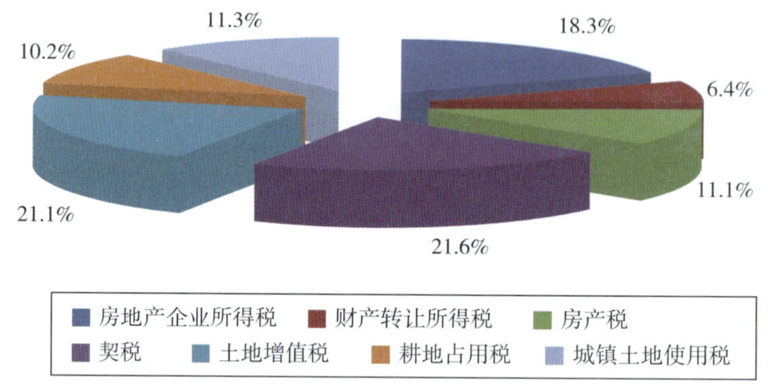

数据来源：财政部。

图1.22　2016年全国房地产相关税收情况

2016年，全国国有土地使用权出让收入3.7万亿元，同比增长15.1%；占全国政府性基金收入的80.3%，比上年提高3.5个百分点。从全年走势看，前三季度全国国有土地使用权出让收入同比增速逐季走高，第四季度同比增速有所回落，当季同比增长16.9%。2016年，全国国有土地使用权出让收入相关支出3.8万亿元，同比增长16.8%。

① 房地产相关税收未包括房地产业营业税和房地产业增值税。房地产业自2016年5月1日开始实施“营改增”试点，财政部仅公布第一季度房地产业营业税数据，未公布房地产业增值税数据。

数据来源：财政部、Wind数据库。

图1.23 2013～2016年全国国有土地使用权出让收入及其同比增速

专栏一

房地产业关联行业及相关性分析

房地产业是一国经济结构不可或缺的重要行业，其产业链长、关联度高，关系多个相关行业的发展，因此房地产业的健康发展是决定国民经济稳定运行的重要因素。通过尝试运用结构性VAR模型（SVAR），研究我国房地产关联行业的相关性，有利于较为准确地认识房地产业在国民经济各行业中所处的地位和作用。

一、房地产及其关联行业相关性的分析方法

结构性VAR模型（SVAR）不仅显示变量间的相关程度的强弱，还能揭示变量间的结构性关系，从而克服灰色关联分析中缺乏适用情况指导的问题。同时SVAR模型考虑变量间在当期及滞后期间的相互影响关系，解释隐藏在模型误差中的变量间的相关结构，弥补VAR模型的不足。SVAR模型可研究的数据灵活，解决了运用投入产出法带来的时效性不足难题，因此对比来看，房地产业与其关联行业之间存在的相关关系比较适合采用SVAR来进行分析。

二、我国房地产及其关联行业相关性分析：SVAR模型

（一）相关程度的描述性统计

通过选取第二产业和第三产业中各行业的行业增加值来考察其与房地产业之间的关系，第一产业中的农林牧渔业与房地产业的相关程度不大，故不考虑。第二产业中各行业的增加值累计同比增长为月度数据，而第三产业中各行业（交通运输、仓储和邮政业、批发和零售业、住宿和餐饮业、金融业、房地产业、其他服务业）的数据为季度的GDP累计同比增长，在此采用插值法，将季度数据转换为月度数据。考察的数据区间为2006年2月至2017年3月（每年1月无数据）。

表1.1 房地产业与第二产业中各行业的皮尔逊相关系数排名前五的行业

行业	相关系数	行业	相关系数
化学原料及化学制品制造业	0.66	电力、热力的生产和供应业	0.63
非金属矿物制品业	0.66	金属制品业	0.63
纺织服装、服饰业	0.65		

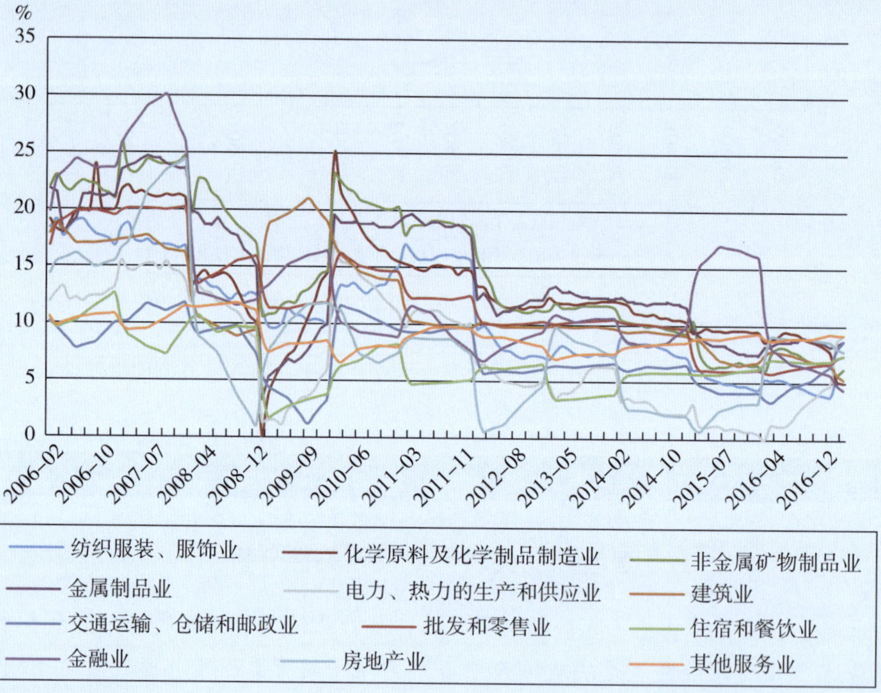

数据来源：Wind数据库。

图1.24 各行业增加值的同比增长

第二产业中与房地产业的皮尔逊相关系数等于或大于0.5的行业共有24个，等于或大于0.6的行业共10个，表1.1仅列示了相关系数排名前五的第二产业中的行业，可见房地产业与第二产业中多个行业存在关联路径。接下来选取表1.1中的第二产业中各行业增加值累计同比，建筑业的GDP累计同比，及第三产业中交通运输、仓储和邮政业、批发和零售业、住宿和餐饮业、金融业、房地产业、其他服务业的GDP累计同比，作为SVAR模型的研究变量来考察房地产业与第二产业和第三产业各行业的相关关系。图1.24是所研究行业的增加值的同比增长曲线，可以看出，这12个行业同比增长曲线的趋势大体相同，尤其是2007年底至2008年底，房地产业与其他行业增加值同比增长的曲线均出现下滑。

（二）SVAR模型估计结果

采用ADF方法对时间序列值进行了平稳检验，采用LR、FPE、AIC、SC和HQ准则确定模型的最优滞后阶数为2，并运用Cholesky分解法建立递归式的短期约束得到SVAR模型估计的极大似然估计值为−2 076.89，即SVAR模型的拟合效果是理想的。表1.2列示了通过对SVAR模型的估计，结构性脉冲响应函数下的冲击效果，左侧两列为其他行业增加值同比增长对房地产业增加值同比增长冲击的响应效果，即房地产业受到1个单位标准差的正向冲击后对其他行业增加值同比增长的影响作用；右侧两列为房地产业增加值同比增长对其他行业增加值同比增长冲击的响应效果，即其他行业受到1个单位标准差的正向冲击后对房地产业增加值同比增长的影响作用。

表1.2　脉冲响应结果（以第4期为例）

impulse=房地产业				response=房地产业			
行业	响应值	行业	响应值	行业	响应值	行业	响应值
纺织服装、服饰业	0.1659	交通运输、仓储和邮政业	0.1542	纺织服装、服饰业	-0.0405	交通运输、仓储和邮政业	-0.9360
化学原料及化学制品制造业	0.1208	批发和零售业	0.1571	化学原料及化学制品制造业	-0.4585	批发和零售业	0.4296
非金属矿物制品业	0.2765	住宿和餐饮业	-0.0277	非金属矿物制品业	-0.3922	住宿和餐饮业	0.0964
金属制品业	0.2307	金融业	-0.0439	金属制品业	0.1384	金融业	0.1014
电力、热力的生产和供应业	0.3495	房地产业	0.5749	电力、热力的生产和供应业	1.0846	房地产业	0.5749
建筑业	0.1482	其他服务业	0.0114	建筑业	0.5403	其他服务业	-2.1966

脉冲响应结果显示，房地产业与第二、第三产业中多个行业的正向关联程度显著，除房地产业本身，房地产业对电力、热力的生产和供应业、非金属矿物制品业、金属制品业、批发和零售业及建筑业等行业的发展影响较大，同时电力、热力的生产和供应业、建筑业、批发和零售业及金融业等对房地产业的发展影响较大。

一是房地产业对第二、第三产业中多个相关行业的促进作用明显。除房地产业本身，因房地产业受到1个单位标准差的正向冲击而产生响应的行业中排名前五的有四个行业属于第二产业。第二产业中的电力、热力的生产和供应业、金属制品业、非金属矿物制品业、化学原料及化学制品制造业等均为房地产业必备的上游原材料，房地产业的发展必然带动这些行业的经济增长。第三产业中批发和零售业，交通运输、仓储和邮政业的发展受房地产业的影响显著。

二是第二、第三产业中多个相关行业对房地产业的促进作用明显。除房地产业本身，电力、热力的生产和供应业、建筑业、批发和零售业、金属制品业和金融业分别受到一个正向冲击后对房地产业的正向影响程度相对较大，这些行业也分别归属于第二和第三产业，其行业发展状况是决定房地产业能否实现稳健增长的重要因素。综合看来，我国房地产业与第二、第三产业中多个行业相关，但与第三产业的关联程度并非绝对高于与第二产业的关联程度。

第二章

FANGDICHAN SHICHANG

房地产市场

2016年，全国商品住宅销售创历史新高，70个大中城市房价出现较快上涨，房价上涨城市个数明显增加。全国商品住宅新开工面积恢复增长，住宅开发投资增速有所回升。保障性安居工程进度加快，圆满完成全年目标任务，各类棚户区改造新开工606万套，棚改货币化安置294万套，货币化安置比例达到48.5%，比上年提高18.6个百分点。商业地产投资增速显著回升并趋于稳定，一线城市写字楼仍维持一定规模的供应量，零售物业调整升级趋势明显，工业地产市场趋于稳定，星级酒店平均出租率回升。由于我国各地经济发展水平、城市化水平、人口结构、居民财富情况各异，房地产市场区域分化明显。

一、土地市场

（一）全国土地供应和成交情况

全国国有建设用地供应持续减少。2016年，国有建设用地供应51.8万公顷，同比减少2.9%，连续三年出现下降。

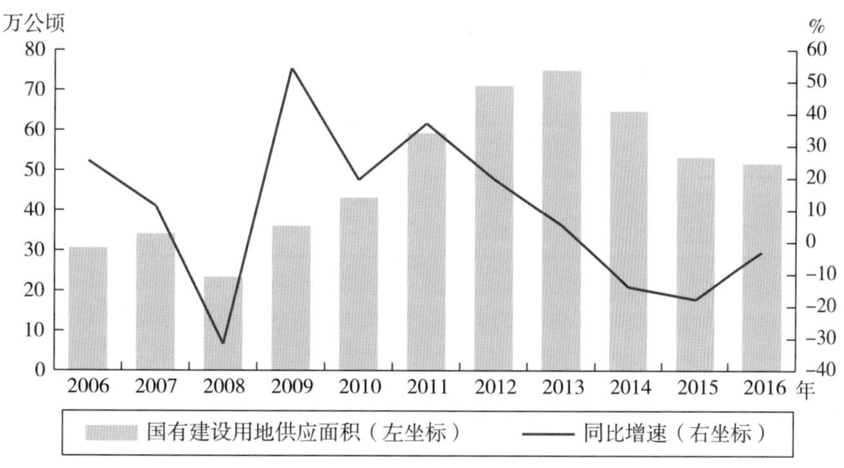

数据来源：国土资源部、Wind数据库。

图2.1 2006～2016年全国国有建设用地供应面积及其同比增速

国有建设用地出让面积创八年新低。2016年，全国出让国有建设用地20.8万公顷，同比减少

5.9%，连续三年下降，并创下近八年来新低；出让成交金额3.6万亿元，同比增长19.3%。

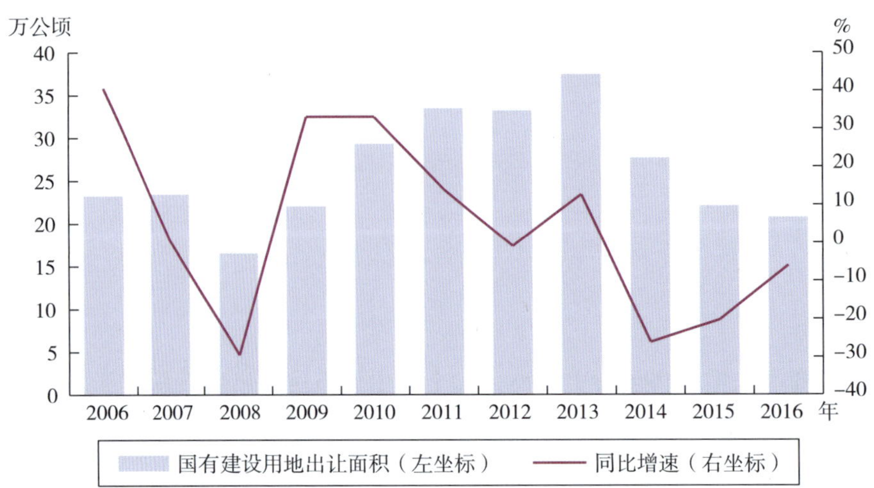

数据来源：各地国土局、Wind数据库。

图2.2　2006～2016年全国国有建设用地出让面积及其同比增速

房地产用地供应降幅更为显著。2016年，房地产用地供应10.8万公顷，同比减少10.3%，降幅超过国有建设用地7.4个百分点。其中，商服用地供应3.5万公顷，同比减少6.7%；住宅用地供应7.3万公顷，同比减少11.7%。

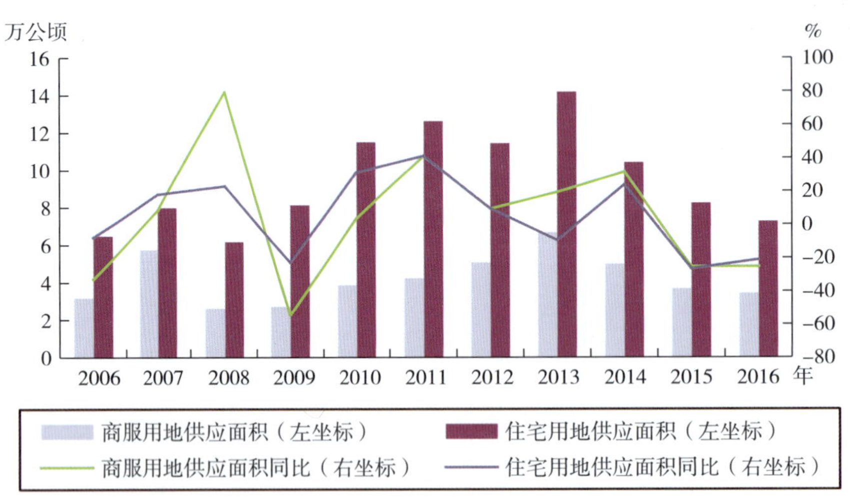

数据来源：国土资源部、Wind数据库。

图2.3　2006～2016年全国房地产用地供应面积及其同比增速

房地产用地供应占比继续下降，基础设施等其他用地占比持续提高。2016年，全国房地产用地供应面积占全部国有建设用地供应总面积的20.8%，比上年下降1.7个百分点。其中，住宅用地和商服用地占全部国有建设用地供应总面积的比例分别为14.1%和6.7%，分别比上年下降1.4个和0.3个百分点。工矿仓储用地占比下降0.1个百分点至23.3%，基础设施等其他用地占比提高1.7个百分点至55.9%。

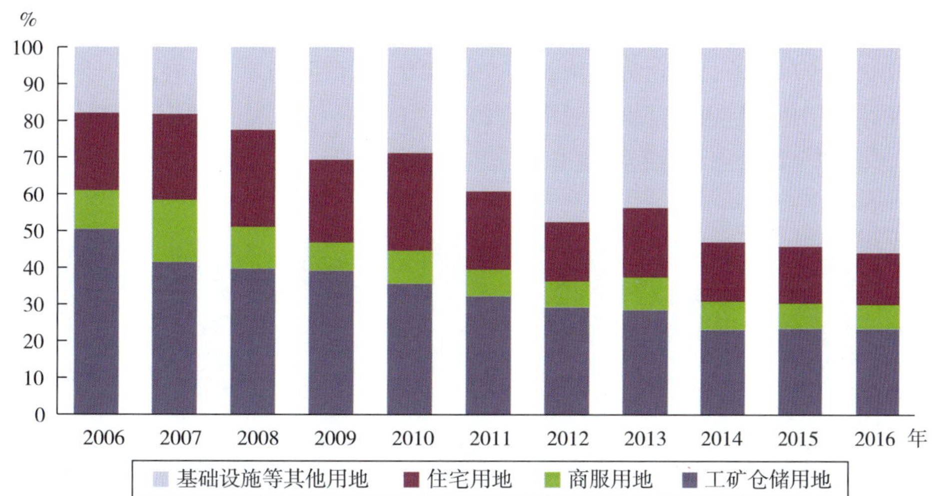

数据来源：国土资源部、Wind数据库。

图2.4 2006～2016年全国国有建设用地供应结构

（二）主要城市[①]土地供应和成交情况

主要城市土地供应降幅收窄。2016年，主要城市推地面积为3.1万公顷，同比减少0.7%，连续五年出现下降，但降幅比上年收窄15.7个百分点。其中，房地产用地面积1.7万公顷，同比增长9.6%，增速比上年提高24.9个百分点。房地产用地面积占全部推地面积的53.1%，比上年提高5.0个百分点。

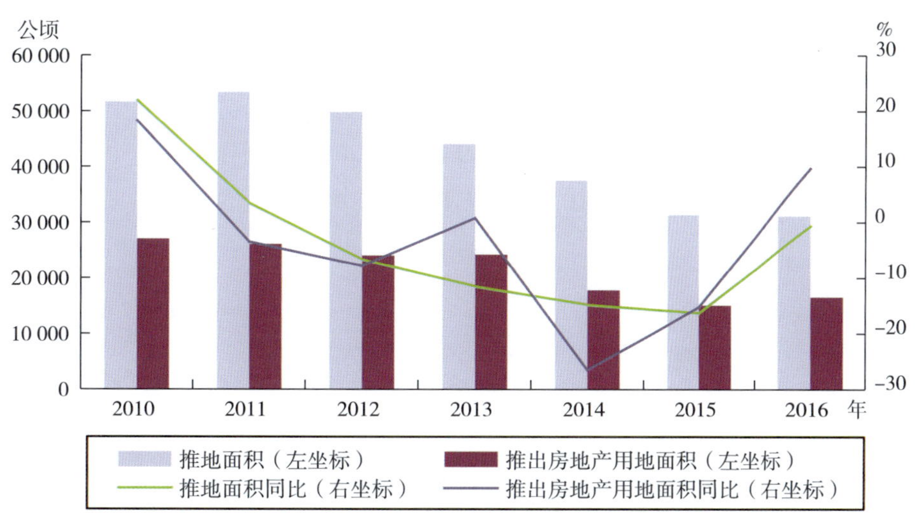

数据来源：各地国土局、Wind数据库。

图2.5 2010～2016年主要城市推地规模及其同比增速

① 主要城市包括一线和区域中心城市。一线城市包括北京、上海、深圳和广州，区域中心城市包括重庆、天津、成都、杭州、宁波、南京、苏州、武汉、福州、青岛、沈阳、无锡、郑州、大连、厦门、哈尔滨、西安、济南、石家庄、长沙、太原、长春、合肥、南宁、昆明和南昌，下同。

住宅用地供应规模占比有所回升。2016年，主要城市推出的房地产用地中，住宅、商住综合用地分别为6 970公顷、5 974公顷，同比分别增长16.5%、8.7%；商服用地3 575公顷，同比减少0.3%。住宅、商服、商住综合用地分别占全部推地面积的22.4%、11.5%、19.2%，住宅、商住综合用地占比分别比上年提高3.3个、1.7个百分点，商服用地占比与上年基本持平。

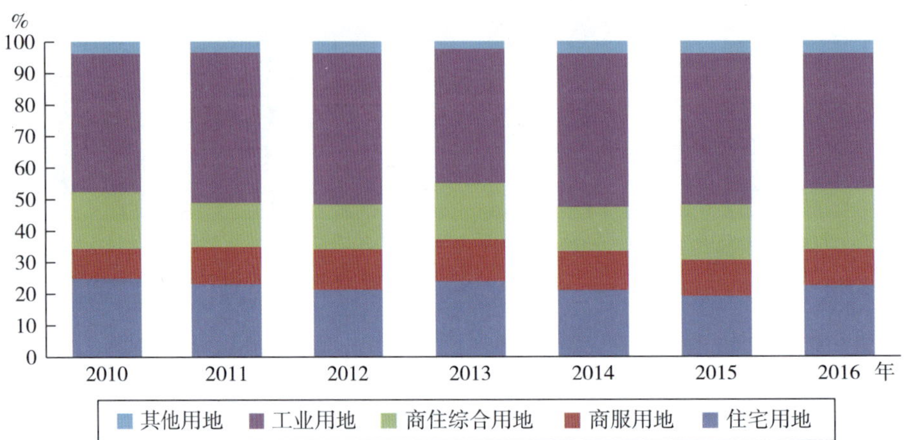

数据来源：各地国土局、Wind数据库。

图2.6 2010～2016年主要城市推地结构

主要城市土地成交面积略有增长，地价涨幅较大。2016年，主要城市土地成交面积2.8万公顷，同比增长1.3%。房地产用地合计成交1.4万公顷，同比增长8.3%。其中，住宅、商服、商住综合用地分别成交5 643公顷、3 265公顷和5 241公顷，同比分别增长3.9%、8.9%、12.9%。地价方面，2016年，主要城市土地成交楼面地价3 624元/平方米，同比上涨41.2%，涨幅比上年扩大23.0个百分点。房地产用地楼面地价5 462元/平方米，同比上涨41.9%，涨幅比上年扩大22.1个百分点。其中，住宅用地、商住综合用地楼面地价上涨较为显著，同比涨幅分别达49.3%和41.6%，分别比上年扩大12.1个和35.6个百分点；商服用地楼面地价同比上涨22.8%，比上年扩大12.5个百分点。

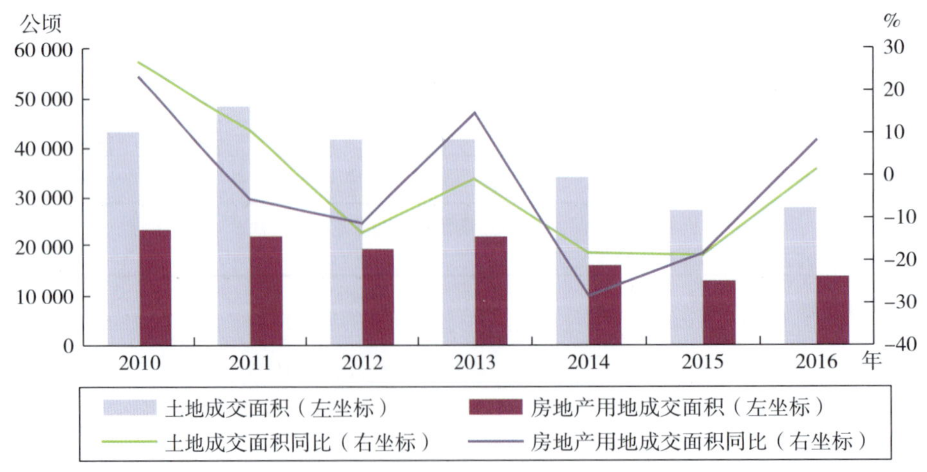

数据来源：各地国土局、Wind数据库。

图2.7 2010～2016年主要城市土地、房地产用地成交面积及其同比增速

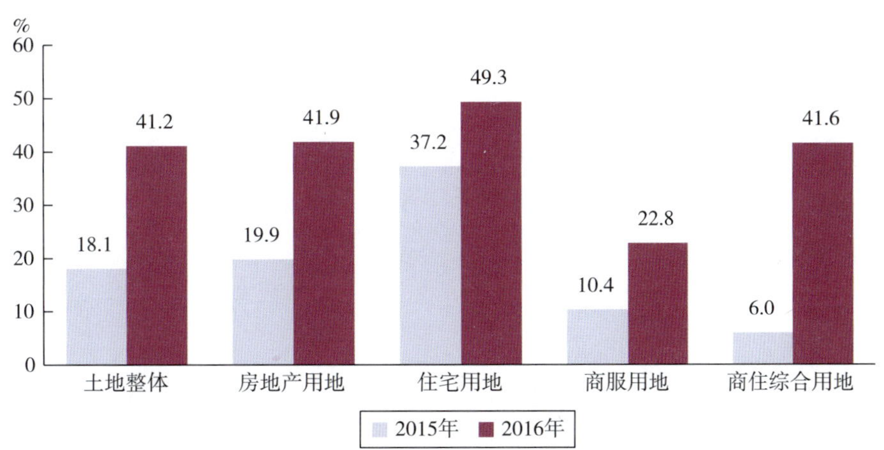

数据来源：各地国土局、Wind数据库。

图2.8 2015～2016年主要城市地价涨幅情况

二、商品住宅市场

（一）新建商品住宅市场

1.全国商品住宅市场运行情况

全国商品住宅销售创历史新高。2016年，全国商品住宅销售面积为13.8亿平方米，同比增长22.4%，增速比上年提高15.5个百分点；销售面积超出同期新开工面积2.2亿平方米，住宅需求相对旺盛。商品住宅销售金额为9.9万亿元，同比增长36.1%，增速比上年提高19.5个百分点。商品住宅销售面积、销售金额均创历史新高。

分季度看，前三季度商品住宅销售保持较快增长，当季同比增速分别为35.6%、24.7%和24.9%。从9月底起，热点城市相继出台调控政策，第四季度商品住宅销售面积同比增速回落至13.4%。

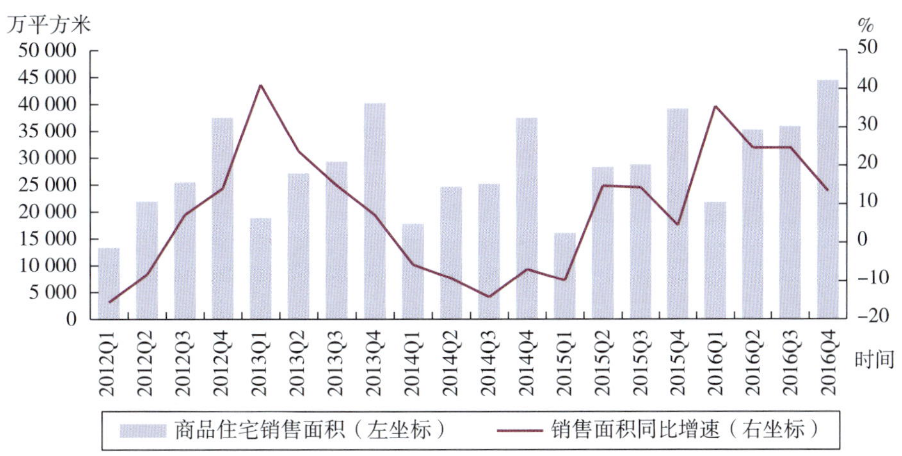

数据来源：国家统计局、Wind数据库。

图2.9 2012～2016年全国商品住宅销售面积及其同比增速

70个大中城市房价出现较快上涨，房价上涨城市个数明显增加。2016年，国家统计局全国70个大中城市住宅销售价格指数显示，70个大中城市新建商品住宅价格指数同比涨幅逐月扩大，前三季度环比涨幅呈上升趋势，10月起环比涨幅逐步收窄。12月，70个大中城市新建商品住宅价格指数同比上涨10.8%，环比上涨0.3%。2016年，房价同比上涨城市个数逐步增加，环比上涨城市个数呈现先增后减的趋势。12月，价格同比上涨的城市个数为65个，比上年同期增加44个；价格环比上涨的城市个数为46个，比上年同期增加7个。

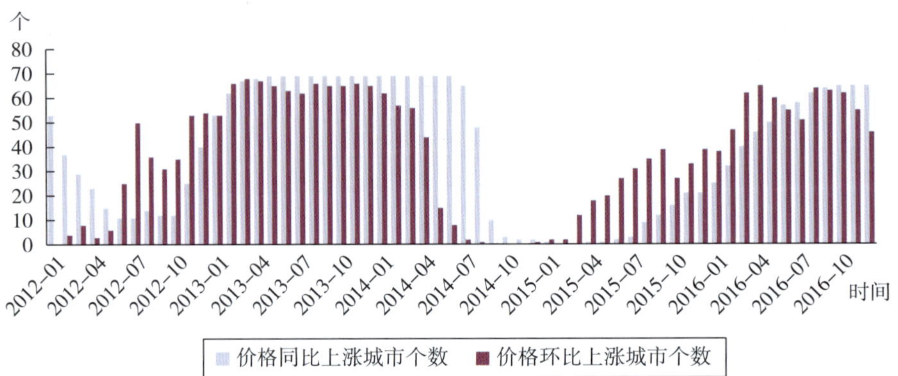

数据来源：国家统计局。

图2.10 2012～2016年全国70个大中城市新建商品住宅价格变动情况

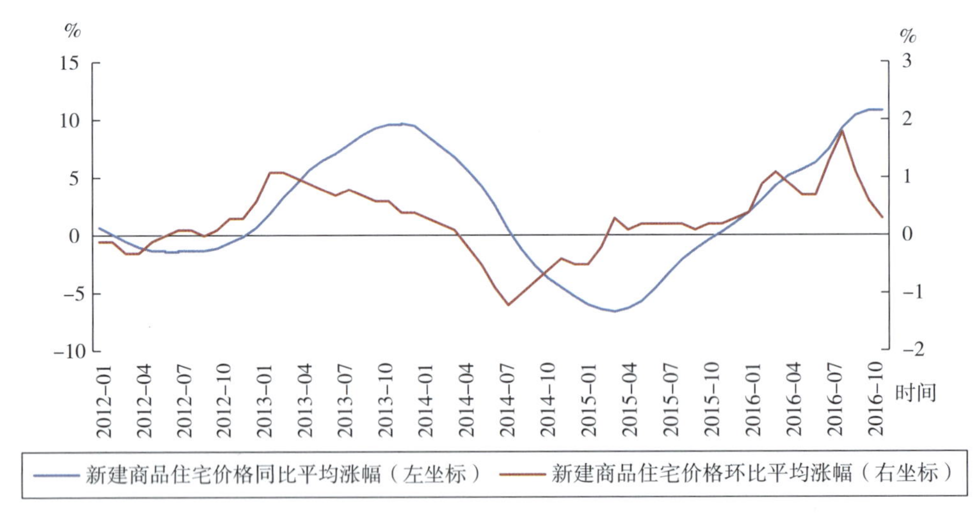

数据来源：国家统计局。

图2.11 2012～2016年全国70个大中城市新建商品住宅价格指数同比及环比平均涨幅

全国商品住宅新开工面积恢复增长。随着成交大幅增长，库存快速去化，房地产企业开始恢复开工。2016年，全国住宅新开工面积11.6亿平方米，同比增长8.7%，上年同期为下降14.6%。分季度看，仅第三季度出现同比小幅下降，其他季度均实现增长，第一至第四季度商品住宅新开工面积同比增速分别为14.8%、13.5%、−3.7%和14.4%。

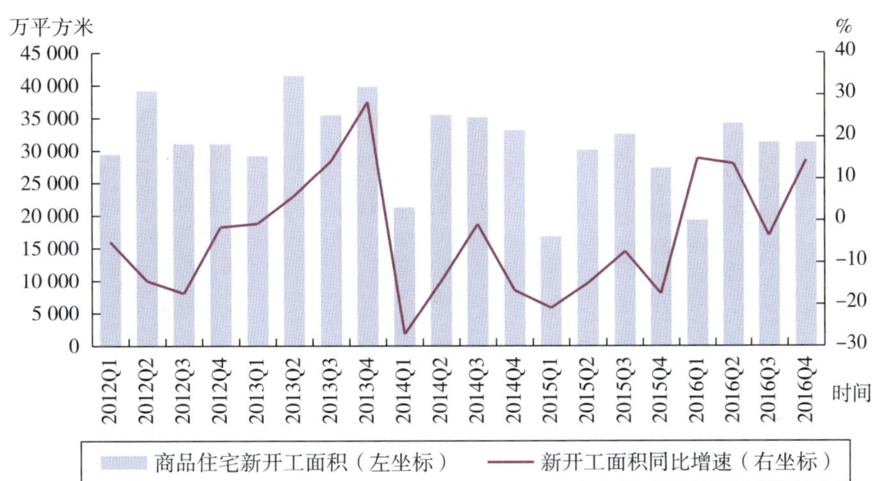

数据来源：国家统计局。

图2.12　2012～2016年全国商品住宅新开工面积及其同比增速

全国住宅开发投资增速有所回升。2016年，全国商品住宅开发投资额6.9万亿元，同比增长6.4%，增速比上年提高6.0个百分点。分季度看，住宅开发投资同比增速整体呈逐步上升趋势，仅第三季度出现小幅回落，但第四季度再度加速。第一至第四季度住宅开发投资同比增速分别为4.6%、6.2%、4.3%和9.8%。

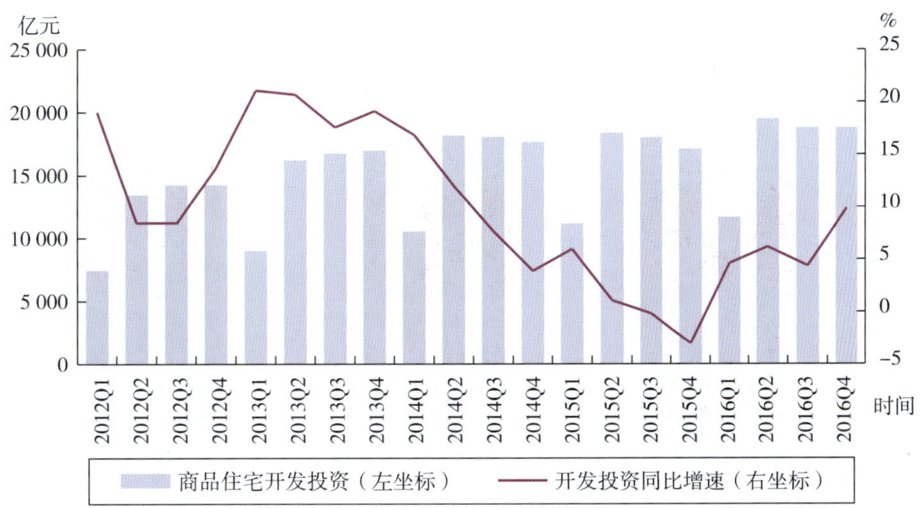

数据来源：国家统计局。

图2.13　2012～2016年全国商品住宅开发投资完成额及其同比增速

2.分区域商品住宅市场运行情况

中部地区商品住宅销售增长尤为显著。分地区看，2016年，东、中、西部的商品住宅销售均实现较快增长。其中，中部地区增长尤为显著，销售面积、销售额同比分别增长28.5%、40.0%；东部地区同比分别增长22.4%、39.3%；西部地区同比分别增长15.3%、21.1%。2016年，东部、中部地区商品住宅销售额占全国的比例分别为62.4%、21.6%，分别比上年提高1.4个、0.6个百分点；西部地区占全国的比例为16.0%，比上年回落2.0个百分点。

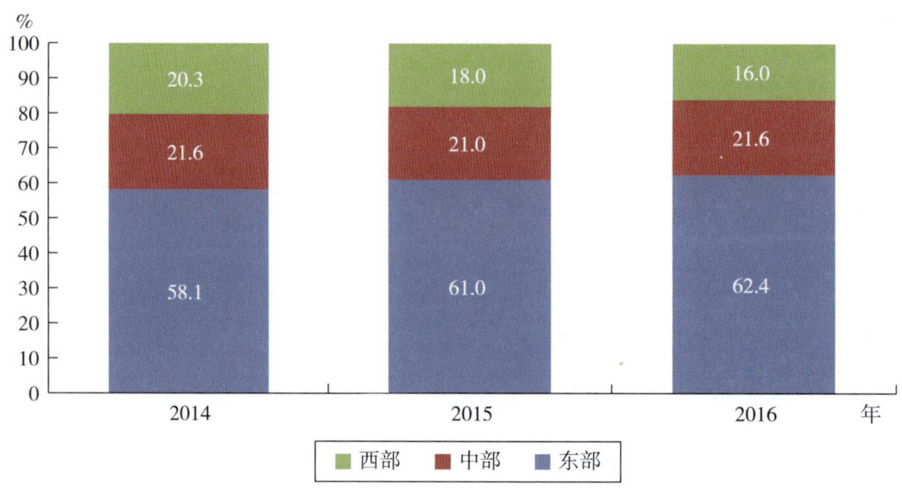

数据来源：国家统计局。

图2.14 2014～2016年东、中、西部地区商品住宅销售额占全国的比重

中部地区商品住宅新开工面积占比持续提升。2016年，东、中、西部地区商品住宅新开工面积均实现增长。其中，中部地区增长相对较快，同比增长12.8%；东部、西部地区同比分别增长9.4%、2.4%。东、中、西部地区商品住宅新开工面积在全国占比分别为45.8%、30.8%和23.4%；东部、中部地区占比分别比上年提高0.3个、1.1个百分点，西部地区回落1.4个百分点。

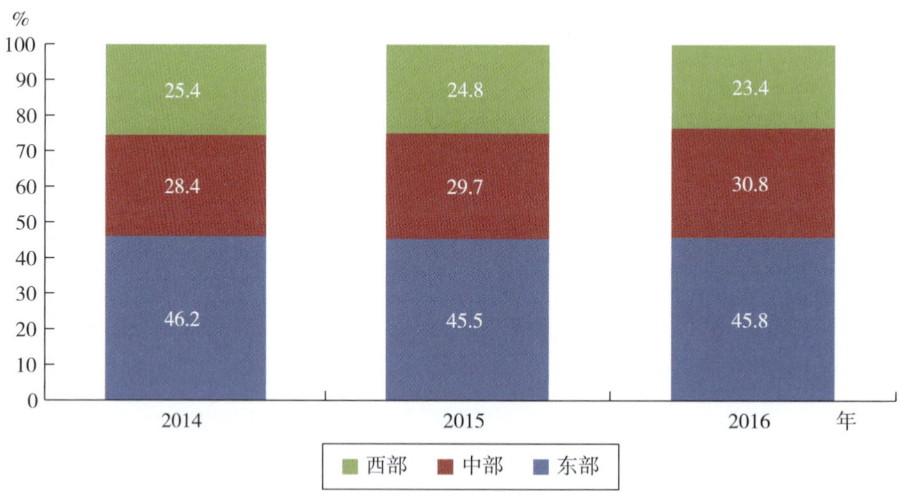

数据来源：国家统计局。

图2.15 2014～2016年东、中、西部地区商品住宅新开工面积占全国的比重

东、中、西部地区商品住宅开发投资增速均有所回升。2016年，东、中、西部地区商品住宅开发投资同比分别增长6.3%、9.9%和2.9%，增速分别比上年提高5.8个、8.6个和3.7个百分点。中部地区商品住宅开发投资额占全国的比例为23.6%，比上年提高0.8个百分点；东部地区占比为55.2%，与上年基本持平；西部地区占比为21.3%，比上年下降0.7个百分点。

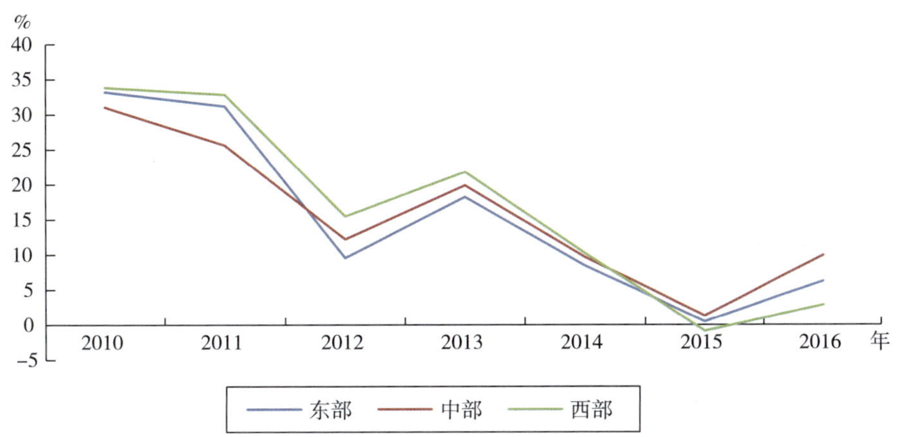

数据来源：国家统计局。

图2.16 2010～2016年东、中、西部地区商品住宅开发投资额同比增速

3.分城市的商品住宅市场运行情况

各线城市销售表现有所分化，区域中心和其他城市[①]商品住宅销售面积增长较快，一线城市增速出现回落。2016年，区域中心和其他城市的商品住宅销售面积同比分别增长26.5%、22.0%，增速分别比上年提高17.8个、16.4个百分点；一线城市同比仅增长1.1%，增速比上年回落12.9个百分点。分季度看，第一季度各线城市商品住宅销售面积均实现较快增长，一线、区域中心和其他城市同比分别增长18.0%、49.3%和30.5%，且均为年内销售增速高点。3月，上海、深圳率先出台调控政策，一线城市第二季度商品住宅销售面积同比下降1.1%，第三季度同比小幅增长2.6%；第二、第三季度，区域中心和其他城市同比增速虽有回落，但仍保持较快增长。第四季度，随着调控范围的扩大和调控力度的升级，一线城市商品住宅销售面积再度出现萎缩，当季同比下降7.3%；区域中心城市同比增速快速回落，当季同比仅增长7.8%，较第三季度回落26.8个百分点；其他城市仍保持较快增长，同比增长17.2%。

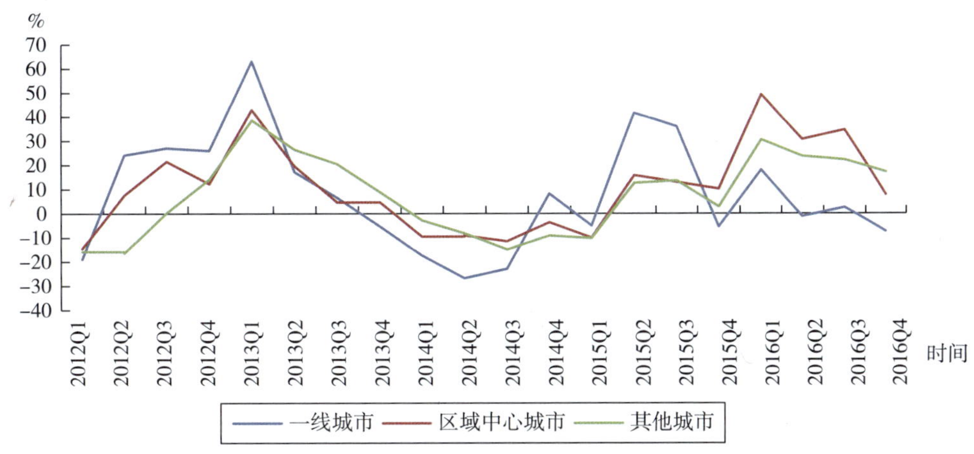

数据来源：国家统计局、CEIC数据库。

图2.17 2012～2016年一线、区域中心和其他城市商品住宅销售面积当季同比增速

① 其他城市为除一线城市和区域中心城市以外的其他所有城市。

从供需关系看，一线、区域中心和其他城市2016年商品住宅销售面积分别超出同期新开工面积919万平方米、7 622万平方米和13 088万平方米，需求相对旺盛。

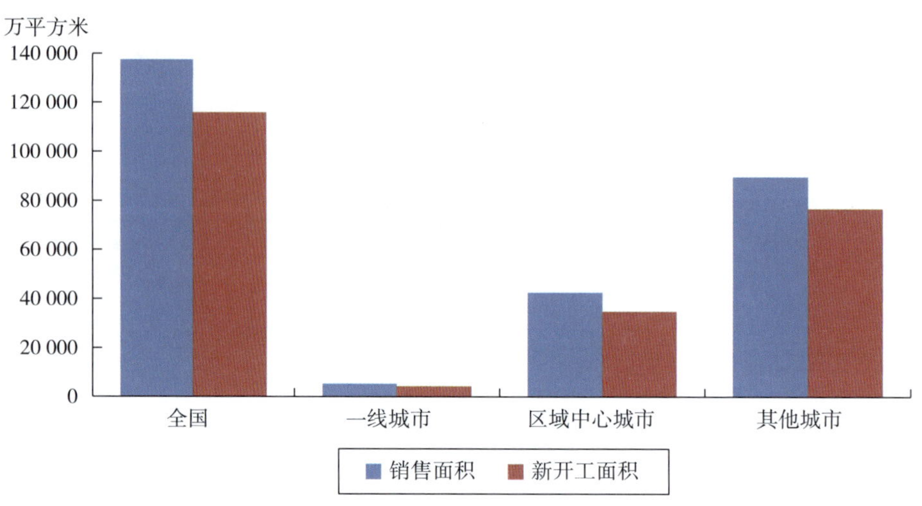

数据来源：国家统计局、CEIC数据库。

图2.18 2016年全国、一线、区域中心和其他城市商品住宅销售面积和新开工面积比较

一线和区域中心城市房价出现较快上涨，其他城市止跌回升。70个大中城市新建商品住宅价格指数显示，2016年上半年一线城市房价延续2015年下半年快速上涨势头，调控后涨幅有所回落；区域中心和其他城市房价同比增速总体呈现逐月扩大趋势，但区域中心城市12月涨幅出现小幅回落。12月，一线、区域中心和其他城市新建商品住宅价格指数同比分别上涨27.1%、18.0%和6.0%，涨幅分别比上年同期扩大5.8个、16.4个和8.2个百分点。

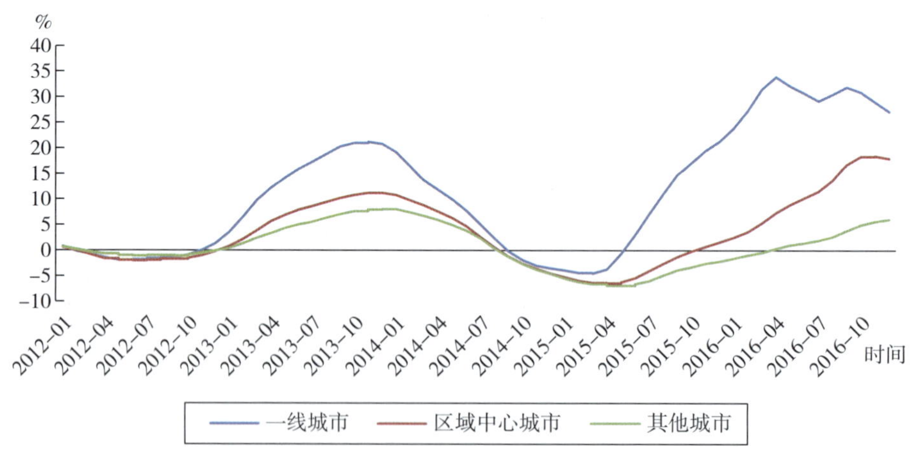

数据来源：CEIC数据库。

图2.19 2012～2016年一线、区域中心和其他城市新建商品住宅价格同比涨幅情况

区域中心和其他城市开工恢复增长、投资增速有所加快。2016年，区域中心、其他城市商品住宅新开工面积同比分别增长16.9%、6.1%，增速比上年分别提高32.1个、20.9个百分点；一线城市连续三年出现下降，同比下降3.9%，但降幅比上年收窄2.3个百分点。商品住宅开发投资方面，一线城市同比

增长10.1%，增速比上年回落1.9个百分点；区域中心和其他城市同比分别增长7.3%、5.1%，增速分别比上年提高7.0个、6.4个百分点。

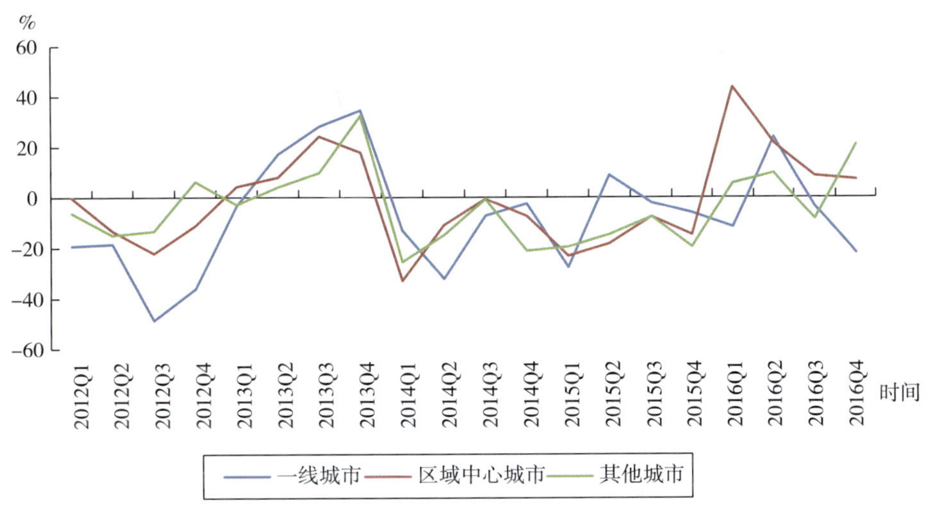

数据来源：国家统计局、CEIC数据库。

图2.20 2012～2016年一线、区域中心和其他城市商品住宅新开工面积同比增速

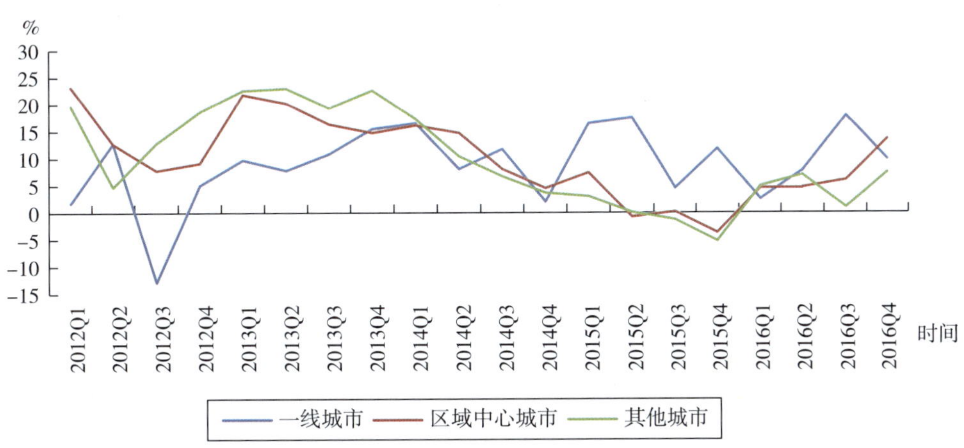

数据来源：国家统计局、CEIC数据库。

图2.21 2012～2016年一线、区域中心和其他城市商品住宅开发投资额同比增速

（二）一线城市二手住宅市场

1.一线城市二手住宅销售情况

一线城市二手住宅销售分化明显，但同比增速均超过新建商品住宅。2016年，北京、广州二手住宅销售面积继续大幅增长，同比分别增长33.4%、65.5%；上海同比仅增长3.4%，深圳同比下降24.6%。北京、上海、广州和深圳二手住宅销售面积同比增幅分别超出新建商品住宅55.0个、10.3个、35.5个和12.7个百分点。分月度看，四个城市二手住宅销售面积同比增速自4月起大幅回落，5月开始多个月份出现同比下降，12月降幅明显扩大，总体走势与新建商品住宅基本一致。

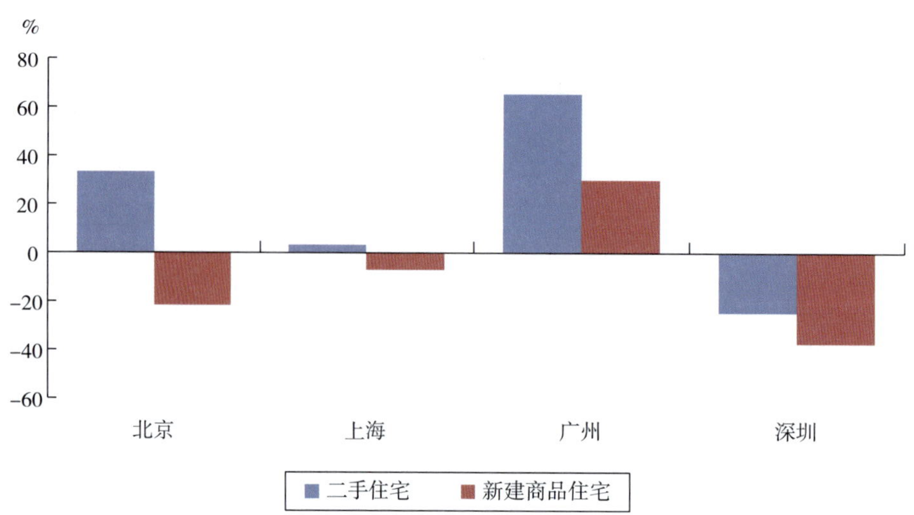

数据来源：各地房管局、中房指数研究院。

图2.22　2016年一线城市二手住宅、新建商品住宅销售面积同比增速

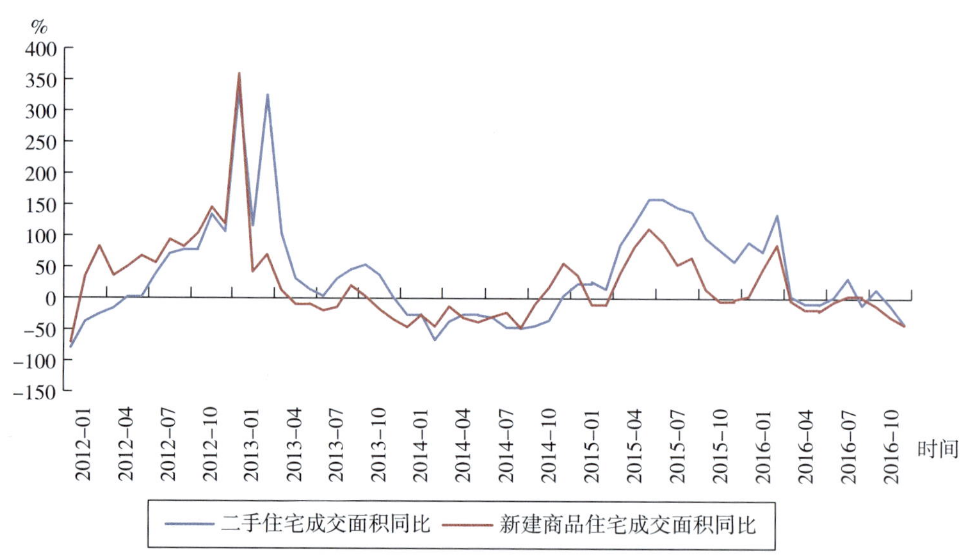

数据来源：各地房管局、中房指数研究院。

图2.23　2012～2016年一线城市二手住宅、新建商品住宅销售面积当月同比增速

二手住宅价格均出现较快上涨。2016年12月，北京、上海、广州和深圳二手住宅价格同比分别上涨36.7%、32.8%、25.9% 和19.3%。其中，北京、上海、广州涨幅比上年同期分别提高15.9个、21.1个、14.2个百分点，深圳则比上年同期回落23.3个百分点。与新建商品住宅相比，北京、上海、广州二手住宅价格涨幅高于新建商品住宅，而深圳二手住宅价格涨幅低于新建商品住宅。从全年看，北京、广州二手住宅价格自1月起持续环比上升，但10月开始环比涨幅出现收窄，深圳、上海则分别自10月、11月起出现连续环比下跌。

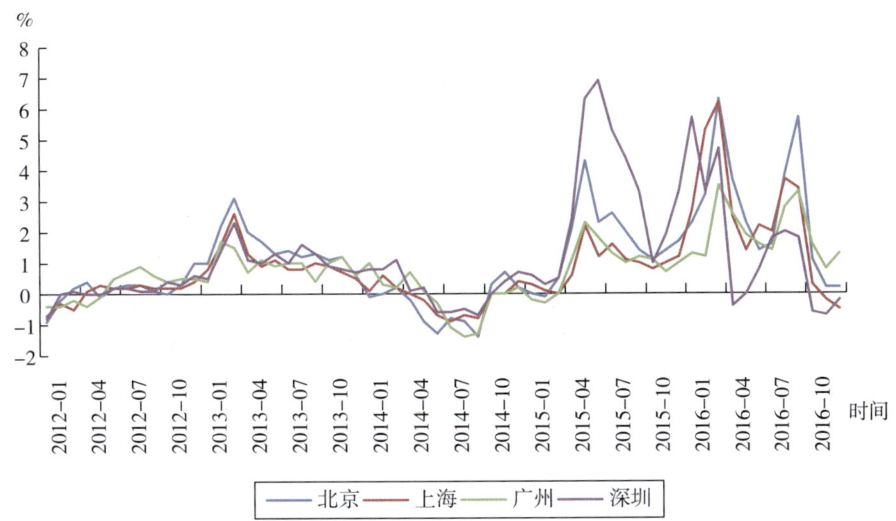

数据来源：国家统计局、Wind数据库。

图2.24 2012～2016年一线城市二手住宅价格环比变化情况

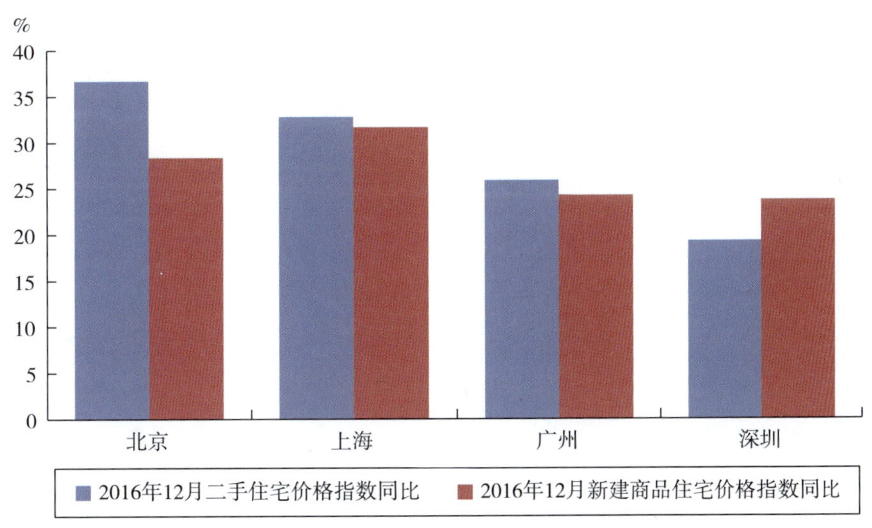

数据来源：国家统计局、Wind数据库。

图2.25 2016年底一线城市二手住宅和新建商品住宅价格同比变化情况

二手住宅销售面积相对于新建商品住宅销售面积的比值持续提升。2016年，北京、上海、广州、深圳的二手住宅销售面积分别是新建商品住宅销售面积的3.4倍、2.3倍、0.8倍、1.9倍，均高于2015年，其中北京、上海、深圳创下历史新高。

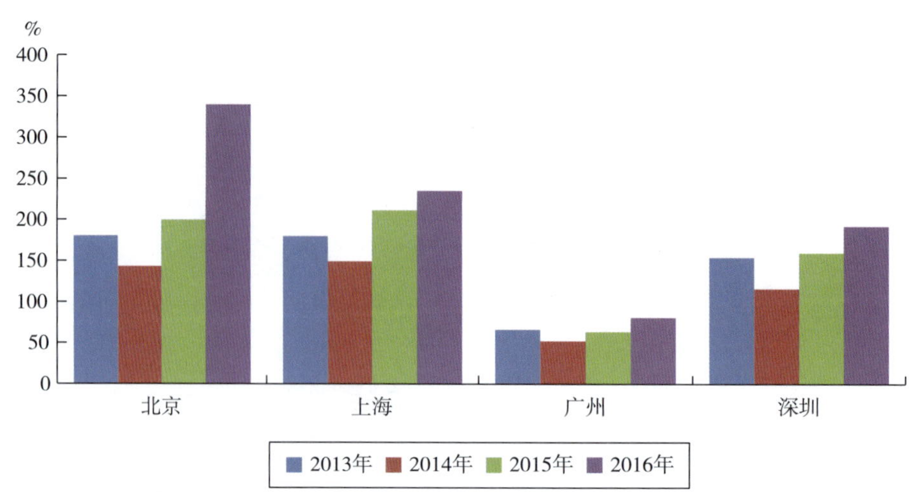

数据来源：各地房管局、中房指数研究院。

图2.26　2013～2016年一线城市二手住宅销售面积相对于新建商品住宅的比例

2.一线城市住宅租赁价格情况

一线城市住宅租赁价格明显分化，广州租金上涨较快。2016年底，广州住宅租金同比上涨10.3%，增速比上年同期提高10.2个百分点。北京、上海同比分别仅上涨2.8%、1.1%，深圳同比下降3.2%，增速比上年同期分别回落0.9个、6.1个和9.3个百分点。从全年走势看，一线城市住宅租赁价格总体呈现先升后降的趋势。

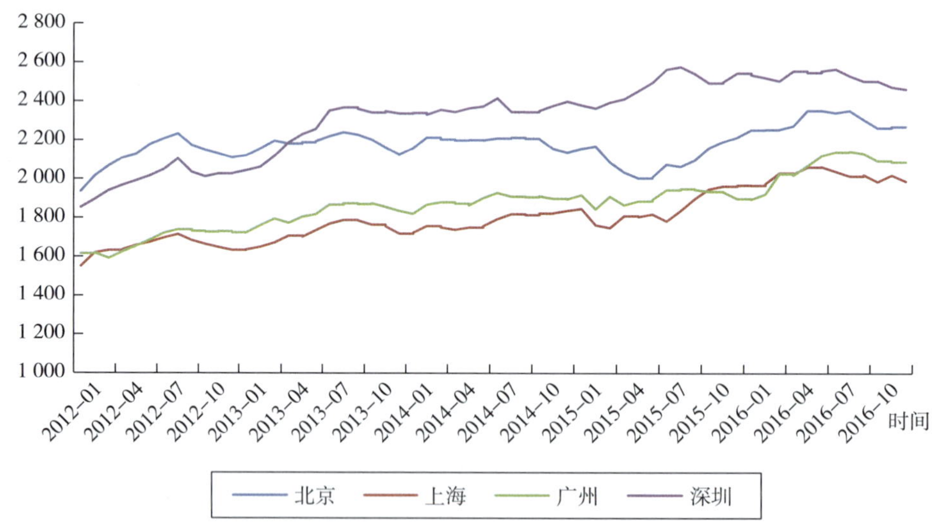

数据来源：中房指数研究院。

图2.27　2012～2016年一线城市城市住宅租赁价格指数（以2005年12月为基期，基期指数为1 000）

三、保障性住房

2016年《政府工作报告》提出，棚户区住房改造600万套，提高棚改货币化安置比例。2016年，在各地区、各部门的共同努力下，各类棚户区改造新开工606万套，棚改货币化安置294万套，货币化安置比例达到48.5%，比上年提高了18.6个百分点。同时，继续抓好公租房竣工和分配管理等工作，截至2016年底，已有1 126万户家庭住进了公租房。

（一）落实棚改支持政策

2016年，国家发展改革委、财政部下达中央补助资金2 093亿元。财政部与住房城乡建设部联合印发《关于进一步做好棚户区改造相关工作的通知》（财综〔2016〕11号），从资金渠道、税费优惠、资金监督管理、绩效评价工作等方面，进一步落实对棚户区改造的支持政策。全年核准发行用于棚户区改造等城镇保障性安居工程建设的企业债券1 115亿元，其中发行用于棚户区改造项目建设的企业债券808亿元。人民银行、银监会引导银行业金融机构加大信贷支持力度，截至2016年末，银行业金融机构保障性安居工程贷款余额为31 414亿元，同比增长59%，其中国家开发银行保障性安居工程贷款余额为22 286亿元，同比增长55%，中国农业发展银行棚改贷款余额为2 565亿元，提高了3.64倍。国土资源部单列土地指标，对棚改安置住房用地优先供应、应保尽保。

（二）提高棚改货币化安置比例

住房城乡建设部督促指导各地因地制宜推进棚改货币化安置，商品住房量大、市场房源充足的市县加大棚改货币化安置力度。发展改革委、财政部明确了补助资金倾斜等支持政策。

（三）努力实现市域内棚改资金大体平衡

住房城乡建设部、财政部、国土资源部专门印发《关于进一步做好棚户区改造工作有关问题的通知》（建保〔2016〕156号），明确了依法依规控制成本、有限出让腾空土地、按合同约定及时偿还棚改贷款的相关政策。住房城乡建设部会同有关部门督促指导各地在做好征收拆迁和居民安置工作的同时，实现市域内棚改资金收支总体平衡，确保按期偿还棚改贷款。

（四）抓好公租房竣工和分配管理工作

住房城乡建设部要求各地对在建项目明确责任主体，明确竣工时限，倒排工期，加快建设。对配套设施建设滞后影响分配使用的项目，纳入当地配套基础设施建设规划计划，多渠道落实资金，优先安排建设。督促各地合理确定准入门槛，切实将新就业无房职工、外来务工人员纳入公租房保障范围。住房城乡建设部会同财政部印发了《关于做好城镇住房保障家庭租赁补贴工作的指导意见》（建保〔2016〕281号），加大租赁补贴力度，鼓励保障对象通过市场租房，政府给予相应租赁补贴，满足保障对象多样化的住房需求，推进公租房货币化。

（五）加强监督检查

国务院组织第三次大督查，将棚户区改造列入重点督查内容，公租房建设和分配管理列入专项督查。审计署对2015年全国城镇保障性安居工程进行了跟踪审计。对审计发现的问题，住房城乡建设部等部门配合审计署督促地方逐一整改落实。

四、商业地产市场

1999年以来，商业营业用房开发投资同比增速长期维持在较高水平，表现一直优于房地产整体开发投资增长情况。2016年，在前期政策效应持续积累，房地产市场强劲回暖的背景下，商业地产投资增速有所回升。

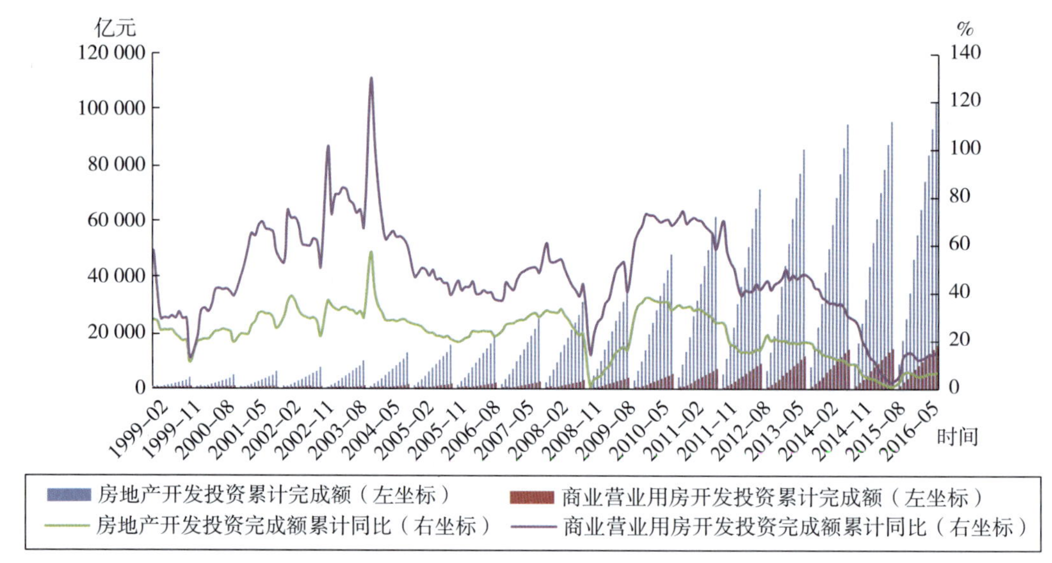

数据来源：国家统计局。

图2.28　1999～2016年全国房地产和商业营业用房开发投资完成情况

根据使用用途划分，商业地产分为写字楼、零售物业（含购物中心等大型商业及普通商铺）、工业物业及酒店物业。

（一）写字楼市场

1.供需分析

据世邦魏理仕统计，近三年，全国一线城市及主要区域中心城市的优质写字楼①合计新增供应量分别为444万平方米、733万平方米和637万平方米。其中区域中心城市新增占比持续下滑，2016年较2015年进一步下降10.2个百分点至46.5%。分城市看，2016年，深圳优质写字楼新增供应量130万平方米，为一线城市中最高，北京新增42万平方米，为一线城市中最低；主要区域中心城市中，武汉、重庆、成都新增供应规模相对较高，分别达70万平方米、67万平方米和67万平方米。

① 据世邦魏理仕，10个主要区域中心城市包括天津、沈阳、大连、南京、杭州、青岛、武汉、重庆、成都、宁波十城，世邦魏理仕根据地段、配置、升值空间等标准评价优质写字楼资源。

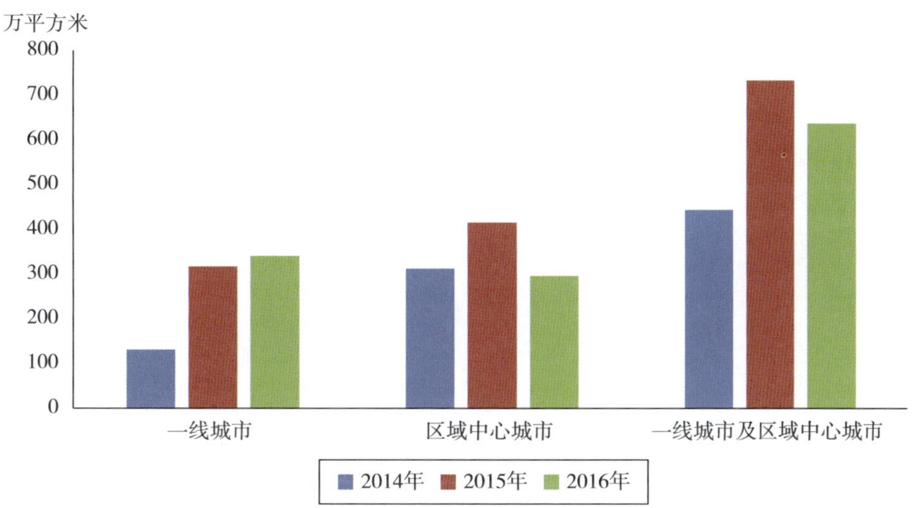

数据来源：世邦魏理仕。

图2.29 2014～2016年一线城市及区域中心城市优质写字楼新增供应量

2016年，一线城市和区域中心城市空置率均呈现上升趋势，其中一线城市空置率出现8年来首次上升。据世邦魏理仕统计，2016年一线城市优质写字楼平均空置率为9.0%，较2015年上升1.6个百分点，北京、上海、深圳、广州写字楼空置率分别为7.4%、7.4%、9.1%和12.1%，其中，上海和深圳上升超过2个百分点。相较于一线城市，主要区域中心城市空置率仍处于较高水平。2016年，10个区域中心城市平均空置率为24.2%，整体出租情况弱于一线城市，其中南京、大连的优质写字楼需求相对较好，空置率分别为7.7%和11.0%，而重庆、成都、沈阳空置率仍显著高于平均水平，分别为41.9%、36.6%和34.4%。

办公楼销售情况有所改善，但库存压力仍存。2016年，全国办公楼销售面积及销售额同比分别上升31.4%和45.8%，销售情况有所改善，但待售库存规模仍然较大，库存压力仍存。

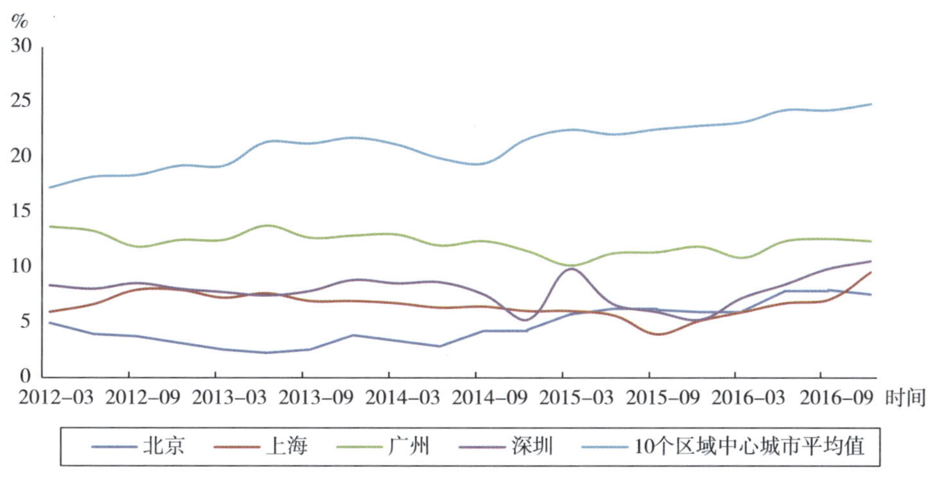

数据来源：世邦魏理仕。

图2.30 2012～2016年一线城市及10个区域中心城市优质写字楼空置率

2.租金分析

2016年，全国写字楼租金水平整体相对平稳，其中一线城市整体处于相对高位并小幅调整，区域中心城市仍处低位，存在小幅分化。2016年第四季度，北京、上海、广州和深圳优质写字楼平均租金分别为423元/平方米/月、306元/平方米/月、142元/平方米/月和194元/平方米/月，北京、深圳同比分别小幅下降0.5%和0.8%，上海、广州同比分别上涨6.3%和4.9%。区域中心城市平均租金同比下滑1.4%，其中成都租金水平下降幅度最大，同比下降8.1%，武汉、南京、青岛、杭州租金水平同比有所上升。

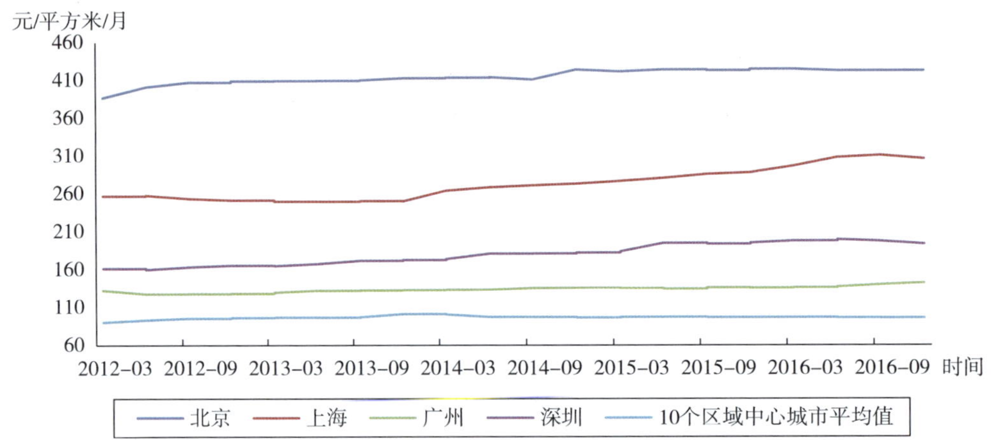

数据来源：世邦魏理仕。

图2.31　2012～2016年一线城市及10个区域中心城市优质写字楼租金水平

（二）零售物业市场

1.供需分析

2016年，各城市零售物业新增供应变化趋势呈现分化。一线城市中，北京优质零售物业新增供应量涨幅接近100%，达80.1万平方米，深圳基本维持上年水平，新增48.5万平方米。区域中心城市中，重庆新增供应最多，优质零售物业新增供应量63.3万平方米，规模与上年基本持平，南京、天津涨幅超过200%，分别新增供应量51.1万平方米和48.5万平方米，武汉新增规模同比显著收缩至30.9万平方米。

近年来，零售物业调整升级趋势明显。《2016—2021年中国零售企业行业市场需求与投资咨询报告》显示，2016年至少上万家店铺关门歇业。联商网“2015年主要零售企业（超市、百货）关店统计”数据显示，仅主要超市和百货就关店138家。2016年上半年，仅在单体百货、购物中心以及2 000平方米以上的大型超市业态中，就有22家公司关闭了41家店铺，歇业店铺的营业面积超过60万平方米，范围遍及一二三线城市，其中一二线城市关店占比超过八成。

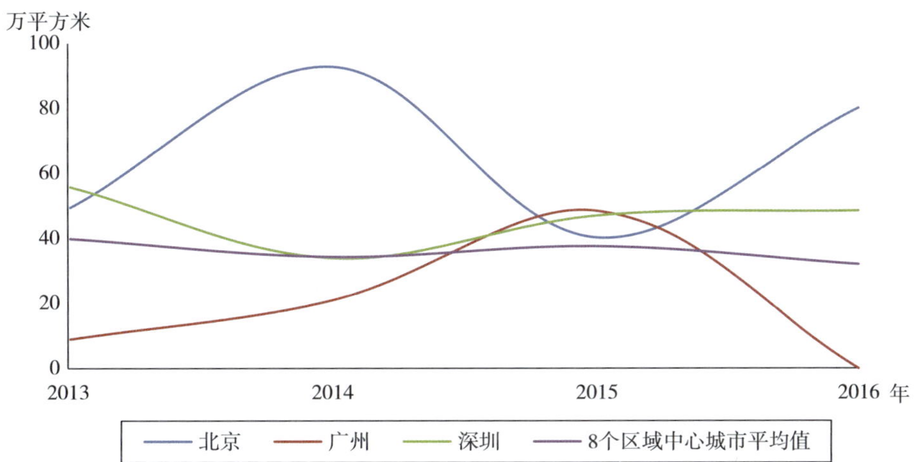

数据来源：世邦魏理仕。

图2.32 2013～2016年部分一线城市及8个区域中心城市[①]优质零售物业新增供应量

零售物业空置率小幅下降，城市分化显著。2016年末，4个一线城市及8个区域中心城市优质零售物业平均空置率为7.7%，比上年末下降0.1个百分点。一线城市中，仅上海空置率同比上升1.1个百分点，为8.2%，北京、广州、深圳的空置率分别为4.5%、7.3%和5.0%，比上年末分别下降0.3个、2.3个和1.6个百分点。区域中心城市平均空置率为8.5%，比上年末上升0.4个百分点，其中天津的空置率比上年末上升4.0个百分点至17.8%，沈阳空置率小幅下降，但仍维持在13.6%的相对高位，武汉、杭州空置率低于一线城市，分别为2.6%和4.1%。

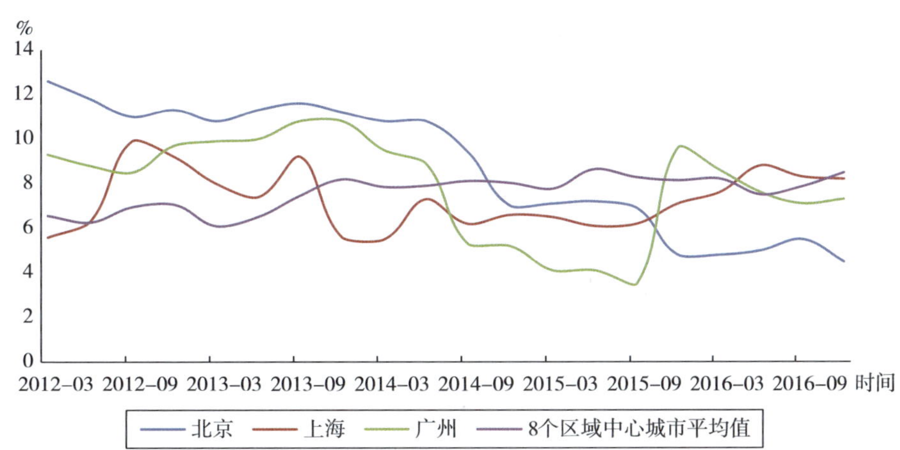

数据来源：世邦魏理仕。

图2.33 2012～2016年一线城市及8个区域中心城市优质零售物业空置率

2.租金分析

零售物业租金水平整体小幅下滑。根据世邦魏理仕统计，2016年第四季度，北京、上海、广州、

① 8个区域中心城市：考虑到数据充足性，此处样本中心城市相对于上文10个区域中心城市样本剔除了大连市、成都市。

深圳优质零售物业平均首层租金[1]水平分别为35.1元/平方米/天、40.8元/平方米/天、39.2元/平方米/天和24.6元/平方米/天，一线城市中仅广州首层租金同比小幅上升，北京、上海和深圳首层租金同比分别下降2.2%、3.8%和6.5%。8个区域中心城市优质零售物业平均首层租金水平同比下降4.6%，其中武汉和重庆优质零售物业平均首层租金同比分别下降17.4%和9.9%，为10.9元/平方米/天和12.8元/平方米/天，显著低于其他区域中心城市。

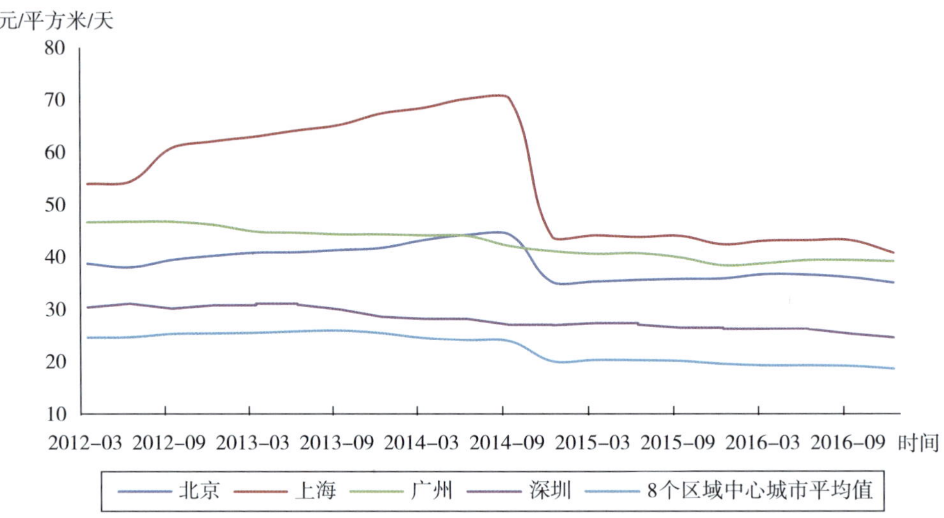

数据来源：世邦魏理仕。

图2.34　2012～2016年一线城市及8个区域中心城市优质零售物业首层租金

（三）工业地产市场

近年来，我国工业地产市场逐步趋稳。据国土资源部数据，2016年，全国100个大中城市工业用地供应数量6 108宗，占地面积2.8亿平方米，分别占全部土地供应的44.2%和45.9%；工业用地成交5 424宗，成交土地占地面积2.4亿平方米，分别占全部土地成交的44.8%和46.4%；工业用地月平均价格为296.8元/平方米，同比小幅下降1.0%。

① 首层租金是指商铺首层（地上临街第一层）的租金。商铺的不同楼层租金差异明显，其中首层租金最高，较为典型地代表了商铺的租金水平，二层租金低于首层租金，地下一层租金更低。

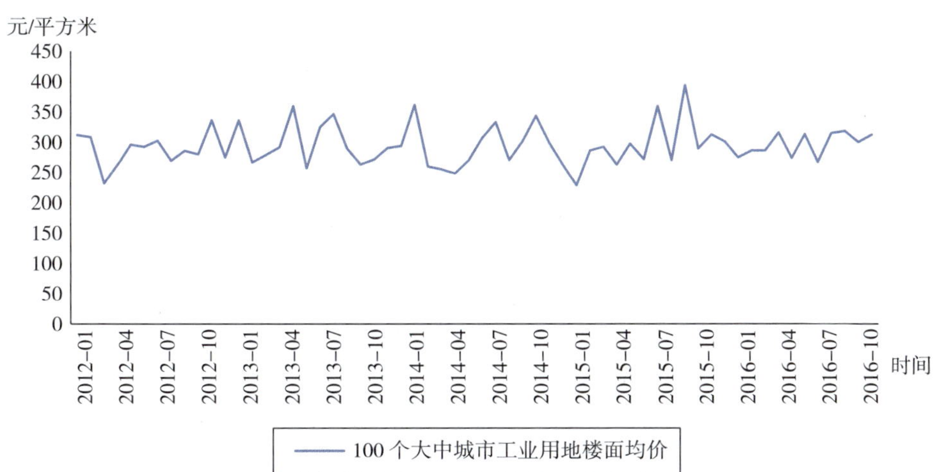

数据来源：各地国土局。

图2.35 2012～2016年100个大中城市工业用地楼面均价

（四）酒店物业市场

2016年末，全国共有星级酒店10 157家，比上年末减少799家。北京、上海、广州、深圳星级酒店数量分别比上年末减少57家、8家、14家和13家。

星级酒店平均房价小幅下降。2016年第四季度，全国星级酒店平均房价同比下降0.8%。其中，四星级和五星级酒店平均房价同比分别下降2.1%和3.9%，一星级酒店平均房价同比下降超过15%，仅二星级酒店平均房价同比上升8.0%。星级酒店平均出租率小幅回升2.3个百分点至57.9%。分城市看，一线城市星级酒店出租率均高于全国平均水平，北京、深圳、上海星级酒店2016年前三季度平均出租率均位列全国50个重点旅游城市中的前10名，其余重点旅游城市中张家界、福州等城市表现较好，星级酒店出租率分别位居第1名、第2名，东莞、秦皇岛等城市则位列最后，星级酒店出租率分别为36.7%、37.6%。

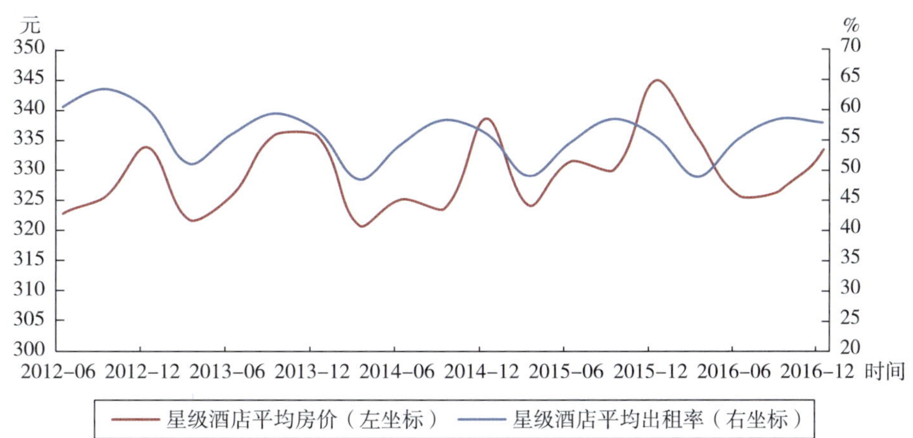

数据来源：国家旅游局。

图2.36 2012～2016年全国星级酒店平均房价及出租率表现

专栏二

房地产宏观审慎政策工具及实施原则简介①

一、房地产宏观审慎政策工具

从各国的实践经验来看，针对房地产市场的宏观审慎政策工具主要有“针对房地产的资本充足率”（Sectoral Capital Requirements，SCR）、“贷款价值比”（Loan-to-value ratio，LTV）和“债务收入比”（Debt service-to-income ratio，DSTI）。其中，SCR作用于银行部门，DSTI作用于借款人部门，而LTV对两者都起作用。

SCR相当于让金融机构在满足基本资本充足率要求之外，为应对房地产市场风险而额外计提资本金。LTV要求借款人的按揭贷款不能高于房屋总价值的一定比例。DSTI通过限制借款人在一定收入水平下所能承担的最大债务，保证借款人还款能力不会过度恶化。三种工具的作用机制如图2.37所示。

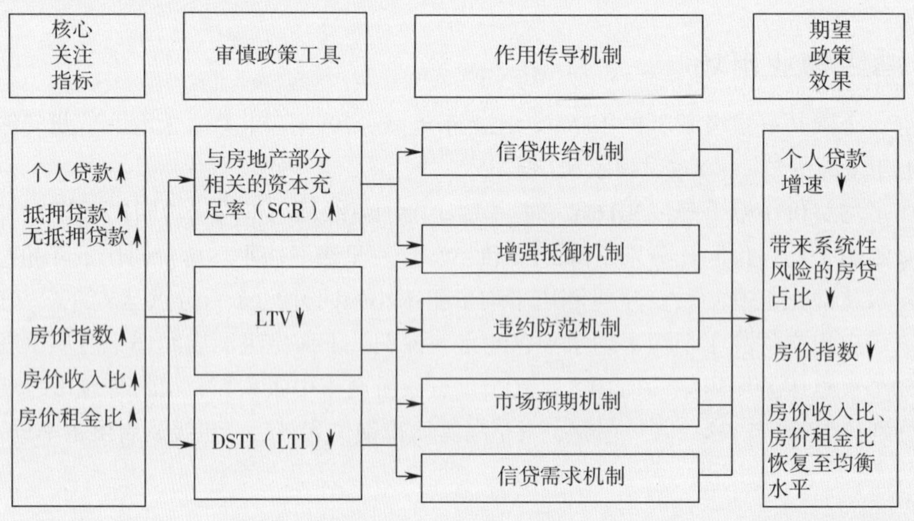

资料来源：IMF。

图2.37　三种政策工具的传导机制

二、房地产宏观审慎政策实施原则

（一）实施前所需关注的目标

在运用宏观审慎政策工具前，应利用多方信息和数据对经济金融运行情况进行评估，并主要关注两个核心指标：个人（按揭）贷款增速与房价增速。因为两者会因房屋抵押价值变动而产生循环联动。而这种联动关系正是典型的“系统性金融风险”的来源和传导机制。

（二）“多措并举”与“对症下药”的原则

① 本专栏根据各国资料及IMF等国际组织研究报告编写而成，仅作为对当前国际前沿观点的汇总整理。

为更好地化解房地产部门带来的系统性金融风险，现实中应该“多措并举”。该原则既表现为三类政策工具的联合使用，还表现为宏观审慎与其他政策相配合，如土地供给政策、税收政策等。

因为联合使用政策工具，一方面可以充分利用政策传导机制，另一方面政策工具可以互相弥补弱点。以LTV和DSTI为例，这两种工具在抑制按揭贷款需求时具有明显互补作用：一方面，两个工具抵御的风险不同，前者用于提高抵御房价下降冲击的能力，后者用于提高抵御收入和利息负面冲击的能力；另一方面，考虑到部分借款人可能暗中使用“无担保贷款”作为按揭贷款的首付，从而绕过LTV工具，此时DSTI则可以弥补这一问题。各经济体对于上述三种政策工具的联合使用情况如表2.1所示。

表2.1 各经济体联合使用政策工具情况

政策工具	发达经济体	新兴市场经济体	经济体数（个）
SCR	澳大利亚（2004）、中国香港（2013）、爱尔兰（2001）、以色列（1998）、韩国（2002）、挪威（1998）、西班牙（2008）、瑞士（2013）	阿根廷（2004）、巴西（2010）、保加利亚（2004）、克罗地亚（2006）、爱沙尼亚（2006）、印度（2004）、马来西亚（2005）、尼日利亚（2013）、秘鲁（2012）、波兰（2007）、俄罗斯（2011）、塞尔维亚（2006）、泰国（2009）、土耳其（2008）、乌拉圭（2006）	23
LTV	加拿大（2007）、芬兰（2010）、中国香港（1991）、爱尔兰（2001）、以色列（2012）、韩国（2002）、荷兰（2011）、挪威（2010）、新加坡（2010）、瑞典（2010）、新西兰（2013）	巴西（2013）、保加利亚（2004）、智利（2009）、中国（2001）、哥伦比亚（1999）、匈牙利（2010）、印度（2010）、印度尼西亚（2012）、拉脱维亚（2007）、黎巴嫩（2008）、马来西亚（2010）、罗马尼亚（2004）、泰国（2003）、土耳其（2011）	25
DSTI (LTI)	加拿大（2008）、中国香港（1997）、韩国（2005）、荷兰（2007）、新加坡（2013）、挪威（2010，LTI）、英国（2014，LTI）	中国（2004）、哥伦比亚（1999）、匈牙利（2010）、拉脱维亚（2007）、马来西亚（2011）、波兰（2010）、罗马尼亚（2004）、泰国（2004）	15

注：括号内是政策引入年份。

资料来源：IMF。

此外，为了减轻政策对经济正常运行的影响，特别是减少其对于资源分配的扭曲，“对症下药”是另一种政策使用原则，即只针对高风险主体实施政策。尽管SCR政策基本不会带来金融体系的扭曲，但是LTV和DSTI政策有可能使首次购房者和低收入群体受到影响。基于上述考虑，可以考虑针对不同借款人、不同区域实施不同的LTV和DSTI比例。

（三）“渐进从紧”与“快速从宽”的原则

在房地产市场出现过热，需要实施从紧的审慎政策时，保持一个“渐进主义”的思路是十分必要的。这样做的原因有三点，一是为了避免政策执行过程中不可避免的各种不确定性；二是减少政策短期内迅速改变对银行和借款人行为造成的剧烈冲击；三是有助于市场预期机制充分发挥作用。毕竟，宏观审慎政策的目的是有效防范系统性金融风险、减少各类负面冲击带来的损失。如果政策过急过猛，难免造成市场恐慌，从而与政策初衷背道而驰。

与之相反，因为房地产市场下行冲击会在银行和借款人之间形成恶性循环，愈演愈烈，所以在放松宏观审慎政策时必须“快而有力”。研究表明，在面临市场下行的时候，宏观审慎政策具有一定的遏制作用，但是效果远不如抑制房地产市场过热。而且，一旦危机开始蔓延，银行与借款人、金融与实体经济之间的恶性循环很难打破。所以，尽管有理由支持“渐进主义”的放松政策，但是IMF基于各国经验，建议此时的政策放松步调应该快而有力。此外，为了防止风险在银行与借款人之间形成恶性循环，对于风险的预判显得尤为重要。除了前文所述的主要监测指标以外，IMF还推荐使用一些市场变化较为敏感、具有先导性的金融市场指标，比如股价走势等。

第三章

FANGDICHAN KAIFA DAIKUAN

房地产开发贷款

按照房地产信贷政策导向及房地产金融宏观审慎管理要求，商业银行在防范风险的前提下，继续支持符合条件的房地产项目建设，满足保障性住房和棚户区改造、中小套型普通商品住房等的合理信贷需求，房地产开发贷款业务保持平稳增长。2016年末，主要金融机构[①]房地产开发贷款余额7.0万亿元，同比增长9.2%，其中地产开发贷款余额1.4万亿元，房产开发贷款余额5.6万亿元，分别占各项贷款余额的1.4%和5.4%。2016年，地产开发贷款整体呈现降低态势，年末地产开发贷款余额同比减少4.9%，增速比上年末降低17.7个百分点；房产开发贷款增速整体呈现先抑后扬的态势，在8月末达到最低的9.5%后逐步回升到年末的12.2%，比上年末降低5.7个百分点。

一、地产开发贷款

（一）全国情况

1.余额及增长情况

2016年，地产开发贷款余额降低较快，年末地产开发贷款余额为1.4万亿元，同比减少4.9%，比上年末降低17.7个百分点。其中政府土地储备机构贷款余额9 146.7亿元，同比减少33.5%。

① 主要金融机构（下同）包括中资银行（不含村镇银行）、城市信用合作社、农村信用合作社和外资银行。

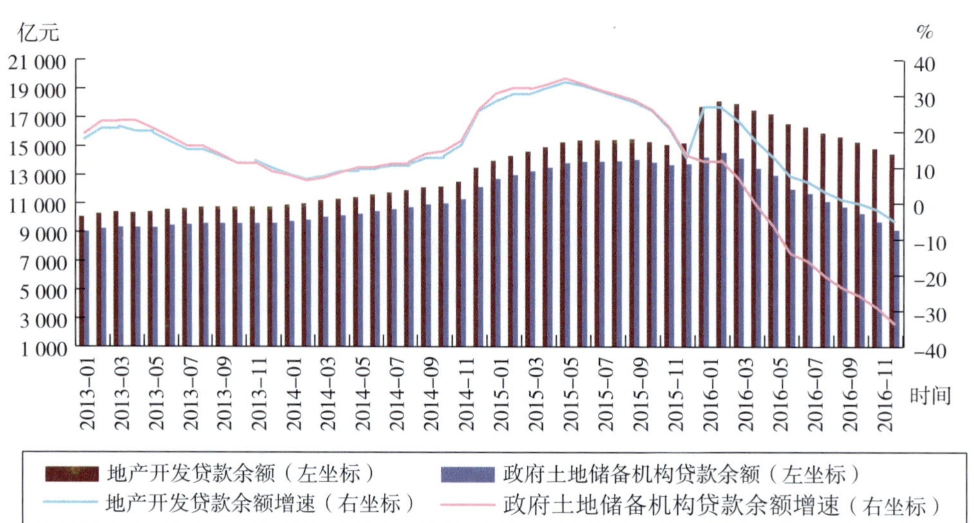

数据来源：中国人民银行。

图3.1　2013～2016年全国地产开发贷款余额及其增速

分月度看，2016年地产开发贷款余额增速与各项贷款余额增速相比，呈现先高后低的趋势。前4个月，地产开发贷款余额增速高于各项贷款增速；后8个月，地产开发贷款余额增速始终低于各项贷款增速。2016年末，地产开发贷款增速低于各项贷款增速18.5个百分点。

2016年，地产开发贷款余额减少745.9亿元，同比少增2 430.2亿元。从月度新增额看，1月新增额最高，为2 540.3亿元；6月新增额最低，为−680.8亿元。

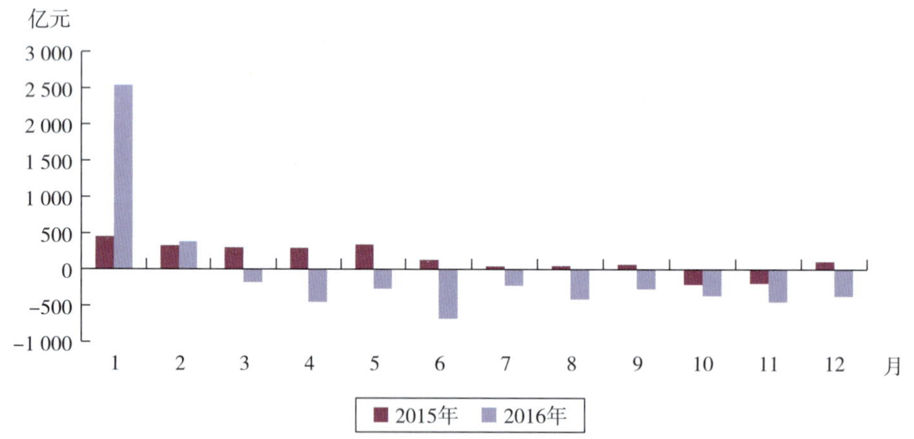

数据来源：中国人民银行。

图3.2　2015～2016年全国地产开发贷款月度新增额

2016年末，中资大型银行[①]地产开发贷款余额7 282.5亿元，占全国的50.3%，比上年末高16.9个百

① 中资大型银行是指本外币资产总量超过2万亿元的中资银行（以2008年末各金融机构本外币资产总额为参考标准）。

分点；中资中型银行[①]地产开发贷款余额5 804.5亿元，占全国的40.1%，比上年末低14.7个百分点；中资小型银行[②]地产开发贷款余额1 361.4亿元，占全国的9.4%，比上年末低2.2个百分点；城市和农村信用社及外资银行地产开发贷款余额21.3亿元，占全国的0.2%，与上年末持平。

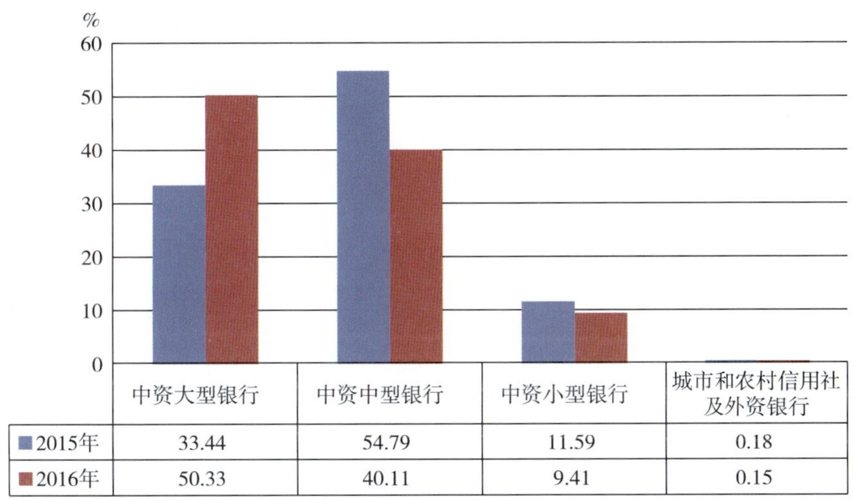

	中资大型银行	中资中型银行	中资小型银行	城市和农村信用社及外资银行
2015年	33.44	54.79	11.59	0.18
2016年	50.33	40.11	9.41	0.15

数据来源：中国人民银行。

图3.3 2015～2016年各类金融机构地产开发贷款余额分布情况

2016年末，有2家银行地产开发贷款余额超过2 000亿元，其贷款余额合计6 930.2亿元，占全国的47.9%。2016年，有18家银行地产开发贷款余额同比减少，最大降幅为64.7%；只有2家银行地产开发贷款同比增速在30%以上，最高增幅为190.3%。

2.余额占比情况

2016年，地产开发贷款占各项贷款的比重呈现降低趋势。2016年末，主要金融机构地产开发贷款余额占其各项贷款余额的1.4%，比上年末降低0.3个百分点。

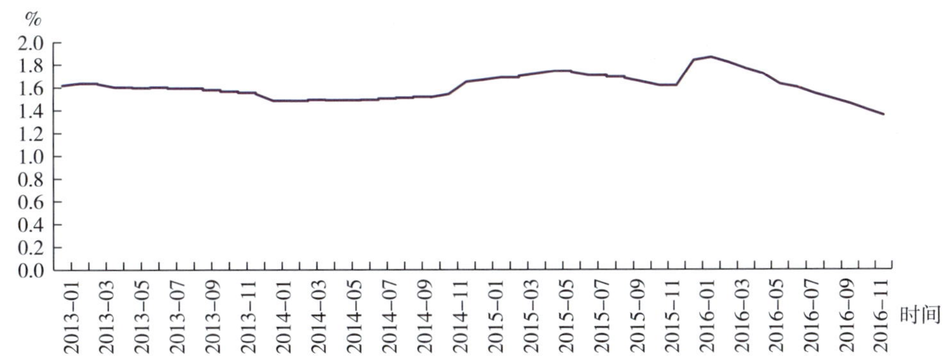

数据来源：中国人民银行。

图3.4 2013～2016年主要金融机构地产开发贷款占各项贷款的比重

① 中资中型银行是指本外币资产总量小于2万亿元且大于3 000亿元的中资银行。

② 中资小型银行是指本外币资产总量小于3 000亿元的中资银行。

2016年，土地储备机构贷款余额占地产开发贷款余额的比重降低较快，由1月末的80.1%降至12月末的63.2%，较上年末降低30.1个百分点。

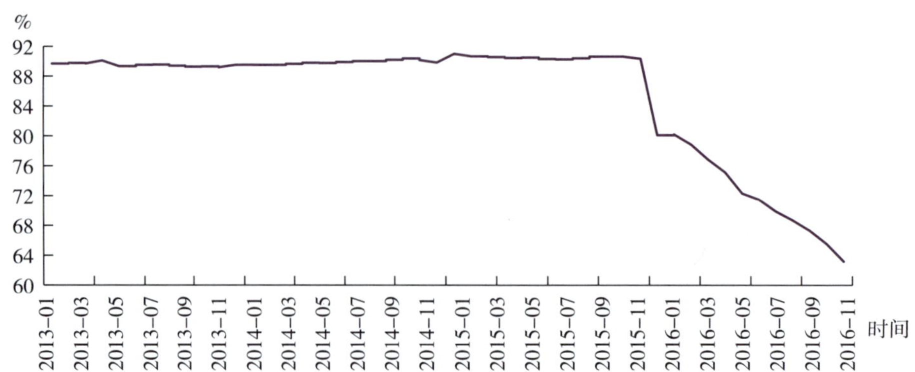

数据来源：中国人民银行。

图3.5　2013～2016年土地储备机构贷款在地产开发贷款余额中占比情况

2016年末，中资中型银行地产开发贷款余额占其各项贷款的比重达2.3%，高于全国平均水平。其他类型银行的地产开发贷款余额占其各项贷款的比重均低于全国平均水平。从单个银行来看，地产开发贷款余额占比高于全国平均水平的银行有11家，其中中资大型银行2家、中资中型银行7家、中资小型银行2家，占比最高的达6.2%。

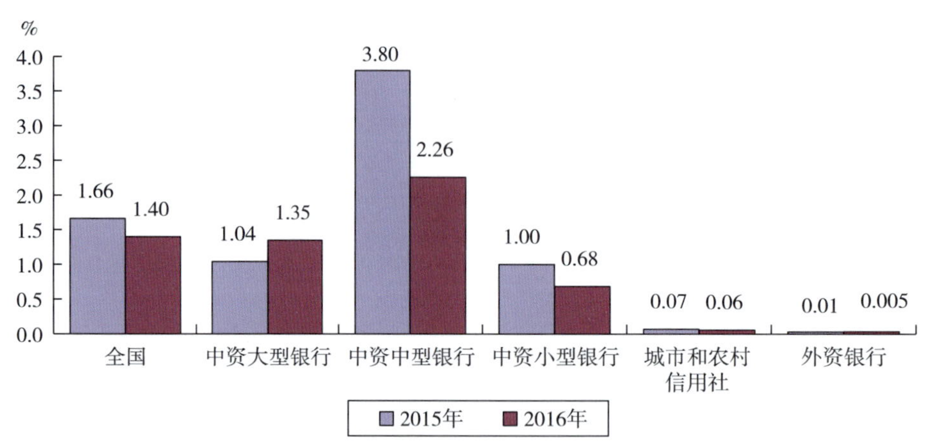

数据来源：中国人民银行。

图3.6　2015～2016年各类金融机构地产开发贷款占其各项贷款的比重

（二）区域结构

2016年末，东部地区地产开发贷款余额7 729.8亿元，占全国的55.3%；中部地区地产开发贷款余额3 363.3亿元，占全国的23.2%；西部地区地产开发贷款余额3 380.4亿元，占全国的23.4%。与上年相比，中部地区占比提高4.8个百分点，东部地区、西部地区占比同比分别下降2.1个和0.8个百分点。2016年，仅中部地区地产开发贷款余额实现增长，增速为20.1%，东部、西部地区地产开发贷款余额同比分别减少11.4%、8.4%。

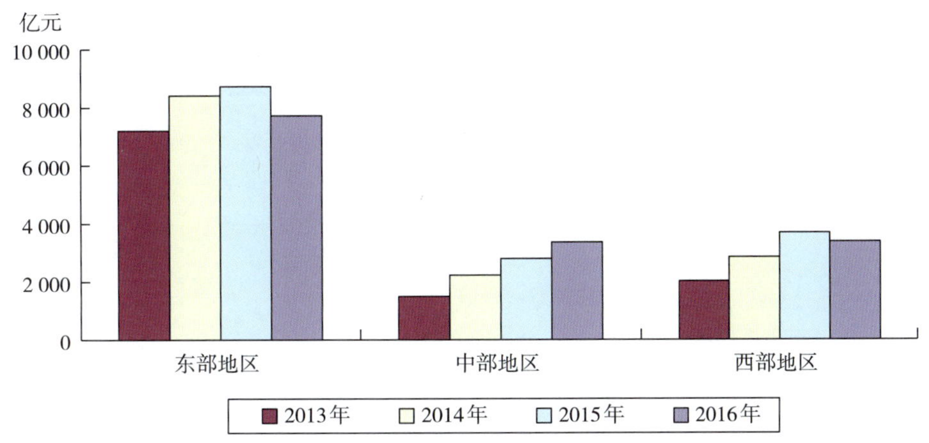

数据来源：中国人民银行。

图3.7 2013～2016年地产开发贷款余额区域分布

2016年末，30个重点城市①地产开发贷款余额占全国的72.7%，北京、上海、重庆、天津、成都、武汉6个城市地产开发贷款余额超过500亿元，余额合计占全国的41.7%。2016年，30个重点城市中有17个城市地产开发贷款余额增长较快，增速超过全国平均水平，其中，深圳、重庆、宁波、武汉、青岛、沈阳、郑州、长沙、南宁、南昌10个城市地产开发贷款余额增速超过20%。

2016年末，有17个城市地产开发贷款余额占当地各项贷款余额的比重高于全国平均水平，其中北京、重庆、武汉、沈阳、大连、长沙6个城市占比超过3%。地产开发贷款余额超过500亿元的北京、上海、重庆、天津、成都、武汉6个城市中，仅上海地产开发贷款余额负增长，同比减少37.8%。

表3.1 2016年末30个重点城市地产开发贷款余额占比情况

单位：亿元、%

城市	主要金融机构地产开发贷款余额	主要金融机构各项贷款余额	占比
全国	14 470.6	1 036 774	1.4
北京	1 930.6	56 618.9	3.4
武汉	1 176.7	19 386.3	6.1
重庆	1 015.1	24 785.2	4.1
上海	686.1	53 985.1	1.3
天津	624.1	27 368.0	2.3
成都	604.7	25 009.2	2.4
南京	481.6	21 681.3	2.2
沈阳	440.6	12 569.6	3.5

① 30个重点城市包括北京、上海、成都、武汉、天津、南京、沈阳、苏州、长春、大连、西安、重庆、广州、无锡、合肥、杭州、南昌、昆明、宁波、福州、哈尔滨、长沙、南宁、石家庄、济南、郑州、深圳、青岛、厦门、太原（下同）。

续表

城市	主要金融机构地产开发贷款余额	主要金融机构各项贷款余额	占比
长沙	435.0	13 631.3	3.2
大连	363.0	11 004.8	3.3
宁波	298.0	15 806.8	1.9
无锡	240.7	10 382.9	2.3
杭州	230.3	25 464.8	0.9
南昌	214.7	8 604.6	2.5
西安	214.3	15 282.6	1.4
青岛	203.1	11 891.7	1.7
郑州	199.8	15 422.4	1.3
苏州	186.1	21 924.4	0.8
福州	184.7	12 124.7	1.5
长春	183.2	9 809.3	1.9
南宁	171.2	8 807.8	1.9
合肥	146.8	11 550.6	1.3
昆明	114.9	13 553.3	0.8
广州	65.0	24 603.1	0.3
哈尔滨	55.2	9 048.7	0.6
石家庄	28.7	7 175.9	0.4
济南	19.4	11 370.2	0.2
深圳	5.6	35 165.5	0.0
太原	0.8	9 893.2	0.0
厦门	0.0	7 745.0	0.0

数据来源：中国人民银行。

（三）土地出让收入与地产开发贷款比较

财政部数据显示，2016年国有土地使用权出让收入37 457亿元[①]，比上年增加4 910亿元，同比增长15.1%，高于地产开发贷款增速20.0个百分点。2016年末，全国地产开发贷款余额相当于当年土地出让收入的38.6%，比2015年降低8.1个百分点。土地出让收入是地产开发贷款的主要还款来源，2016年土地出让收入实现正增长，有利于商业银行落实地产开发贷款还款来源。

① 数据来源于财政部2016年财政收支情况。

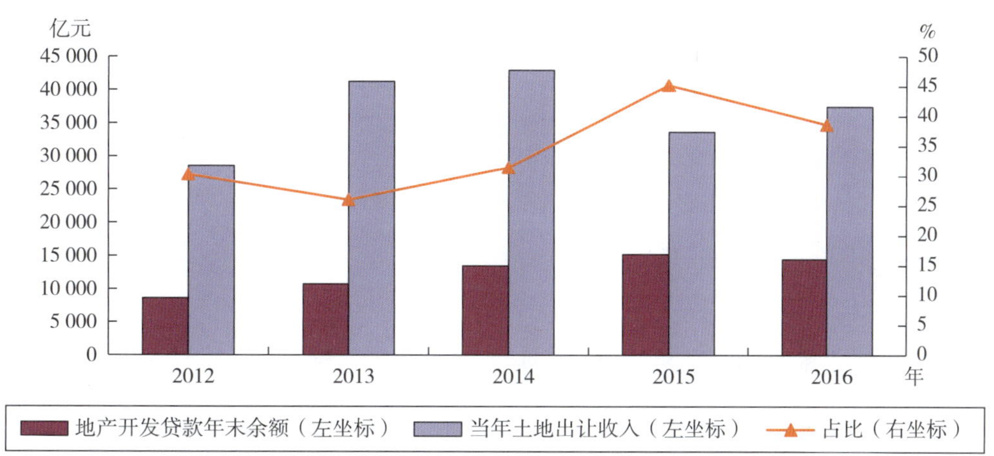

数据来源：中国人民银行、财政部网站。

图3.8 2012～2016年地产开发贷款与土地出让收入比较

二、房产开发贷款

（一）全国情况

1.余额及增长情况

2016年末，主要金融机构房产开发贷款余额5.6万亿元，同比增长12.3%，增速比上年末下降5.6个百分点。其中，住房开发贷款余额4.4万亿元，占房产开发贷款的77.5%，同比增长13.4%，增速比上年同期回落5.2个百分点。全年房产开发贷款与住房开发贷款增速呈现先抑后扬态势。

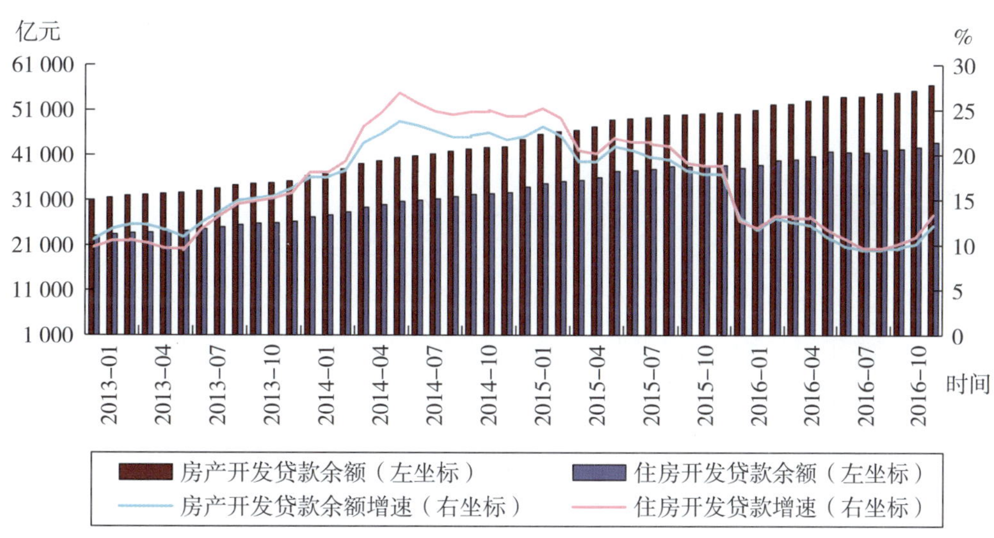

数据来源：中国人民银行。

图3.9 2013～2016年房产开发贷款增长情况

2016年，全国新增房产开发贷款6 141.2亿元，同比少增1 153.8亿元。从各月增长情况看，房产开发贷款在每个季度末新增较多，3月、6月、9月、12月，累计新增额达4 297.6亿元，占全年新增额的70.0%。

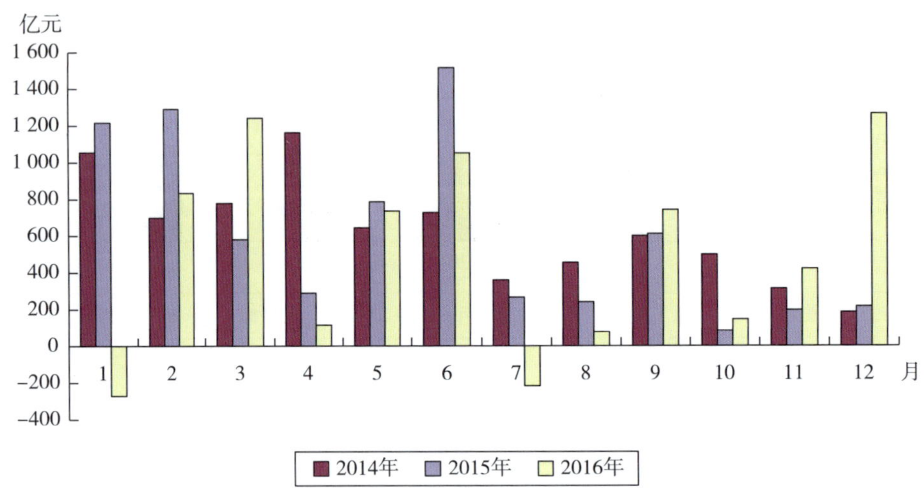

数据来源：中国人民银行。

图3.10 2014～2016年房产开发贷款月度新增情况

2016年末，中资大型银行房产开发贷款余额3.3万亿元，占全国的58.7%；中资中型银行房产开发贷款余额1.3万亿元，占全国的23.3%；中资小型银行、城市和农村信用社房产开发贷款余额合计占全国的16.2%；外资银行占1.8%。与2015年相比，中资中型、小型银行房产开发贷款余额占比分别提高2.9个和1.5个百分点，中资大型银行、城市和农村信用社及外资银行房产开发贷款余额占比分别下降3.7个、0.4个和0.3个百分点。

2016年末，全国有12家银行房产开发贷款余额超过1 000亿元，余额合计4.2万亿元，占全国的73.7%。此外，有15家银行房产开发贷款余额同比增速低于全国平均水平，其中9家银行房产开发贷款余额呈现负增长。

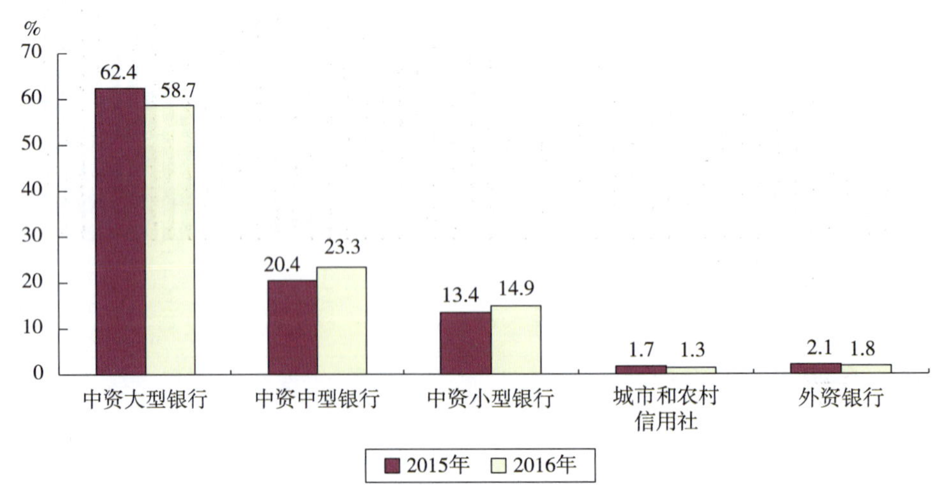

数据来源：中国人民银行。

图3.11 2015～2016年各类金融机构房产开发贷款余额分布情况

2.余额占比情况

2016年末，全国房产开发贷款余额占各项贷款余额的比重为5.3%，与上年基本持平。

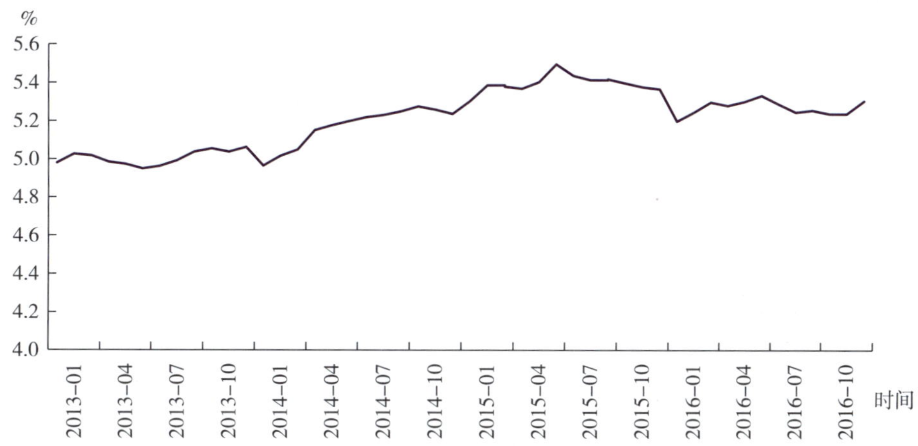

数据来源：中国人民银行。

图3.12　2013～2016年房产开发贷款占比变化情况

2016年末，主要金融机构房产开发贷款在其各项贷款中的比重为5.4%，低于上年末0.1个百分点。其中，中资大型银行、外资银行房产开发贷款在其各项贷款中的比重分别为6.1%和9.2%，分别高于全国平均水平0.7个和3.8个百分点；中资中型银行、中资小型银行、城市和农村信用社房产开发贷款在其各项贷款中的比重分别为5.1%、4.2%和2.0%，均低于全国平均水平。

具体来看，有9家银行房产开发贷款余额占其各项贷款的比重高于全国平均水平，其中占比最大达24.5%，最小为5.6%；其余银行房产开发贷款余额占其各项贷款的比重均低于全国平均水平，占比最低的为0.1%。

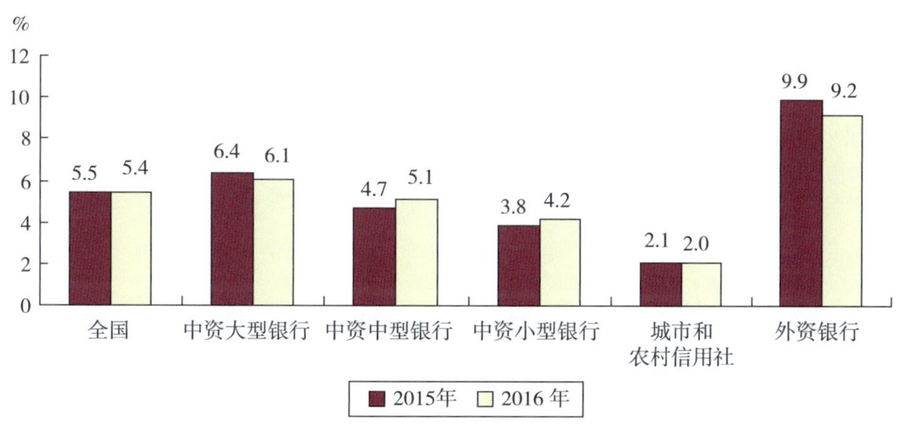

数据来源：中国人民银行。

图3.13　2015～2016年各类金融机构房产开发贷款占其各项贷款的比重

（二）区域结构

2016年末，东部地区房产开发贷款余额3.2万亿元，占全国的56.5%，比上年末低4.0个百分点；中部地区和西部地区房产开发贷款余额分别为1.1万亿元和1.3万亿元，分别占全国的20.0%和23.6%，比上年末分别提高1个和3个百分点。西部地区房产开发贷款同比增长28.7%，增速分别比东部地区和中部地区高23.9个和10.9个百分点。与2015年相比，东部、中部和西部地区房产开发贷款增速分别回落5.5个、12.0个和4.6个百分点。

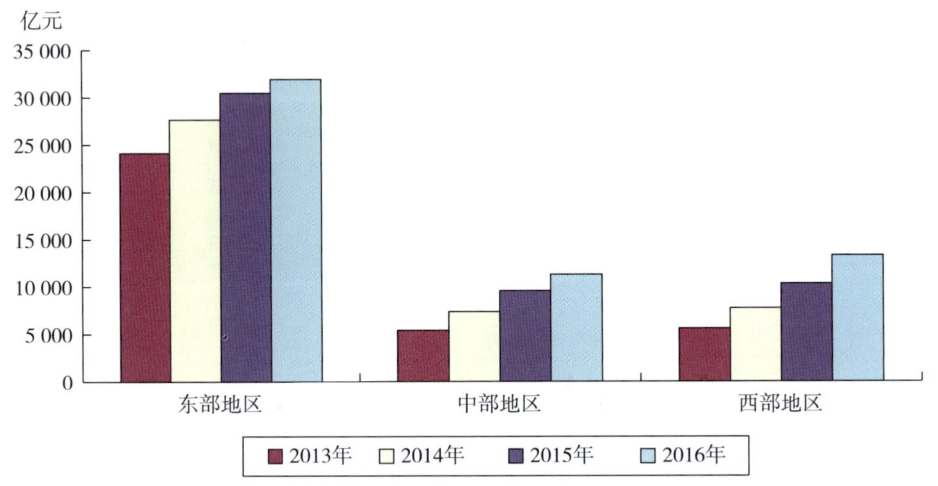

数据来源：中国人民银行。

图3.14 2013～2016年房产开发贷款余额区域分布

30个重点城市中，西安、济南、太原、南宁、南昌5个城市房产开发贷款同比增速超过30%，其中济南最高，达65.3%。北京、上海、重庆、天津、宁波、武汉、青岛、沈阳、无锡、大连10个城市房产开发贷款余额呈现负增长。

北京、上海、深圳、杭州、广州、重庆、天津、成都、南京、苏州、武汉、沈阳、郑州、西安、济南、长沙、合肥、南宁、昆明19个城市房产开发贷款余额超过1 000亿元，贷款余额合计3.2万亿元，占全国的56.1%。深圳、成都、南京、苏州、福州、郑州、哈尔滨、西安、济南、石家庄、太原、长春、合肥、南宁、昆明、南昌16个城市房产开发贷款余额同比增速高于全国平均水平，平均增幅达28.7%，高于全国平均水平16.5个百分点。

表3.2 2016年末30个重点城市房产开发贷款余额增长情况

单位：亿元、%

城市	房产开发贷款余额	当年新增	同比增速
全国	56 572.7	6 141.2	12.2
上海	4 215.0	−337.4	−7.4
北京	2 818.8	−233.0	−7.6
深圳	2 276.1	300.3	15.2
成都	2 113.5	463.5	28.1
南京	2 023.3	394.2	24.2

续表

城市	房产开发贷款余额	当年新增	同比增速
西安	1 618.8	491.4	43.6
武汉	1 595.9	-146.5	-8.4
杭州	1 548.4	45.4	3.0
郑州	1 477.7	282.1	23.6
济南	1 427.4	563.9	65.3
广州	1 419.4	89.7	6.7
重庆	1 357.6	-174.8	-11.4
昆明	1 246.1	260.6	26.4
苏州	1 182.4	193.3	19.5
合肥	1 172.1	267.6	29.6
天津	1 158.9	-423.0	-26.7
长沙	1 089.4	94.4	9.5
沈阳	1 035.0	-32.8	-3.1
南宁	1 012.6	297.2	41.5
青岛	915.5	-4.2	-0.5
南昌	895.6	233.6	35.3
福州	849.9	93.7	12.4
宁波	831.9	-44.9	-5.1
长春	775.1	165.3	27.1
哈尔滨	757.2	107.5	16.5
大连	634.3	-131.2	-17.1
厦门	503.2	4.5	0.9
太原	325.7	83.3	34.4
无锡	210.5	-73.1	-25.8
石家庄	186.4	25.9	16.1

数据来源：中国人民银行。

2016年末，30个重点城市中，有23个城市的房产开发贷款余额占当地各项贷款余额的比重高于全国平均水平，其中，成都、南京、武汉、沈阳、郑州、哈尔滨、西安、济南、合肥、南宁、昆明、南昌12个城市占比均超过8%，济南最高，为12.6%。北京、天津、宁波、苏州、无锡、石家庄、太原7个城市占比均低于全国平均水平，其中无锡占比最低，为2.0%，低于全国平均水平3.3个百分点。

（三）保障性住房开发贷款情况

2016年末，保障性住房开发贷款余额为2.5万亿元，同比增长38.3%，增速比住房开发贷款高25.0个百分点。全年新增保障性住房开发贷款6 972.2亿元，同比多增210.8亿元。新增保障性住房开发贷款占同期住房开发贷款新增额的135.0%，比2015年提高17.8个百分点。

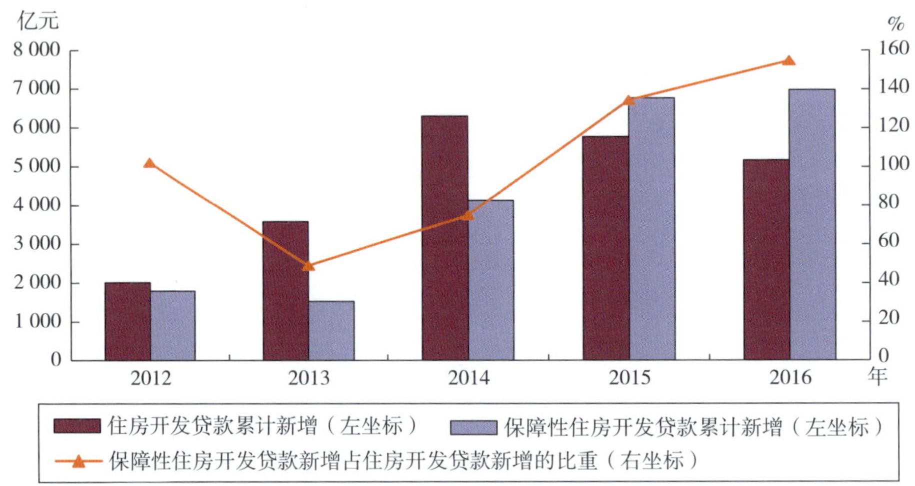

数据来源：中国人民银行。

图3.15　2012～2016年保障性住房开发贷款新增情况

2016年末，30个重点城市中，北京、上海、天津、南京、武汉、郑州6个城市保障性住房开发贷款余额均超过350亿元，合计占全国的18.9%。其中，北京、上海保障房开发贷款占当地房产开发贷款余额的比重均低于20.0%，分别为13.3%和14.8%，分别低于上年10.2个和4.2个百分点；其余城市保障房开发贷款占当地房产开发贷款余额的比重均高于20%，郑州最高，达78.5%，高于上年8.3个百分点。

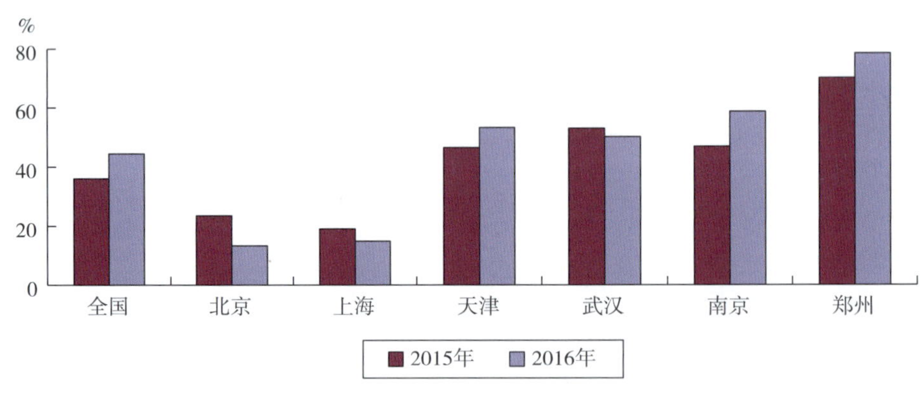

数据来源：中国人民银行。

图3.16　2015～2016年部分城市保障性住房开发贷款占当地房产开发贷款的比重

2016年末，中资大型银行保障性住房开发贷款余额为2.1万亿元，占全国的81.8%，比上年末低7.1个百分点，其中国家开发银行保障性住房开发贷款余额为1.8万亿元，占全国的73.1%。中资中型银行保障性住房开发贷款余额为3 604.1亿元，占全国的14.3%，比上年末高7.8个百分点；中资小型银行、城市和农村信用社及外资银行的保障性住房开发贷款余额合计占全国的3.8%，比上年末低0.8个百分点。

虽然法律要求每6年需重新核算，但近年来调整“课税标准价值”的多次倡议均未通过，因此“课税标准价值”一直保持在此水平上，低于市场实际成交价格。

（三）英国

英国房产税（或译为市政税、家庭税）最早可追溯至伊丽莎白时期《贫困救济法案》中的家庭税，其征收的初衷是均衡社会财富，救济贫困阶层，并用于提供社会福利和建设公共基础设施。全国使用统一的税制模式和计税价值，但税率具有地区差异。目前英国计税价值是基于1991年4月1日的市场价值，税率采用分级定额模式，只要税率等级确定，某处房产的房产税纳税额就是一个定额。所有房产的税率根据市场价值被划分为“A–H”8个等级，其中以“D”级为基准税级，其他等级的纳税额分别是“D”级的某个比例（百分比或倍数），只要确定“D”级的当年应纳税额，即可计算出“A–H”级房产的应纳税额。由于房产税税率由地方政府分别制定，各地同一等级房产的应纳税额具有明显差异。

总体看，房产税已为现代市场经济国家公民普遍接受。成熟市场经济国家的房产税主要有三个特点：一是房产税是一种受益税，主要用于当地的教育、警察、消防等公共服务；二是房产税具有地区差异性，主要由地方政府（州、市、县级政府）征收，各地征收标准差异较大；三是计税价值相对稳定，税率随时间变化幅度较小，房价上涨时，税额增加幅度较小。

二、房产税的配套政策体系

为实现房产税征收的公平、公开、公正、高效，除了合法合理地设计税收要素（包括计税依据、税率等）外，成熟市场经济国家在较长的历史时期内逐步建立和完善了房产税政策配套体系，包括真实准确的个人住房信息系统、独立公正的房地产价值评估机构、严密高效的征收管理体系和便于监督的政务信息公开体系，这些配套制度成为合理有效征收房产税的前置条件。

（一）个人住房信息系统

个人住房信息系统包含房地产类型和数量、评估价值的类别（或等级）和变化、产权登记和成交记录等详细信息。美国、德国、英国的个人住房信息系统均已成熟，它和个人信用信息系统、税务机关纳税信息系统一起为房产税的评估征收提供了技术保障。

（二）房地产价值评估机构

房地产价值评估机构的职能主要是以信息系统提供的信息为基础，查询应纳税房地产，核实房地产权属信息，确定房地产评估价值。例如，英国房产税的等级评估由独立的机构“评估局”（国税与海关局下属的评估办公室）评估，美国的住房价值由美国房地产评估协会进行估价。

（三）征收管理体系

严密高效的征收管理体系包含以下三个环节：一是高效的征收系统。在成熟市场经济国家，房产税的申报、登记、办理、征收和预测等一系列工作大多由征收系统完成。例如，在美国，税务官员会根据征收系统计算的应纳税额，将税单寄给纳税人（或代为征收的金融机构）。纳税人接到税单以后，将税单和支票一同寄回税务机关，也可委托金融机构缴纳，不必上门纳税。二是针对税收滞纳、偷税和漏税的处罚机制。以美国为例，如果出现未按时纳税的纳税人，税务官员将会通知其在限定期限内，按照每月增加1.5%的标准缴纳滞纳处罚金；如限定期限内仍未缴纳的，税务官员将诉诸法律程序，必要时向法庭申请扣押其财产，并对其扣押财产按照计税价值进行拍卖处理；业主可在扣押财产拍卖后6个月至2.5年内以一定价格赎回，如果限期内仍未赎回，购买者则有权向法庭申请产权转移。三是税收纠纷解决机制。多数国家设立了独立的房产税纠纷解决部门，纳税人如果认为其房产评估价值或应纳税额存在不合理之处，可以向纠纷解决部门提出申诉。纠纷解决部门将根据相关法律法规，对房地产价值评估机构的估值和税务机关的税制、税单进行审核，并对纳税人的申诉作出回应。

（四）房产税的政务信息公开制度

成熟市场经济国家大多建立了关于房产税的政务信息公开制度，向纳税人公开房产税政策、税收使用情况等信息，接受纳税人和立法机构的严格监督。房产税所有支出都有详细清楚的记录，居民可以通过网络等公开渠道查询。无论是房产税税率的调整，还是房产税用途的变更，一般都要在充分讨论并征询当地居民意见的基础上，经过当地立法机构的批准，最后才可予以实施。

总体来看，房产税是一种直接税，成熟市场经济国家已经在较长历史时期内逐步建立了与之相适应的税收体制。在税收体制以间接税为主的国家和地区，为使房产税更好地发挥作用，还需要逐步推进税收制度改革，建立与之相适应的税收征管体系。

三、房产税与土地出让收入的关系

从成熟市场经济国家的经验来看，土地出让收入和房产税收入在经济发展的不同阶段分别发挥了重要作用。美国作为土地资源较为丰富的成熟市场经济国家，其土地出让收入和房产税收入发挥的历史作用具有典型性。按照地方政府财政收入的结构可以分为三个阶段：

第一个阶段，1776～1842年，地方政府拥有的公有土地较多，主要通过大量出售公有土地获得收入，满足铁路、公路和城市基础设施建设的资金需求。土地出让收入在地方政府财政收入中的占比为50%～70%。在这个阶段，房产税也是地方政府收入来源之一，但房产税收入规模较小，难以满足“铁公基”建设资金需求较大的要求。这主要是因为：一方面，私有土地规模相对较小，并且私有土地所有者对房产税（土地税）有较大抵触情绪；另一方面，地方税制体系不完善，征收面临较多困难，房产税在财政收入中所占比重较小。

第二个阶段，1842～1902年，地方政府可供出售的公有土地数量大幅减少，土地出让收入在财政收入中的占比降至较低水平，房产税收入逐渐增加。1842年以后，美国出售国有土地的政策宣布告一段落，从以出售为主转向以无偿赠予为主，以鼓励西部土地的开发。土地出让收入在地方政府财政收入中的比重逐步从1842年的45%降至1902年的10%。地方政府逐步建立和完善了地方税收体系，可供征税的房地产数量较大幅度增加，房产税逐渐成为地方政府稳定可靠的收入来源。1902年，房产税在地方财政收入的比重达到57%。

第三个阶段，1902年至今，地方政府的职能重点调整为提供教育等公共服务，房产税收入成为地方政府的主要收入来源。土地出让收入在地方财政收入中的比重降至5%以下，房产税收入占比则保持在较高水平。20世纪初以来，联邦政府和州政府收入越来越依赖收入税和销售税，房产税收入在各级政府总收入中的占比出现下降，但房产税收入在郡、市、县级政府收入中占比一直保持较高水平，约为75%。在此期间，郡、市、县级政府职能重点从建设基础设施转向提供公共服务，房产税收入的稳定现金流适应了政府职能转变的需要。

第四章

GEREN ZHUFANG DAIKUAN

个人住房贷款

2016年2月，人民银行联合银监会出台了《关于调整个人住房贷款政策有关问题的通知》（银发〔2016〕26号），支持居民家庭合理的住房消费，促进房地产市场平稳健康发展。同时，人民银行按照“分城施策”原则，强化市场自律和商业银行自主决策，指导省级市场利率定价自律机制对北京、上海等20多个城市住房信贷政策进行适当调整，并继续严格执行差别化的住房信贷政策。

个人征信系统数据显示，2016年，个人住房贷款发放笔数和金额均较上年有较大幅度增长。截至2016年末，个人住房贷款余额18.0万亿元，同比增长36.7%，占各项贷款余额的16.9%，相当于GDP的24.1%。根据推算，目前约有19.3%的存量住房有尚未结清的个人住房贷款，个人住房贷款余额占存量住房市场价值的8.2%。抽样调查数据显示，2016年，借款人平均年龄小幅上升，所购住房面积均值维持高位，住房总价和单价上升较明显；平均房价收入比较上年小幅上升，月供收入比保持回落趋势，贷款风险总体可控；平均首付比例和贷款利率均值较上年有所下降。

一、个人住房贷款发放情况

（一）个人住房贷款累计发放情况

个人征信系统数据显示，截至2016年末，商业银行历年来累计发放了8 079万笔、共计29.7万亿元的个人住房贷款①。

（二）2016年个人住房贷款发放情况

1.全国概况

个人征信系统数据显示，2016年，商业银行共发放个人住房贷款1 168万笔，共计6.9万亿元，发放笔数和金额分别比上年增长39.5%和72.7%。从历年数据看，2008年之前，个人住房贷款发放笔数介于200万～300万笔，2009年快速增长至600万笔以上，2011～2012年有所回落，2013年后呈平稳较快增长，2016年首次突破1 000万笔。

① 本段所用数据，均包含借款人已结清的住房贷款。另外，个人征信系统从2004年开始正式实现全国联网运行，商业银行录入的信息中没有包括部分在2004年之前已结清的贷款。

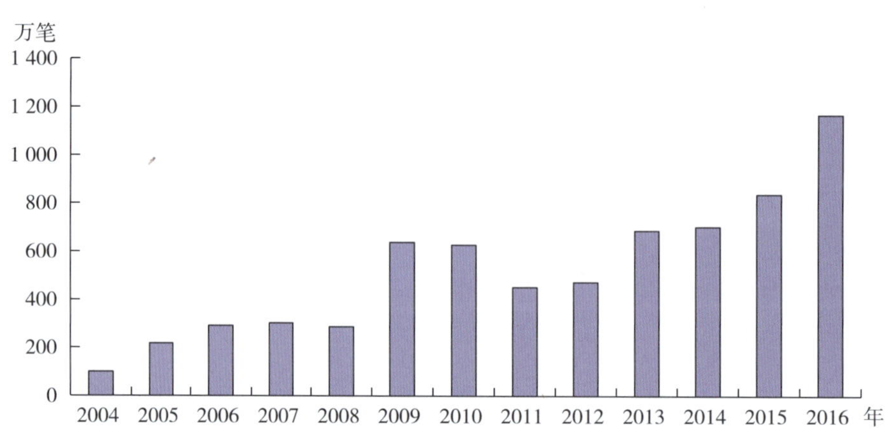

数据来源：中国人民银行个人征信系统。

图4.1　2004～2016年个人住房贷款发放笔数

考虑到个人征信系统只客观记录个人住房贷款情况，没有居民家庭实有住房套数的信息，在此仅对借款人首次购房贷款、第二次购房贷款、第三次及以上购房贷款情况进行分析①。2016年，首次购房贷款占当年全部购房贷款的83.3%，第二次购房贷款占比为13.3%，第三次及以上购房贷款占比为3.4%。从历年数据看，首次购房贷款占比较高，2004年至2015年分别为92%、89%、87%、81%、89%、86%、89%、94%、95%、95%、95%和87.4%，2016年较上年有所下降。

2010～2014年，随着差别化住房信贷政策的逐步强化，首次购房贷款占比逐步提高，并保持在89%以上的高位。2015年以来，受居民购房需求上升的影响，第二次、第三次及以上购房贷款的比例提高，首次购房贷款占比相对下降。2016年，首次购房贷款占比由第一季度的85.1%降至第四季度的82.2%。

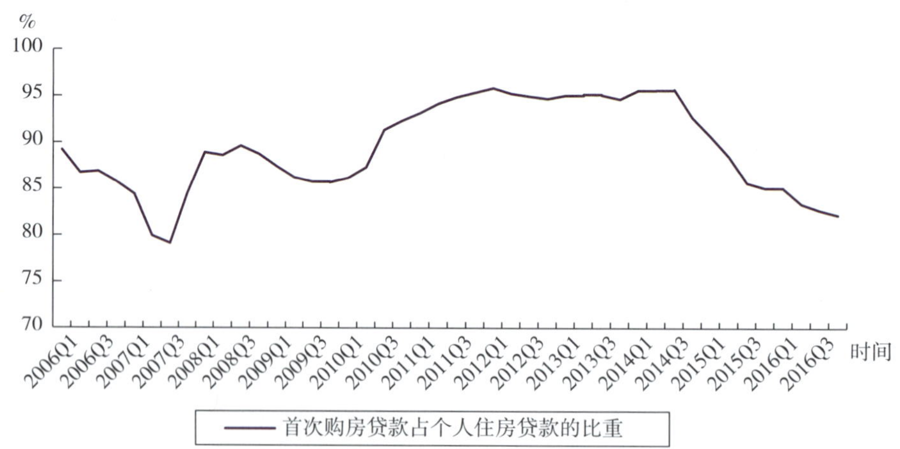

数据来源：中国人民银行个人征信系统。

图4.2　2008～2016年各季度首次购房贷款占比变化情况

① 首次购房贷款指购房人第一次利用贷款购房；第二次购房贷款指购房人在征信系统中已有一次贷款购房的记录，此次为第二次使用贷款购房；第三次及以上购房贷款含义与上述一致。

2.重点城市情况

2016年，30个重点城市发放个人住房贷款共计541.6万笔，占全国的46.4%。其中，个人住房贷款发放笔数超过10万笔的城市共25个，重庆最高，为40.2万笔，其次是武汉，为29.8万笔，只有大连、厦门、太原、长春、昆明5个城市未超过10万笔。30个重点城市中有29个城市的个人住房贷款发放笔数同比正增长，其中南京、无锡、郑州增速排名前三，南京同比增速达91.3%；只有深圳同比负增长，降幅为17.9%。

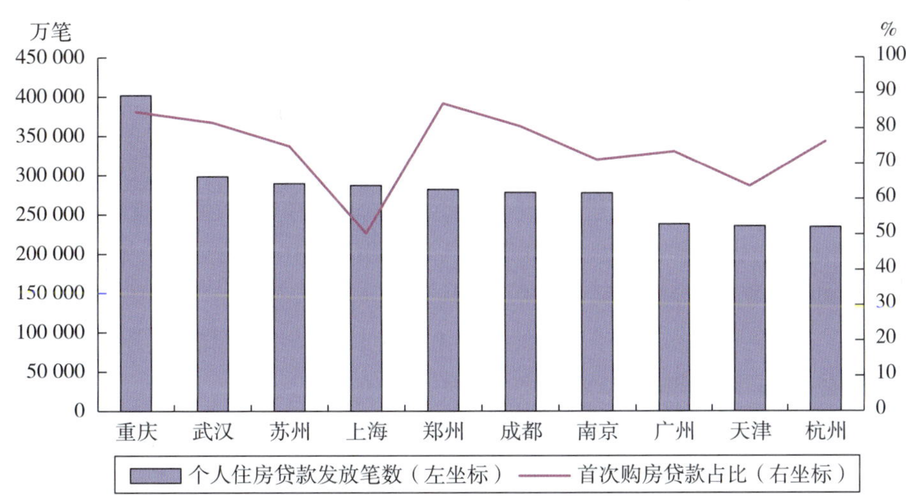

数据来源：中国人民银行个人征信系统。

图4.3　2015年部分重点城市个人住房贷款发放情况

30个重点城市中，首次购房贷款占比超过全国水平的有19个，其中太原最高，为91.6%；无锡、福州、杭州、苏州、昆明、北京、广州、宁波、南京、天津、厦门、深圳和上海13个城市的首次购房贷款占比均低于80%，其中上海最低，为50.3%。与上年相比，30个重点城市的首次购房贷款占比全部出现下降，其中，合肥和厦门下降幅度超过8个百分点，广州、南京、深圳下降幅度超过6个百分点；厦门下降最多，为8.3个百分点，太原下降最少，为1.6个百分点。

3.主要商业银行情况

从商业银行录入个人征信系统的住房贷款信息看，2016年，建设银行、工商银行、农业银行、中国银行、招商银行、交通银行、兴业银行、上海浦东发展银行、光大银行、中信银行等20家银行共发放了964万笔个人住房贷款，占全国的82.5%。其中有四家银行发放的个人住房贷款超过140万笔，建设银行发放笔数最多，达到251万笔。与上年相比，除渣打银行（中国）与花旗（中国）两家外资银行外，其余18家银行个人住房贷款发放笔数均上升。

（三）2016年新发放贷款的主要特征

人民银行对全国35个大中城市[①]2016年新发放的个人住房贷款进行了随机抽样，共收回有效样本29 465份，占35个城市新发放贷款笔数的4.6‰，占全国新发放贷款笔数的2.3‰。抽样调查数据显示，2016年新发放个人住房贷款主要呈现以下特征：

一是借款人平均年龄小幅上升，收入处于当地较高水平。借款人平均年龄34.1岁，较2015年提高0.1岁，延续了2015年的上升趋势。其中，35岁以上的借款人占40.6%，为近5年最高值。借款人平均家庭人均月收入9 452元，其中，深圳、厦门、上海、北京、杭州、广州、苏州、东莞、南京9个城市平均家庭人均月收入在1万元以上。各城市的借款人平均家庭人均收入是统计局公布当地人均可支配收入的2～4倍，有5个城市超过了3倍。

二是借款人所购住房主要为普通商品住房，住房面积仍处高位，单价涨幅明显。贷款所购住房为普通商品住房的占89.4%，保障性住房占1.3%。贷款所购住房单价均值13 871元/平方米，总价均值145.9万元，同比分别上涨19.8%和18.9%。贷款所购住房面积均值104.2平方米，为2008年以来的新高。

三是贷款总额增长，期限继续延长。贷款总额均值91.9万元，2007年到2016年累计增长183.0%，年均增幅为12.3%；贷款期限均值23.2年，比2015年有所延长。平均首付款比例为35.1%，较上年有所下降。贷款利率均值[②]为基准利率的0.92倍，较上年有所下降。

四是贷款风险总体可控，借款人还款意愿较强。借款人平均房价收入比为7.4，较上年小幅上升；房贷月供收入比为32.7%，保持自2008年以来的回落趋势。64.9%的借款人预计未来房价将上涨，比2015年上升7.3个百分点。调查显示，借款人的还款意愿与房价涨跌关联强度不大，超过八成的借款人表示“即使所购房屋价格下跌到低于贷款余额，也不会放弃偿还贷款”。

二、个人住房贷款存量情况

（一）全国概况

2016年，个人住房贷款总体增长较快。第四季度，受热点城市房地产调控政策不断收紧影响，个人住房贷款增速有所放缓。2016年末，个人住房贷款余额18.0万亿元，同比增长36.7%，增速比上年末提高12.8个百分点，但比1～11月回落0.1个百分点。分结构看，新建房贷款余额13.6万亿元，同比增长31.3%；再交易房贷款余额4.4万亿元，同比增长56.5%。

① 本次抽样调查所选城市为2016年新发放个人住房贷款量较大的城市，它们分别是北京、上海、广州、深圳、杭州、天津、沈阳、南京、济南、武汉、成都、西安、重庆、石家庄、呼和浩特、长春、哈尔滨、福州、合肥、郑州、南昌、长沙、南宁、贵阳、昆明、银川、乌鲁木齐、大连、青岛、宁波、厦门、苏州、无锡、东莞和佛山，35个城市新发放贷款笔数合计占全国的48.7%。

② 计算时剔除了公积金贷款和非浮动利率贷款。

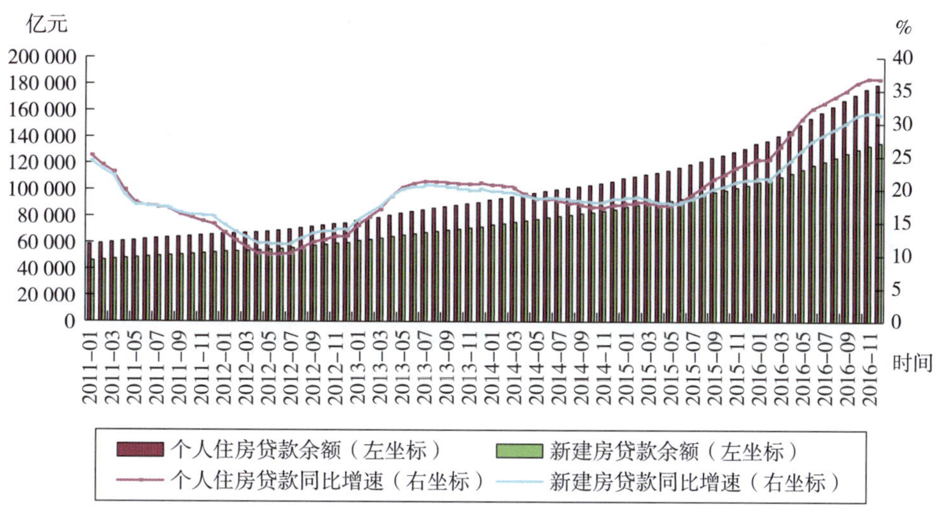

数据来源：中国人民银行。

图4.4　2011～2016年个人住房贷款余额及其增长情况

伴随二手房市场的不断回暖，新建房贷款在个人住房贷款余额中的比重加速下降。2016年末，新建房贷款余额占个人住房贷款余额的比重为75.5%，较上年末下降3.1个百分点，比2014年的高峰下降4.7个百分点。

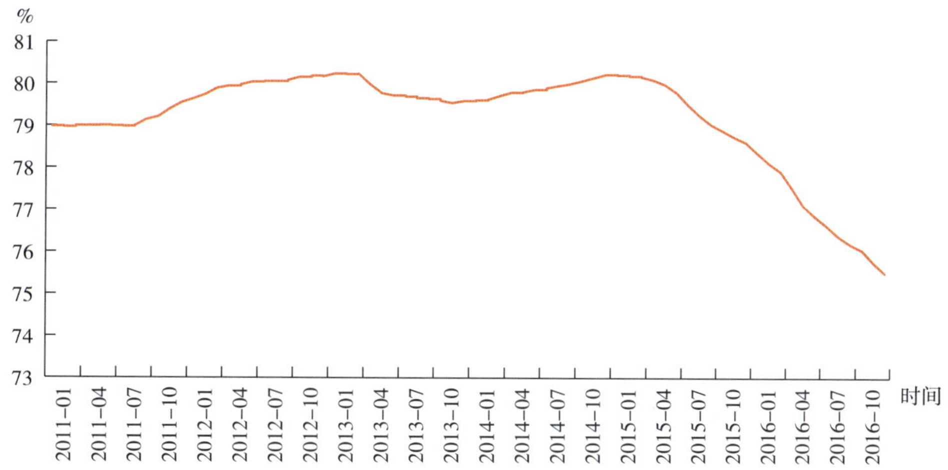

数据来源：中国人民银行。

图4.5　2011～2016年新建房贷款占个人住房贷款的比重

2016年，新增个人住房贷款4.8万亿元，同比多增2.3万亿元，全年新增额再创历史新高。各季度月均房贷新增规模总体呈先高后低态势，其中，第二季度月均新增4 437.0亿元，第三季度月均新增4 501.3亿元，第四季度有所回落，月均新增3 919.9亿元。

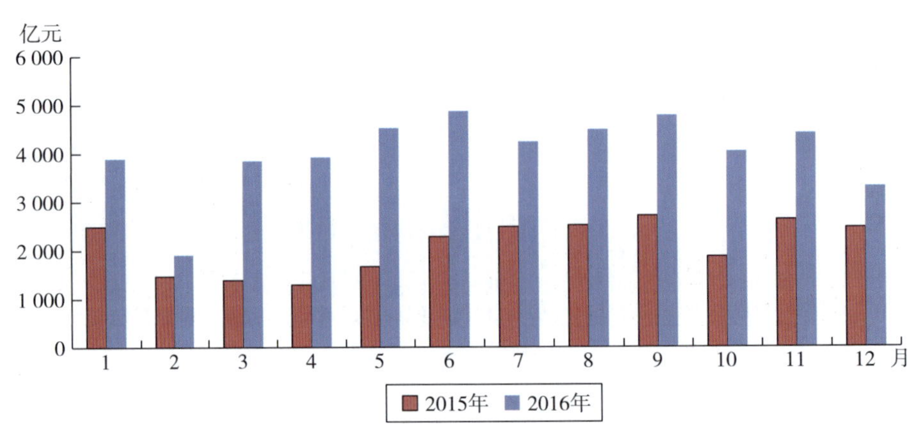

数据来源：中国人民银行。

图4.6 2015～2016年个人住房贷款月度新增情况

从个人住房贷款余额占各项贷款余额的比重来看，自2000年起持续上升，并于2007年首次突破10%，2016年末占比为16.9%，比上年同期提高2.9个百分点。个人住房贷款在中长期贷款中的占比自2008年以来不断上升，2016年末占比为28.8%，比上年同期高3.8个百分点。

从个人住房贷款占个人消费贷款[①]比重来看，自2005年以来，总体呈现缓慢下降趋势，但近年来有所回升。2016年末，个人住房贷款占个人消费贷款余额的比重为71.7%，比上年同期提高2.4个百分点，但仍明显低于2005年84%的最高峰水平。

个人住房贷款余额与国内生产总值（GDP）的比值，一般被认为是衡量个人住房贷款市场发展深度及其对居民生活影响程度的指标。2016年末，个人住房贷款余额相当于GDP的24.1%，比上年同期提高4.7个百分点，低于美国（52.5%）、英国（40.6%）、德国（38.0%）[②]等欧美发达国家一般水平。

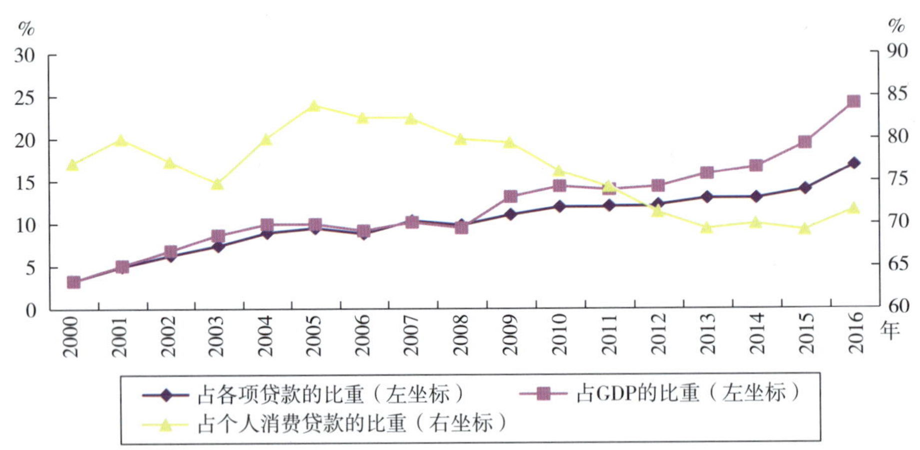

数据来源：中国人民银行、国家统计局。

图4.7 2000年以来个人住房贷款占各项贷款、个人消费贷款及GDP的比重

① 包括个人住房贷款、住房装修贷款、汽车贷款、助学贷款、大件耐用消费品贷款、旅游贷款及其他贷款。

② 美国数据来源于美联储、美国经济分析局，英国数据来源于英格兰银行、英国统计局，德国数据来源于德国央行、德国统计局。

（二）区域结构

2016年末，东部地区个人住房贷款余额11.6万亿元，占全国的64.8%，比上年末提高2.2个百分点；中部地区个人住房贷款余额3.4万亿元，占全国的18.7%，比上年末提高0.1个百分点；西部地区个人住房贷款余额3.0万亿元，占全国的16.5%，比上年末下降2.3个百分点。东部、中部和西部地区个人住房贷款增速分别为41.4%、37.5%和20.3%，增速分别比上年末提高15.4个、13.0个和3.5个百分点。

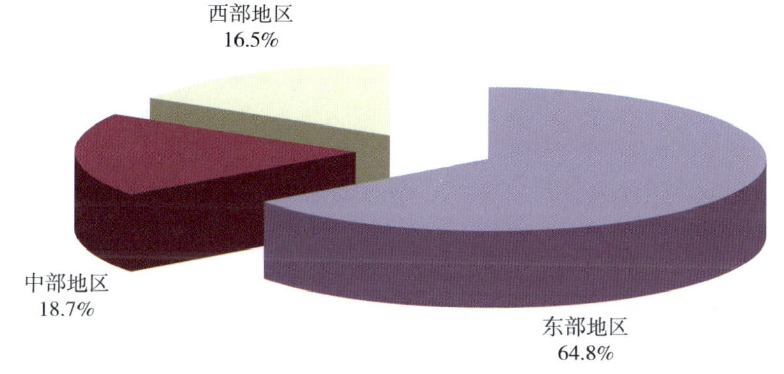

数据来源：中国人民银行。

图4.8 2016年末个人住房贷款余额区域分布

2016年末，30个重点城市个人住房贷款余额合计10.6万亿元，占全国个人住房贷款余额的59.2%，比上年末提高1.6个百分点。其中，上海、深圳、北京、苏州、重庆、广州、南京、杭州、成都9个城市个人住房贷款余额均超过4 500亿元，合计占全国个人住房贷款余额的33.9%。从增长情况看，30个重点城市中，个人住房贷款余额同比增速超过全国平均水平的有19个城市。增速排在前5位的城市分别是南京、武汉、郑州、天津和石家庄，其中南京增速最快，为82.1%；排在后5位的城市分别是大连、重庆、昆明、长春和西安，但增速也均在15%以上。

表4.1 2016年末部分城市个人住房贷款余额及同比增速

单位：亿元、%

城市	个人住房贷款余额	同比增速
全 国	178 871	36.7
南京	5 036	82.1
武汉	3 999	65.2
郑州	3 470	64.5
天津	3 905	60
石家庄	1 394	55.1
济南	1 871	53.4
杭州	4 994	48.8
苏州	6 155	48.5

续表

城市	个人住房贷款余额	同比增速
太原	742	46.5
青岛	2 644	45.6
南昌	1 418	45.5
合肥	3 181	44.4
上海	10 970	43.6
广州	5 046	43.3
无锡	1 601	43
厦门	2 505	42.3
北京	8 265	41.9
宁波	2 227	38.7
长沙	2 472	37.3
南宁	1 555	36
深圳	9 704	33.8
沈阳	1 820	27.3
福州	2 602	26
哈尔滨	1 217	25.3
成都	4 653	24.6
西安	2 448	23.1
长春	1 249	20.9
昆明	1 352	18.4
重庆	5 750	17.1
大连	1 649	15.5

数据来源：中国人民银行。

2016年末，30个重点城市中，有17个城市个人住房贷款余额占当地各项贷款余额比重超过全国水平，数量比2015年减少1个。占比排在前5位的城市分别为厦门、苏州、深圳、合肥和重庆，余额占比均超过23%，其中厦门最高，为32.4%；占比排在后5位的城市分别为太原、昆明、长春、哈尔滨和宁波，其中太原最低，仅为7.5%。北京、广州、上海、深圳的个人住房贷款余额占当地各项贷款余额比重分别为14.6%、20.5%、20.3%和27.6%。

（三）机构分布

2016年，发放个人住房贷款的机构分布呈现中资大型银行占比下降、中型和小型银行占比提高的态势。2016年末，中资大型银行个人住房贷款余额13.3万亿元，占全国[①]的74.6%，比上年末下降2.9个百分点；中资中型银行和小型银行个人住房贷款余额分别为3.2万亿元和1.2万亿元，分别占全国的18.0%和6.7%，分别比上年末提高2.8个和0.5个百分点。从增速变化来看，中资大型、中型和小型银行个人住房贷款同比增速分别为31.7%、61.5%和47.6%，分别较上年末提高8.4个、32.3个和18.2个百分点。

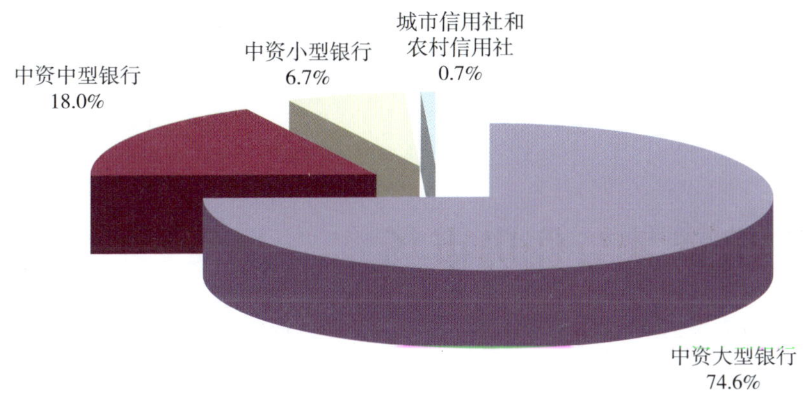

数据来源：中国人民银行。

图4.9 2016年末各类金融机构个人住房贷款余额占比

分银行来看，2016年末，建设银行、工商银行、中国银行、农业银行、交通银行和邮政储蓄银行6家商业银行个人住房贷款余额均超过7 500亿元，贷款合计13.3万亿元，占全国的74.3%。从10家主要上市商业银行披露的年报数据看，个人住房贷款仍然是各银行个人贷款业务的重要组成部分，与上年末相比，个人住房贷款占其各项贷款[②]的比重均呈现不同程度提升。其中，建设银行和中国银行个人住房贷款占其各项贷款的比重较高，分别为30.8%和26.4%；兴业银行和浦发银行个人住房贷款占各项贷款的比重上升较快，同比分别提高8.1个和5.0个百分点。

表4.2 2016年末主要商业银行贷款情况

单位：亿元、%

商业银行	贷款和垫款总额	个人住房贷款	个人住房贷款占比	占比变化（与上年同期相比+，-）
工商银行	130 568.5	32 374.3	24.8	+3.7
农业银行	97 196.4	25 599.7	26.3	+4.7
中国银行	99 733.6	26 359.6	26.4	+4.0
建设银行	117 570.3	36 255.7	30.8	+4.2
交通银行	40 090.5	7 702.8	19.2	+2.6

① 主要包括中资大型银行、中资中型银行、中资小型银行、城市信用社和农村信用社，未包含中资财务公司、外资金融机构等。

② 各银行披露的各项贷款余额为“贷款和垫款总额”，同时也包含在境外发放的贷款，因此与上文中的各项贷款口径不同。

续表

商业银行	贷款和垫款总额	个人住房贷款	个人住房贷款占比	占比变化（与上年同期相比+，-）
招商银行	32 616.8	7 283.3	22.3	+4.6
浦发银行	27 628.1	4 582.2	16.6	+5.0
中信银行	28 779.3	4 332.1	15.1	+4.4
兴业银行	20 798.1	5 176.0	24.9	+8.1
光大银行	17 952.8	2 901.1	16.2	+4.3

数据来源：各商业银行2015年、2016年年报。

三、个人住房贷款与住房市场

居民家庭购买住房的主要融资渠道是商业性个人住房贷款和住房公积金贷款。数据显示，近年来新建房贷款发放额与商品住房销售额的比值不断回升。据推算，截至2016年末，约有19.3%的存量住房个人住房贷款尚未结清，个人住房贷款余额相当于存量住房市场价值的8.2%，低于发达国家一般水平。

（一）新建房贷款发放与商品住房销售情况

近年来，新建房贷款发放额与商品住房销售额的比值不断回升。2016年，商业银行当年发放的新建房贷款金额与商品住房销售额的比值为49.7%，比上年同期提高7.7个百分点。

数据来源：中国人民银行、CEIC数据库。

图4.10　2007～2016年新建房贷款当年发放金额与商品住房销售额比较

（二）个人住房贷款与存量住房市场

据推算，2016年末，全国城镇成套住房存量约为3.03亿套①。全国尚未结清的个人住房贷款5 839万笔，占城镇存量住房套数的19.3%，即每5套存量住房中，有1套住房个人住房贷款尚未结清。从存量住房价值来看，按照2016年住宅销售额与销售面积计算的平均价格（7 203元/平方米）测算，2016年末，城镇存量住房市场价值约为218万亿元，个人住房贷款余额（18.0万亿元）相当于城镇存量住房市场价值的8.2%。

采用同样的测算方法，2016年末，北京、上海的城镇存量住房套数分别为649万套和799万套，套均面积分别为113平方米和97平方米。按两个城市2016年住房销售额与销售面积计算的平均价格②测算，北京、上海城镇存量住房的市场价值分别为20.9万亿元和20.1万亿元。北京市尚未结清的个人住房贷款共73.9万笔，占存量住房套数的11.4%；个人住房贷款余额8 298亿元，占存量住房市场价值的4.0%。上海市尚未结清的个人住房贷款95.1万笔，占存量住房套数的11.9%；个人住房贷款余额11 142亿元，占存量住房市场价值的5.5%。

四、个人住房抵押贷款证券化市场

（一）世界主要国家个人住房抵押贷款证券化发展现状

MBS、ABS是各国主要的银行资产证券化产品，但由于资产证券化发展背景和历程不同，各国也出现了具有本国特色的证券化产品。美国的ABCP市场规模较大；欧洲则是类似于债券发行的WBS业务发展较快，同时中小企业贷款证券化也获得较快发展。在国际金融危机前，MBS是美国发行量最大的债券品种，受国际金融危机影响，2008年MBS发行量同比降低58%。2009～2016年保持下降趋势，由2009年的21 032亿美元下降到2016年的19 180亿美元。

截至2016年12月末，美国债券市场存量规模39.36万亿美元，其中MBS存量规模8.92万亿美元，占比22.66%。2016年，市场总发行规模为7.01万亿美元，其中MBS发行规模1.9万亿美元，占比27.1%，是市政债券发行规模的4.3倍，比公司债发行规模多约3 936亿美元，是仅次于长期国库券的第二大融资工具。

① 基于《中国房地产金融报告2016》中2015年城镇成套住房存量约为2.94亿套，加上2016年住宅新开工套数后，减去2016年拆迁的成套住房套数以及在商品住房新开工面积中重复统计的开发企业建设的保障房套数（约占全部商品住房的20%）。本报告拟用40个重点城市套均面积代替全国的套均面积值，因此住宅新开工套数=住宅新开工面积/40个重点城市住宅成交的套均建筑面积。

② 来源于Wind数据库，2016年北京为28 489元/平方米，上海为25 910元/平方米。

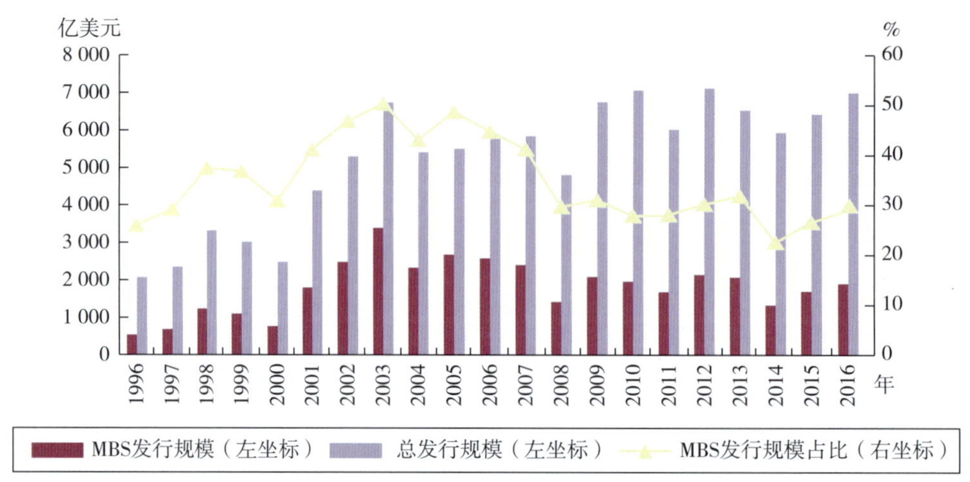

数据来源：sifma.org。

图4.11　1996～2016年美国债券市场及MBS发行规模情况

欧洲是仅次于美国的第二大资产证券化市场。截至2016年末，资产证券化产品存量规模1.6万亿美元（含CDO、MBS等），为美国市场存量的15.6%，其中，MBS存量规模为9 971亿美元。2016年，欧洲资产证券化产品总发行规模为2 639.3亿美元，其中，发行规模最大的为RMBS产品，发行规模为1 332.3亿美元，占比50.5%，比上年同期上升4.7个百分点；欧洲特有的中小企业贷款证券化发行规模占比为8.2%[①]。

（二）我国个人住房抵押贷款证券化市场

我国资产证券化市场于2005年兴起，个人住房抵押贷款证券化产品试点也随之开展。中国建设银行率先于2005～2007年发行2单个人住房贷款资产支持证券。2008年，受到国际金融危机影响，我国资产证券化试点进入暂停状态。2012年5月17日，人民银行、银监会、财政部联合发文《关于进一步扩大信贷资产证券化试点有关事项的通知》（银发〔2012〕127号），规范了信贷资产证券化的基础资产、风险自留、信用评级、资本计提、信息披露等有关事项，推动信贷资产证券化业务健康可持续发展，我国信贷资产证券化试点工作重启。

2014年11月20日，银监会发布《关于信贷资产证券化备案登记工作流程的通知》（银监办便函〔2014〕1092号），明确信贷资产证券化项目实施备案制。2015年1月4日，银监会下发文件批准27家商业银行获得开办信贷资产证券化产品的业务资格，备案制正式启动。2015年5月12日，国务院常务会议确定5 000亿元信贷资产证券化试点规模，我国信贷资产证券化业务明显提速，同时，资产证券化基础资产类型不断丰富、投资者群体迅速扩容、管理人水平逐步提高、产品结构创新不断涌现。

为规范信贷资产支持证券的信息披露情况，提高产品信息透明度，确保投资信息对称性，更好地保护投资者权益，经人民银行同意，中国银行间市场交易商协会陆续发布了《个人汽车贷款资产支持证券信息披露指引（试行）》《个人住房抵押贷款资产支持证券信息披露指引（试行）》《棚户区改造项目贷款资

① 数据来源于sifma.org。

产支持证券信息披露指引（试行）》及《个人消费贷款资产支持证券信息披露指引（试行）》，进一步规范资产支持证券（以下简称ABS）信息披露行为，市场政策建制日臻完善。

2015年9月30日，住建部联合财政部和人民银行发布《关于切实提高住房公积金使用效率的通知》（建金〔2015〕150号），指出“有条件的城市要积极推行住房公积金个人住房贷款资产证券化业务，盘活住房公积金贷款资产”，进一步丰富和完善了个人住房贷款支持证券的发起主体。

截至2016年末，我国资产证券化市场累计发行17 011.6亿元，市场存量为10 687.32亿元，同比增长66.37%。其中，信贷ABS[①]累计发行规模9 784.44亿元，市场存量为4 568.96亿元，同比增长13%；商业银行个人住房抵押贷款证券化产品累计发行规模1 449.15亿元；公积金个人住房贷款证券化产品累计发行规模483.52亿元。[②]

2016年，全国共发行资产证券化产品规模8 420.51亿元，比上年多发行2 490.12亿元，同比增长41.99%。其中信贷ABS发行3 868.73亿元，占发行总量的45.95%，比上年减少187.6亿元；商业银行个人住房抵押贷款证券化产品发行1 049.43亿元，占发行总量的12.46%，比上年多发行789.63亿元；公积金个人住房贷款证券化产品发行390.12亿元，占发行总量的4.63%，比上年多发行296.76亿元。[③]

截至2016年末，发行过银行个人住房贷款证券化产品的机构有中国建设银行、中国邮政储蓄银行、中国银行、招商银行、民生银行、北京银行、工商银行、江苏江南农商行、广东顺德农商行、苏州银行、徽商银行11家机构。其中，中国建设银行发行8单，发行规模总计531.1亿元，在同业机构中位居榜首。

发行过公积金个人住房贷款证券化产品的机构包括上海市、武汉市、杭州市、湖州市、三明市、滁州市、泸州市、苏州市、龙岩市、泉州市的10家公积金中心。其中，上海市公积金中心共计发行4单，发行规模共计381.2亿元，位列第一。

专栏四

居民部门房贷杠杆率简析

杠杆率，通常指经济主体的负债与权益的比例，最常用的杠杆率指标是“总负债/总资产”，也就是“资产负债率”。把此概念应用到个人微观主体分析、考察个人购房行为时，“总负债/总资产”则指“住房贷款/房价总额”（LTV），也就是“1-购房首付比例”。然而在进行宏观分析时，学术界多以“债务余额/GDP”来衡量某经济体的杠杆率。具体到居民部门房贷杠杆率，比较常用的有“房贷余额/GDP”“房贷余额/房地产总价值”等存量指标，以及用来说明居民部门住房边际杠杆情况的“新增房贷/GDP”“新增房贷/住房销售额”等增量指标。

一、存量杠杆率

多数研究机构分析居民部门存量房贷杠杆率最常用的指标为“房贷余额/GDP”，这个统计指标的统计、计算较为简单。但比较美国、日本该指标的时间序列可以发现：美国在1945～2007年，

① 含在银行间市场发行的个人住房抵押贷款、汽车贷款、信用卡贷款、企业贷款、工程机械贷款、铁路专项贷款、消费性贷款、小额贷款。

② 以上数据均来自Wind数据库（债券—资产证券化—概况）。

③ 以上数据来自Wind数据库和《2016年资产证券化发展报告》（中央国债登记结算有限责任公司）。

该指标未出现过明显下降，2007年达到峰值73%，国际金融危机以来，美国房价下降后又有所反弹，但指标仍然逐渐回落，至2016年已回到2001年前后的水平；日本自有数据以来，也未出现过明显调整，即便经历了20世纪90年代初房价泡沫破灭，该指标仍然继续上涨，2016年大约为26%，远低于美国但略高于我国同期水平。

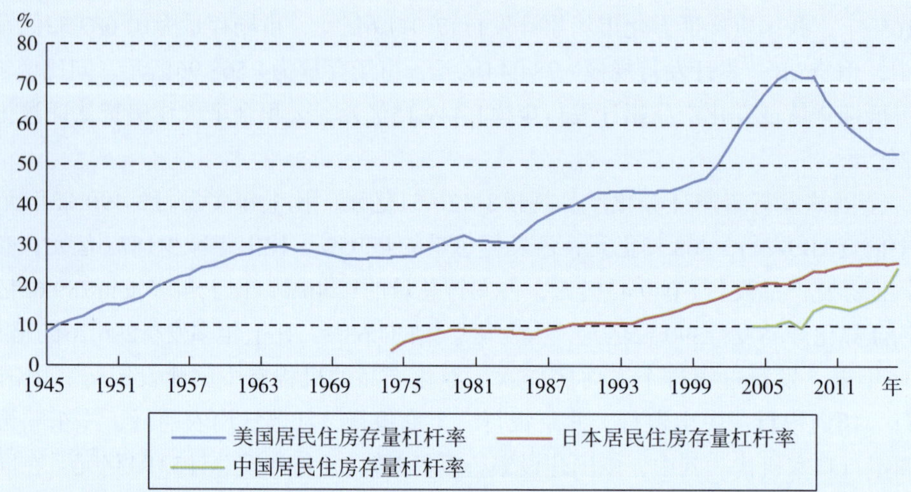

注：GDP以现价计量。

图4.12　美国、日本、中国三国的房贷余额/GDP

“房贷余额/GDP”指标有一定参考意义，但该指标存在如下缺陷：一是不同国家的发展阶段、金融体系、居民消费方式（消费/储蓄倾向）迥异，造成该指标差异较大，例如多数发达国家在40%～50%，个别国家超过100%，一些国家则一直处于20%以下的较低水平。因此简单以该杠杆率的高低进行国别间住房杠杆风险比较，参考意义不大，说服力不强。二是GDP并非房贷偿付来源。房贷偿付资金来源应当是居民的可支配收入扣除日常消费后的结余，而不是GDP。三是该指标无法反映债务分布的结构差异，即债务分布应当与偿债主体匹配，该指标计算的隐含假设是全国（或全体居民）背负房贷债务。

部分机构也使用“房贷余额/存量住房总市值”衡量居民部门房贷杠杆。然而“房贷余额/存量住房总市值”也存在诸多缺陷：一是“住房总市值”受资产价格波动的影响，在房价上行时风险可能被掩盖，在房价下行时风险会加速暴露，存在顺周期问题；二是同样无法反映债务的结构差异，即存量住房未必都以交易方式获得，其本身不对应债务；三是住房市值仅能进行大致估算，目前国内缺乏存量个人住房面积以及存量个人住房平均房价的统计，因此准确性不够。

二、交易杠杆率

交易杠杆率指一段时间内新发放贷款规模与该时间段内房屋销售规模的比值，即“房贷新增额/新增交易额”（也可以称为“边际杠杆率”），相当于特定时段发生交易的微观主体购房LTV的加权平均值。

从国际上看，购房LTV水平是宏观审慎监管政策的重要组成部分，其用来衡量杠杆水平可以避免存量杠杆率指标的大部分缺陷，更能反映住房杠杆现状：该指标仅针对新交易部分债务安全性进行考察，并且可以在LTV层面进行国际比较。

当前，我国按照“分类指导、因城施策”的原则实行差别化住房信贷政策，各城市购房LTV的差异较大，但最高不得超过80%，在限购城市最高不得超过70%。从实际执行的情况看，2016年全国商业银行审批通过的个人住房贷款平均LTV约60%，如果再考虑全款购房的情形，实际LTV水平低于60%。从其他国家来看，英国根据自住与投资需求，实行的LTV在80%～95%；加拿大LTV水平根据购房人的职业、国籍等差别对待，但常见的水平是80%；韩国自2000年以来，根据调控的需要多次调整LTV的水平，处于40%～70%。

第五章

ZHUFANG GONGJIJIN
GUANLI QINGKUANG

住房公积金管理情况

2016年，住房公积金缴存覆盖面进一步扩大，资金使用效率明显提高。住房公积金各项业务稳步增长，服务管理水平不断提高，资金运作安全有效。住房消费类提取额和个人住房贷款发放额继续增加，全国住房公积金个人住房贷款率（以下简称个贷率）接近90%。住房公积金制度在支持缴存职工解决住房问题、促进房地产市场平稳健康发展方面发挥了重要作用。

2016年，全国住房公积金实缴职工人数13 064.5万人，全年缴存住房公积金16 562.9亿元，提取11 626.9亿元，发放个人住房贷款12 701.7亿元，发放支持保障性住房建设试点项目贷款20.8亿元。截至2016年末，全国住房公积金缴存总额106 091.8亿元，缴存余额45 627.9亿元；累计发放个人住房贷款66 061.3亿元，贷款余额40 535.2亿元；个人住房贷款率88.8%（个人住房贷款余额占缴存余额的比例），个贷逾期率0.02%。2016年，全国住房公积金行业实现增值收益687.7亿元，其中提取公共租赁住房（廉租住房）建设补充资金371.7亿元。

一、住房公积金缴存和提取情况

（一）缴存覆盖面进一步扩大

2016年，住房公积金实缴职工人数13 064.5万人，较上年增加671.2万人，增幅为5.4%。

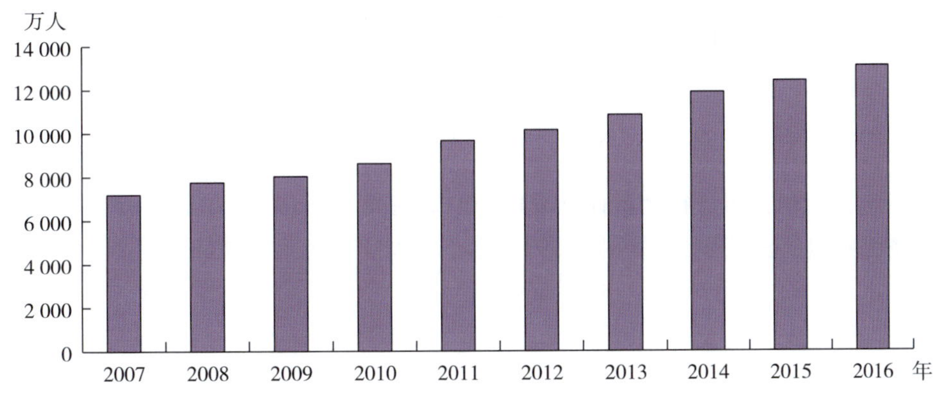

数据来源：住房城乡建设部。

图5.1 全国住房公积金实缴职工人数增长情况

2016年，全国住房公积金缴存额16 562.9亿元，比上年增加2 013.4亿元，增幅为13.8%。住房公积金缴存呈现明显的周期性规律，每季度末月缴存额增长明显，主要原因是部分单位按季、半年或年度缴存住房公积金，尤其是6月和12月分别为住房公积金结算年度与会计年度的末月，增长趋势更为明显。

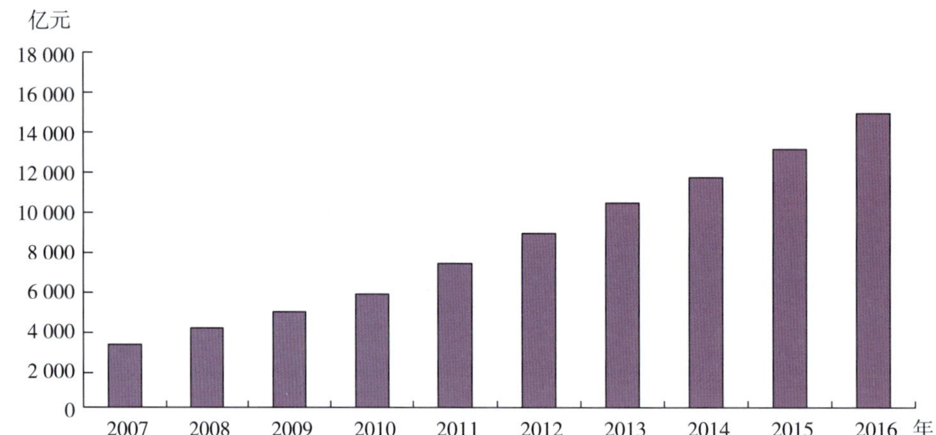

数据来源：住房城乡建设部。

图5.2　全国住房公积金年度缴存额增长情况

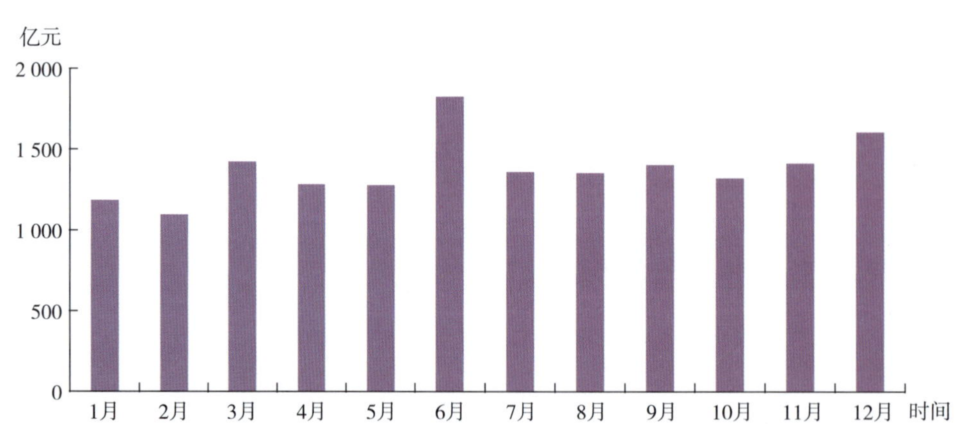

数据来源：住房城乡建设部。

图5.3　2016年全国住房公积金月度缴存额情况

截至2016年末，全国住房公积金缴存总额106 091.8亿元，较上年末增长18.6%。分地区看，东、中、西部地区住房公积金缴存总额分别为65 591.0亿元、22 845.7亿元和17 655.1亿元。

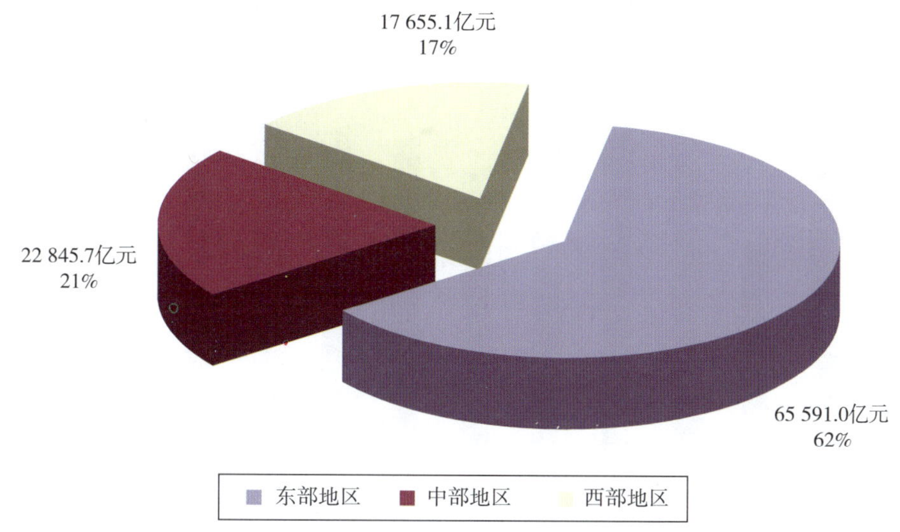

数据来源：住房城乡建设部。

图5.4 2016年末全国住房公积金缴存总额地区分布情况

（二）提取额增速平稳

2016年，全国住房公积金提取额11 626.9亿元，比上年增加639.4亿元，增幅为5.8%，占当年缴存额的70.2%。2015年住房城乡建设部、财政部、人民银行联合印发《关于放宽提取住房公积金支付房租条件的通知》（建金〔2015〕19号）和《关于切实提高住房公积金使用效率的通知》（建金〔2015〕150号）以来，政策效果明显，住房公积金年度提取额占缴存额的比例连续两年在70%以上。从月度提取额来看，2月受春节影响，提取额度明显低于其他月份。

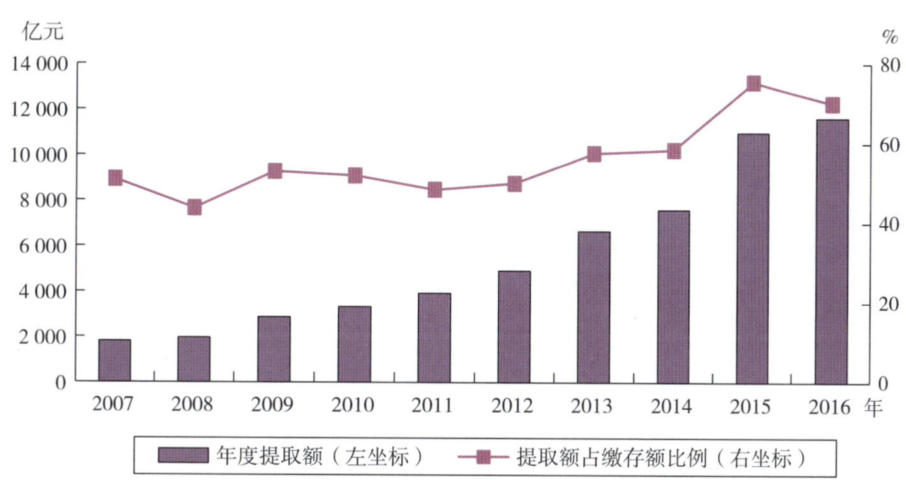

数据来源：住房城乡建设部。

图5.5 全国住房公积金提取额增长情况

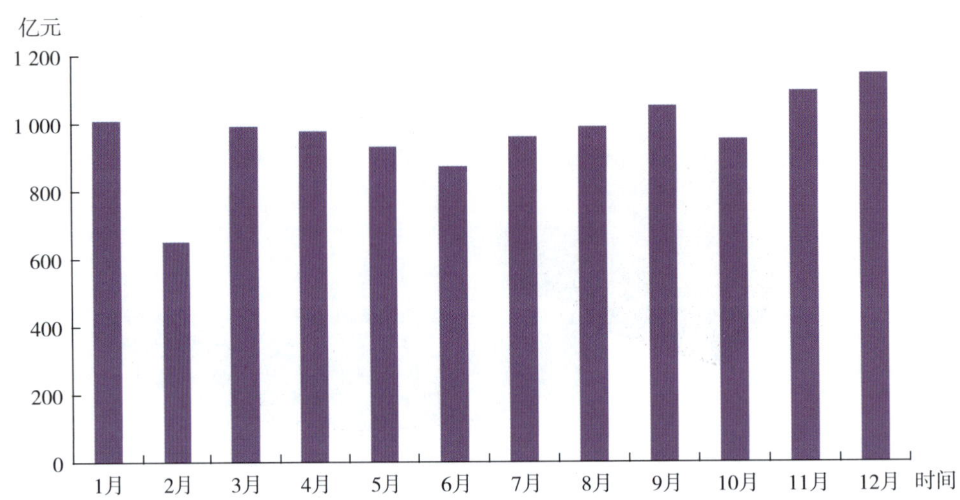

数据来源：住房城乡建设部。

图5.6　2016年全国住房公积金月度提取额情况

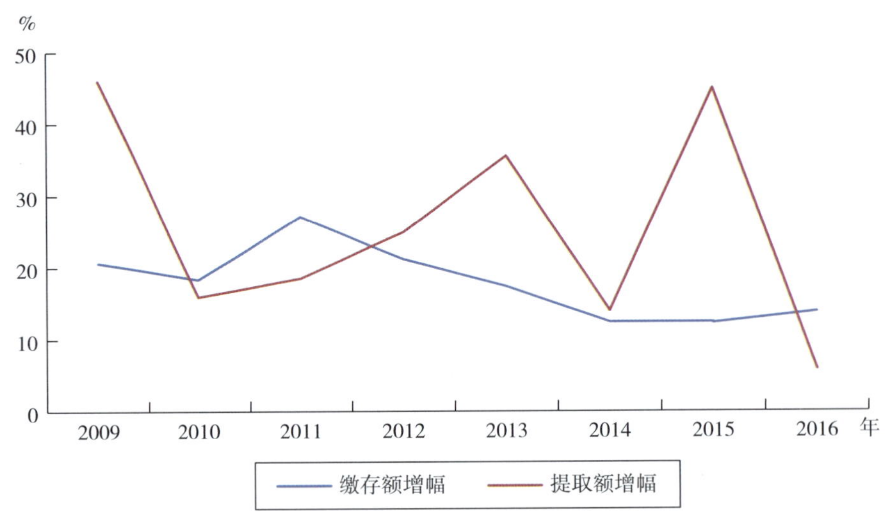

数据来源：住房城乡建设部。

图5.7　全国住房公积金缴存和提取增幅情况

截至2016年末，全国住房公积金提取总额60 463.6亿元，较上年末增加23.9%，占缴存总额的57.0%。分地区看，东、中、西部地区住房公积金提取总额分别为39 043.4亿元、11 904.5亿元和9 515.7亿元，占全国提取总额的比例分别为64.6%、19.7%和15.7%。东、中、西部地区住房公积金提取总额占各自地区缴存总额的比例均处于50%～60%。

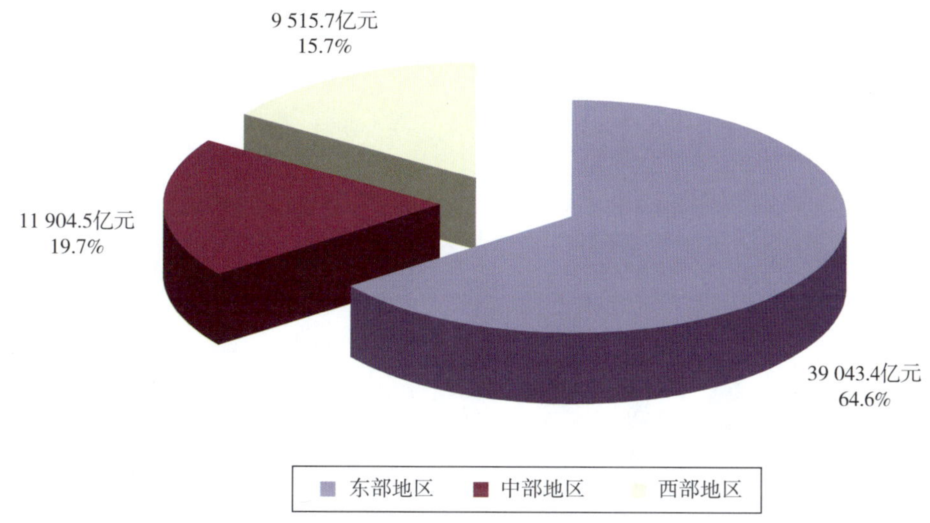

数据来源：住房城乡建设部。

图5.8 2016年末全国住房公积金提取总额地区分布情况

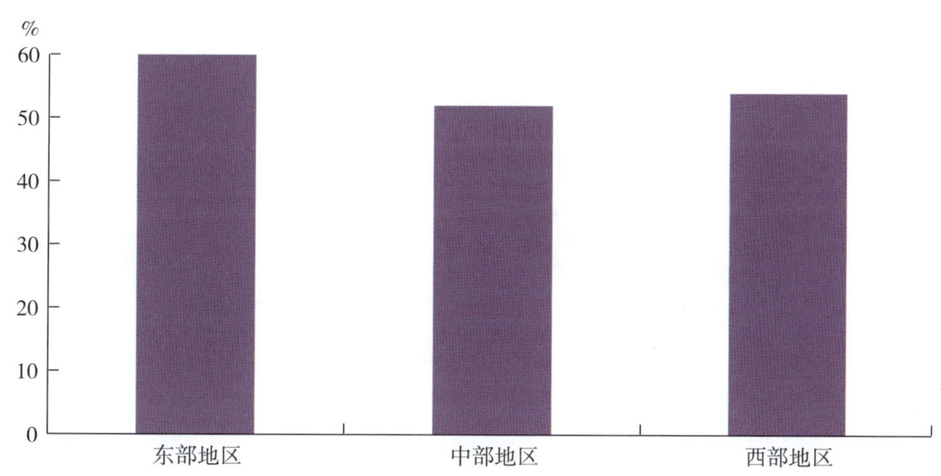

数据来源：住房城乡建设部。

图5.9 2016年末全国住房公积金提取总额占缴存总额比例分区域对比情况

从住房公积金提取资金的用途看，主要用于购房、偿还住房贷款等住房消费。2016年，住房消费类提取9 397.1亿元，比上年增长3.0%，占全年提取额的80.8%，其中，购买、翻建、大修自住住房占33.6%，偿还购房贷款本息占41.9%，租赁住房占3.1%，其他（如物业费提取等）占2.2%。

（三）缴存余额稳定增长

截至2016年末，全国住房公积金缴存余额45 627.9亿元，较上年末增加4 953.1亿元，增幅为12.2%，其中，广东、江苏、北京、上海四个省市缴存余额均超过3 000亿元。东、中、西部地区缴存余额分别为26 547.5亿元、10 941.0亿元和8 139.4亿元。住房公积金缴存职工人均账户余额34 925.1元。

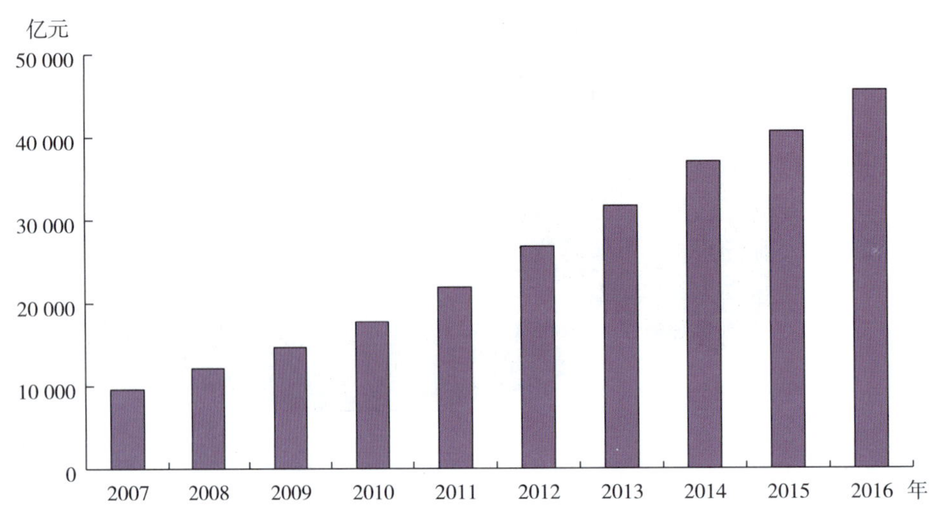

数据来源：住房城乡建设部。

图5.10　2007～2016年全国住房公积金缴存余额增长情况

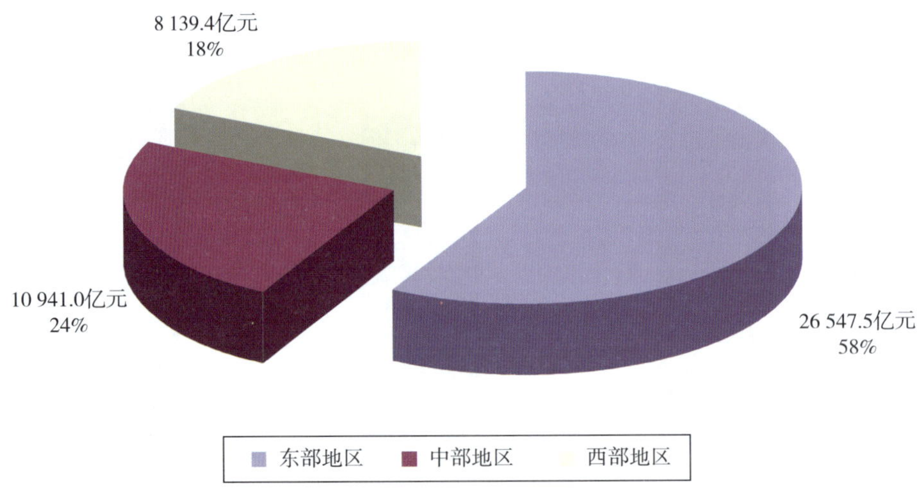

数据来源：住房城乡建设部。

图5.11　2016年末全国住房公积金缴存余额分布情况

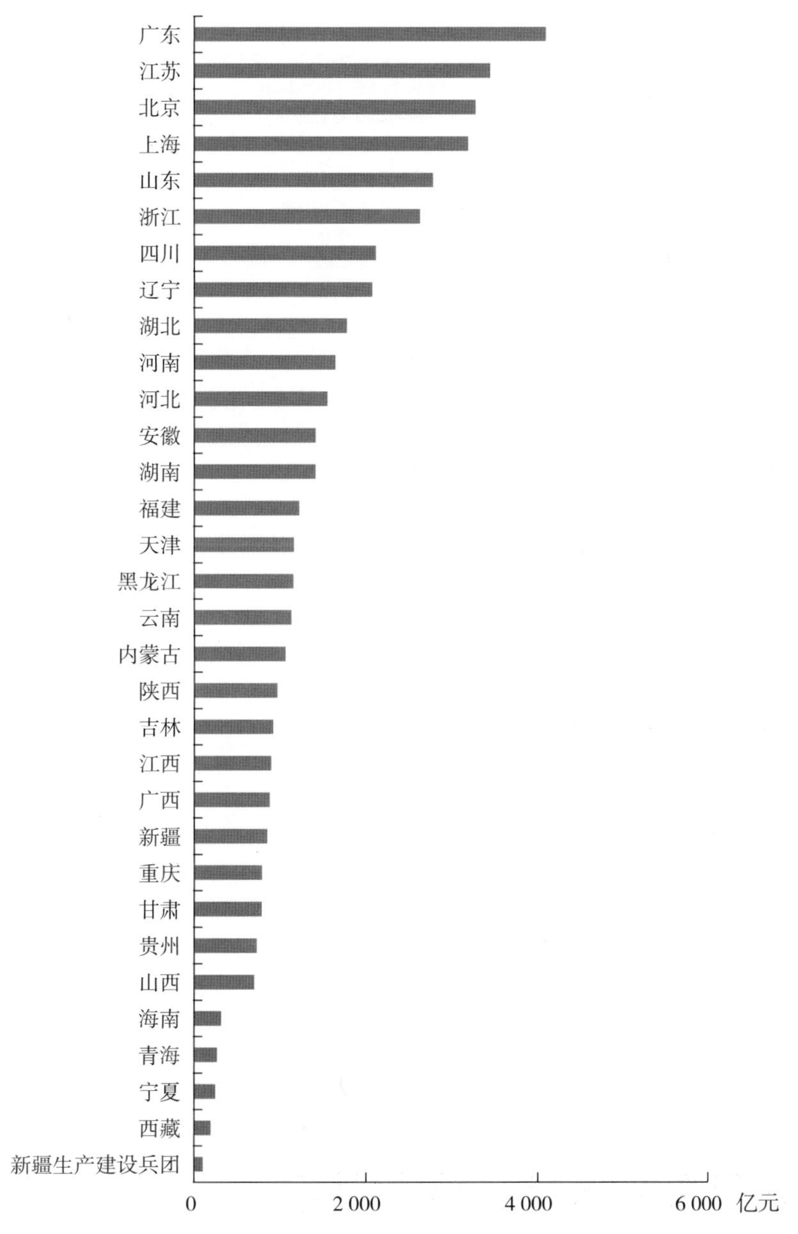

数据来源：住房城乡建设部。

图5.12 2016年末各省（区、市）住房公积金缴存余额情况

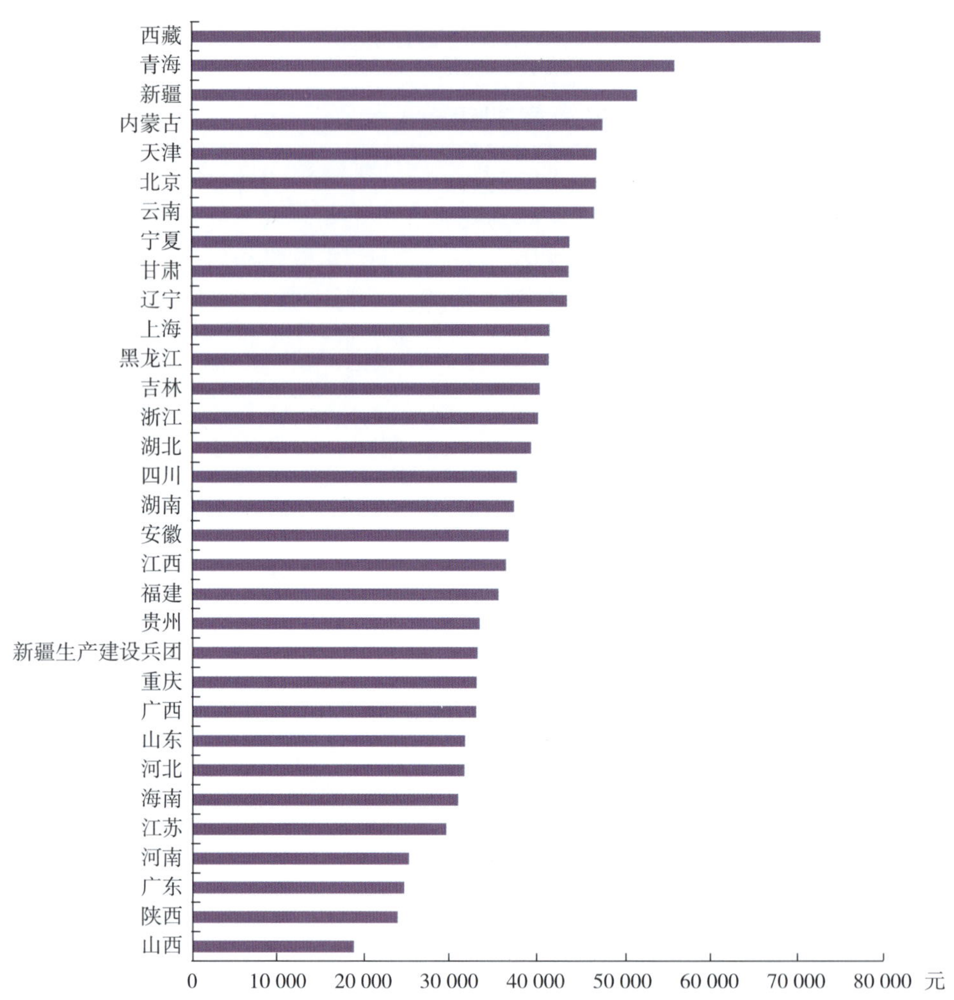

数据来源：住房城乡建设部。

图5.13　2016年末各省（区、市）住房公积金人均账户余额情况

二、住房公积金个人住房贷款情况

（一）个人住房贷款发放额继续增加

2014年以来，随着住房城乡建设部会同财政部、人民银行等部门出台多个放宽住房公积金贷款政策的文件，住房公积金个人住房贷款发放量大幅提升，西部地区尤为明显。2016年，全国共发放住房公积金个人住房贷款327.5万笔、12 701.7亿元，分别较上年增加15.0万笔、1 619.1亿元，增幅分别为4.8%、14.6%；单笔个人住房贷款金额平均每笔为38.8万元，较上年增加3.3万元，增幅为9.3%；全年个人住房贷款发放额占缴存额的比例为76.7%，基本与上年持平；回收个人住房贷款5 034.6亿元。

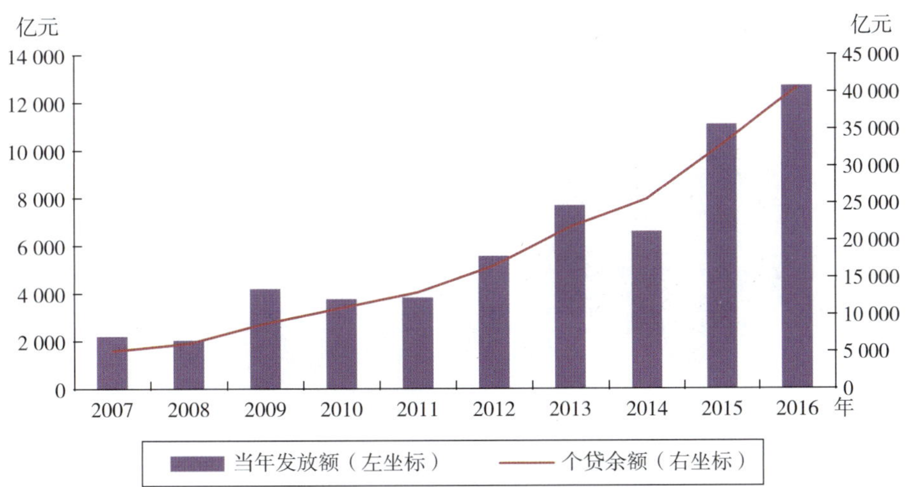

数据来源：住房城乡建设部。

图5.14 全国住房公积金个人住房贷款增长情况

分地区看，2016年东、中、西部地区分别发放住房公积金个人住房贷款7 544.7亿元、2 984.7亿元和2 172.3亿元，比上年分别增长11.7%、16.5%和22.9%。

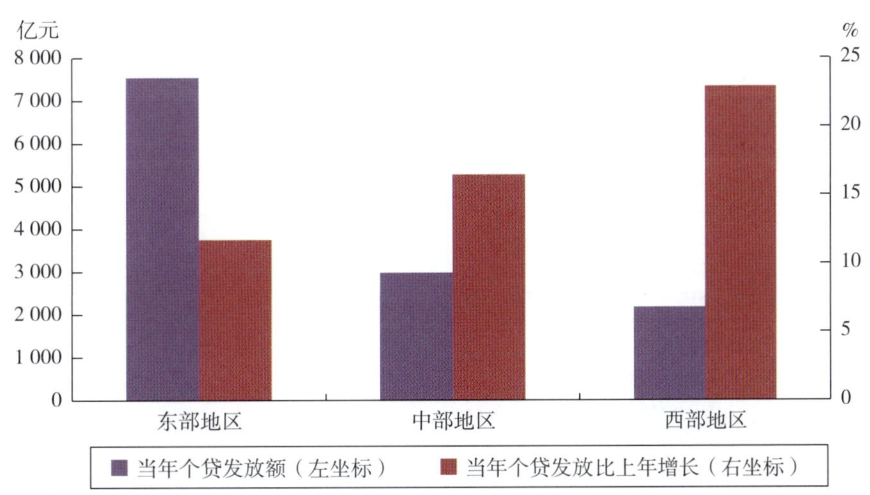

数据来源：住房城乡建设部。

图5.15 2016年分地区公积金个人住房贷款发放额和增长率

截至2016年末，全国累计发放住房公积金个人住房贷款2 826.6万笔、66 061.3亿元，较上年末分别增长13.1%、23.8%；住房公积金个人住房贷款余额40 535.2亿元，较上年末增加7 670.7亿元，增幅为23.3%。分地区看，东、中、西部地区住房公积金个人住房贷款余额分别为24 716.4亿元、9 198.3亿元、6 620.6亿元，江苏、上海、北京、广东4个省市的贷款余额均突破3 000亿元。全国住房公积金个人住房贷款逾期额为7.9亿元，逾期率为0.02%。

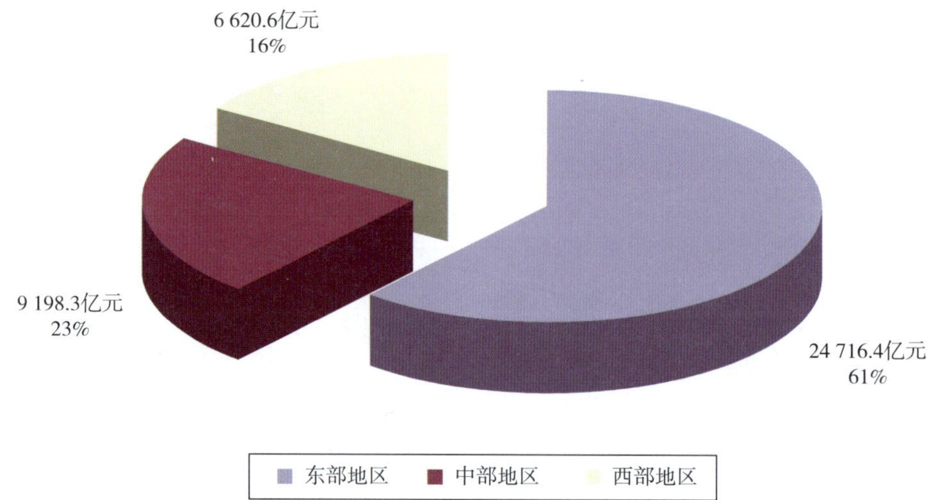

数据来源：住房城乡建设部。

图5.16　2016年末全国住房公积金个人住房贷款余额地区分布情况

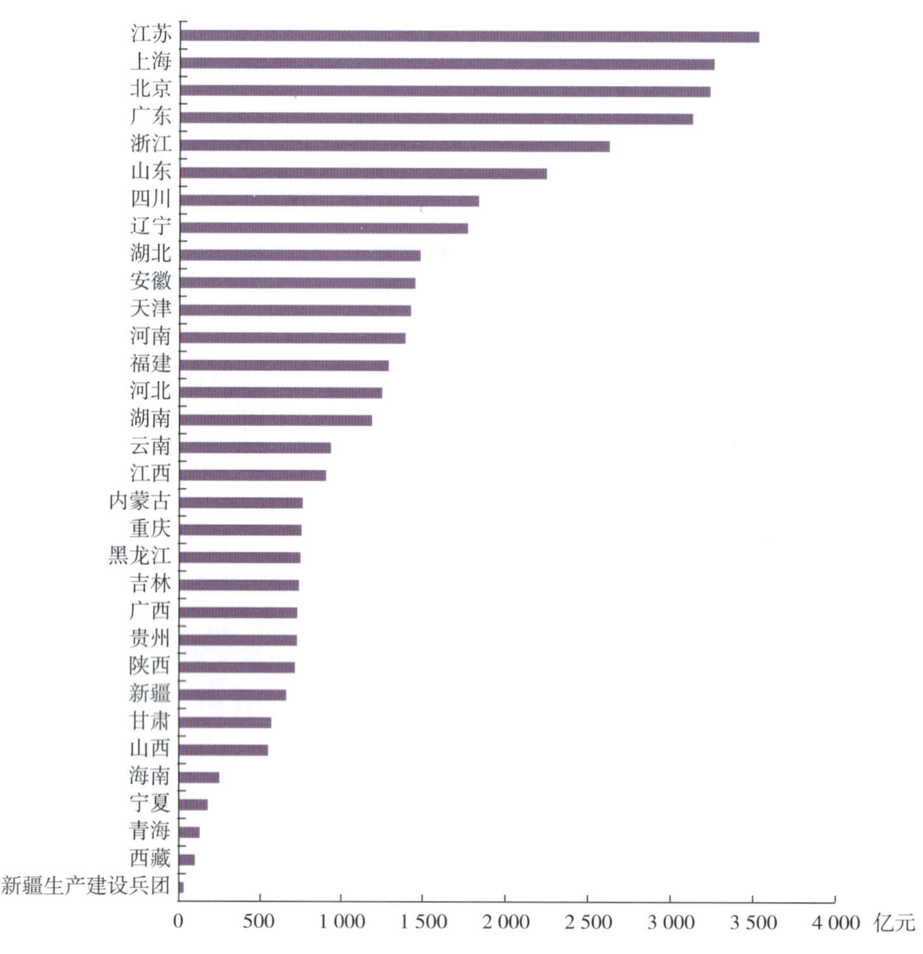

数据来源：住房城乡建设部。

图5.17　2016年末各省（区、市）住房公积金个人住房贷款余额分布情况

2016年，全国住房公积金个人住房贷款新增额相当于全国商业性个人住房贷款新增额的15.7%。住房公积金个人住房贷款受益人数逐年增加，贷款人数占缴存人数的比重达21.6%，比上年末增加1.5个百分点，住房公积金支持职工住房消费作用增强。

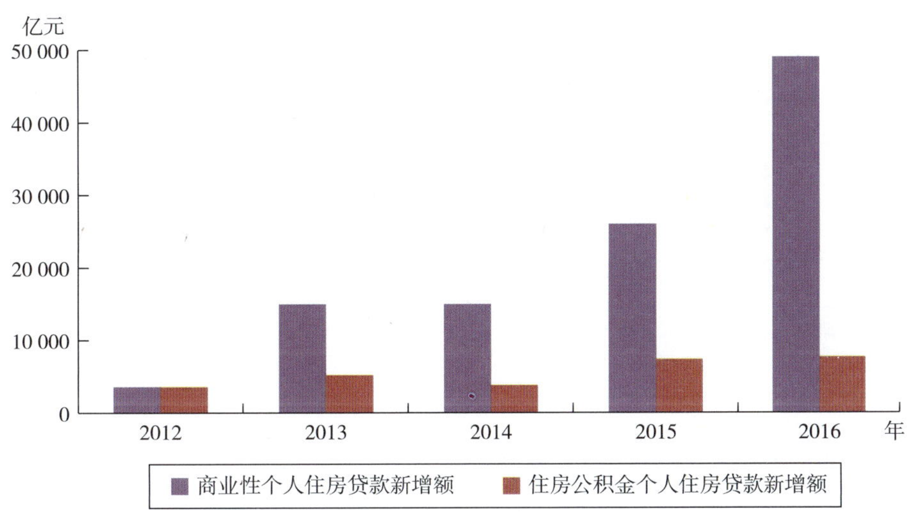

数据来源：住房城乡建设部。

图5.18　2012～2016年全国住房公积金个人住房贷款新增额与商业性个人住房贷款新增额比较

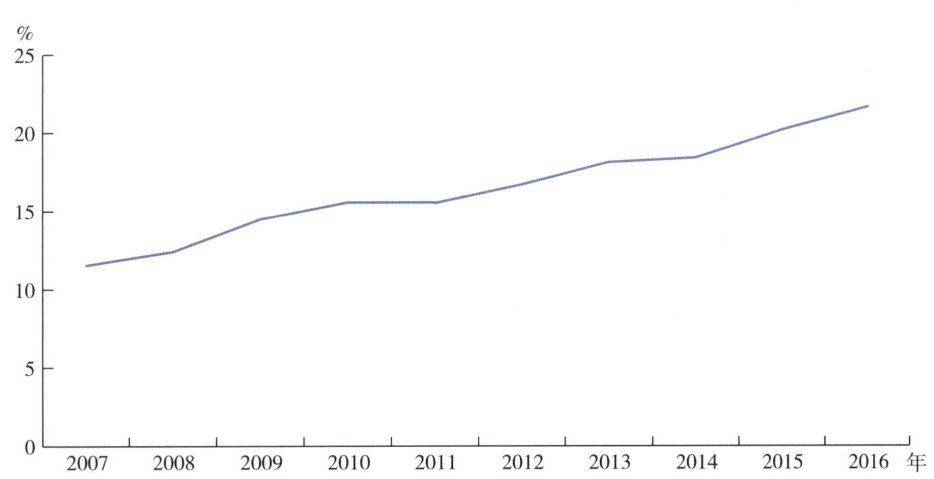

数据来源：住房城乡建设部。

图5.19　2007～2016年住房公积金个人住房贷款人数占缴存人数比例

住房公积金个人住房贷款与房地产市场活跃程度密切相关，但年度波动较小，体现对稳定就业的刚需家庭支持。分季度情况看，第一、第二季度的全国商品房销售快速增长，个人住房贷款需求明显回升，个人住房贷款发放量较大；第三季度开始商品房销售增速略有放缓，个人贷款发放量有所回落；第四季度，受多城房地产调控的影响，全国商品房销售量增速明显下降，个人贷款发放量显著降低。

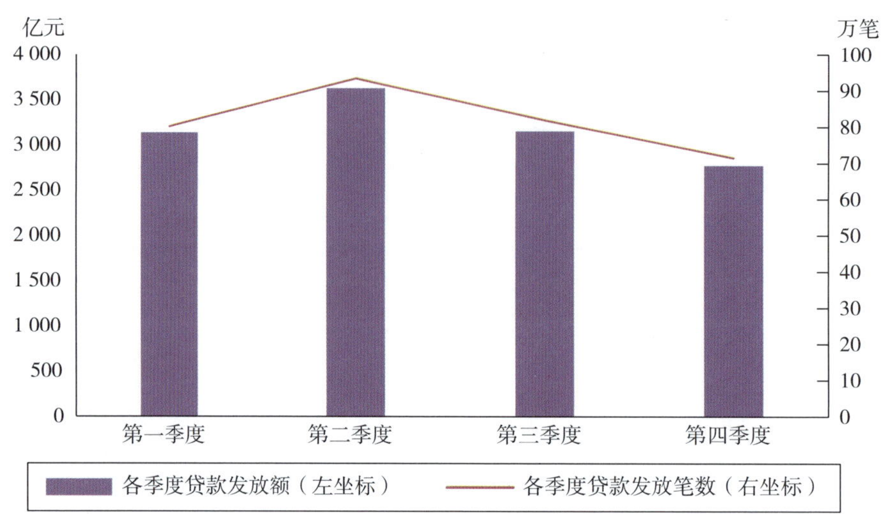

数据来源：住房城乡建设部。

图5.20　2016年全国住房公积金个人住房贷款发放额和笔数季度性变化情况

从年度情况看，住房公积金个人住房贷款发放笔数增幅和商品房销售面积增幅，在最近多数年份里有较高的正相关度，但2016年二者之间出现背离的现象。原因主要是，商品房市场需求旺盛，而在一些地方出现住房公积金资金流动性不足的状况，制约了住房公积金个人住房贷款的增长。全国住房公积金个人住房贷款率已经接近90%，住房公积金贷款增长受到资金供给制约。

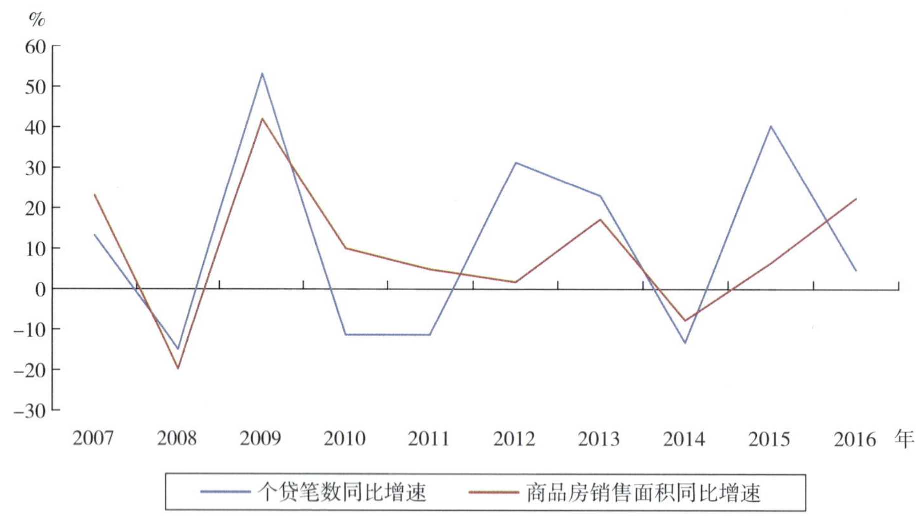

数据来源：住房城乡建设部。

图5.21　全国住房公积金个人住房贷款与房地产市场相关度

（二）流动性趋于紧张

截至2016年末，全国住房公积金个人住房贷款率为88.8%，较上年末上升8.0个百分点。

个人住房贷款增长较快，住房公积金制度支持职工住房消费的力度有所增强。从分地区情况看，部分城市资金流动性不足的矛盾日益突出。截至2016年末，个贷率超过75%的城市有226个，其中盐城、芜湖、莆田、合肥等40个城市个贷率超过100%。

资金流动性紧张的主要原因：一是随着住房成交量大幅攀升，提取和贷款需求急剧增加；二是经国务院同意，住房城乡建设部会同发展改革委、财政部、人民银行出台了《关于规范和阶段性适当降低住房公积金缴存比例的通知》（建金〔2016〕74号），缴存额增速放缓；三是部分城市住房公积金提取政策较为宽松。

为缓解资金流动性不足的矛盾，各地通过规范贷款和提取条件、开办“公转商”贴息贷款业务等措施，满足缴存职工基本住房消费资金需求。

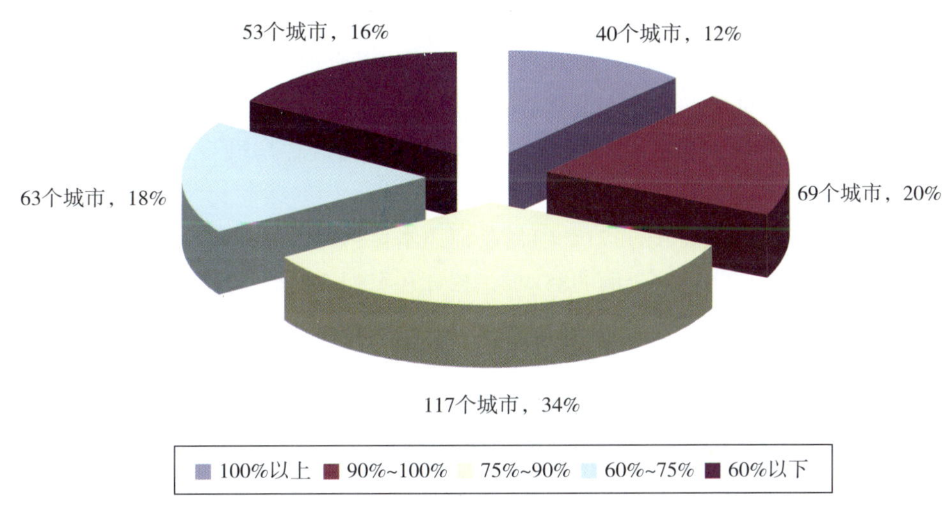

数据来源：住房城乡建设部。

图5.22 2016年末全国住房公积金个人住房贷款率情况分布

（三）住房公积金个人住房贷款利率情况

住房公积金实行差别化信贷政策，支持缴存职工购买首套自住住房或第二套改善型普通自住住房。现行住房公积金5年以下（含5年）和5年以上贷款基准利率分别为2.75%、3.25%，分别比同期商业性个人住房贷款基准利率低2个百分点、1.65个百分点，利率优势明显。据测算，2016年发放的住房公积金个人住房贷款，可为贷款职工节约购房利息2 616.9亿元，平均每笔贷款可节约利息8.0万元。

三、利用住房公积金贷款支持保障性住房建设试点情况

（一）试点情况

2009年10月，经国务院同意，住房城乡建设部会同财政部、人民银行等七部门启动了住房公积金贷款支持保障性住房（经济适用住房、公共租赁住房和棚户区改造安置房）建设试点工作。2012年3月，国务院决定扩大试点范围。

截至2016年末，全国共有项目贷款试点城市85个，试点项目390个，计划贷款额度1 105.5亿元。有

85个试点城市的373个项目审批通过项目贷款，累计金额1 058.0亿元，占试点贷款计划额度的95.7%。累计发放试点项目贷款862.1亿元，占项目总投资的33.9%，其中，经济适用住房233.6亿元，棚户区改造安置用房334.4亿元，公共租赁住房294.1亿元。通过发放试点项目贷款，支持建设保障性住房7 127.3万平方米，可以解决约120万户职工家庭住房困难。其中，经济适用房项目122个，2 275.2万平方米；棚户区改造安置用房项目136个，2 890.5万平方米；公共租赁住房项目115个，1 961.6万平方米。2016年，全年发放试点项目贷款20.8亿元；应回收试点项目贷款本金151.9亿元，实际回收205.1亿元。

（二）资金安全情况

为确保贷款资金安全和专款专用，住房城乡建设部、财政部、中国人民银行出台了项目贷款管理办法、业务规范、财务管理办法和会计核算办法等相关配套政策，开发了试点项目贷款运行监管系统，组织住房公积金督察员对试点城市实地巡查，督促试点城市政府切实履行责任，解决试点工作中存在的问题，确保试点工作顺利推进。同时，发挥各省、自治区住房城乡建设厅职能，加强协调配合，形成监管合力。

截至2016年末，有85个试点城市的371个项目登记还本付息，占已放款项目总数的99.5%；累计归还本金736.0亿元，占已发放项目贷款金额的85.4%，累计还息94.3亿元。贷款未出现实质性逾期，资金总体安全。

专栏五

各国政策性住房金融制度概述

为配合政府公共住房政策，主要发达国家都建立了政策性住房金融制度，目的是纠正住房金融市场失灵，支持居民住有所居。美国是市场化模式的典型代表，日本近年来逐步由政府主导模式转为市场化模式，德国、英国是自愿互助模式的代表，而新加坡则是政府强制互助模式的代表。

一、以“两房”为代表的美国政策性住房金融制度

美国政策性住房金融体系的重点是解决中低收入人群和少数族裔的住房问题，包括若干政府支持企业、政府机构及专业监管机构。1.政府支持企业，包括房利美（Fannie Mae）、房地美（Freddie Mac）和联邦住房贷款银行系统（FHLBank）。这些政府支持企业虽然是私营股份制公司（“两房”在国际金融危机后由联邦政府接管并控股），但享有政府信用支持和政策支持，并承担支持居民住房的公共职责。“两房”是住房抵押贷款二级市场的主导者，通过购买住房抵押贷款、发行和持有资产支持证券（MBS）等方式，促进二级市场发展，将资本市场资金引入住房信贷一级市场，扩大一级市场资金来源，并降低购房者的融资成本。FHLBank系统由12家地区性贷款银行组成，向下吸纳7 000多家主要从事住房抵押贷款的中小金融机构为其会员，FHLbank以这些机构的住房贷款为抵押，向其提供低于市场一般利率的资金，用于支持其发放住房抵押贷款，并通过其金融办公室（Office of Finance）统一在全国金融市场发行债券筹资；同时，FHLBank也直接为中低收入人群的经济适用房项目和中低收入社区投资建设提供融资支持。2.提供担保的政府机构。美国联邦住房管理局（FHA）为中低收入家庭的商业性住房抵押贷款提供低价保险；退伍军人管理局（VA）为退伍军人的商业性住房抵押贷款提供免费保证；全国政府抵押贷款协会（吉利美）为

FHA和VA等机构担保的MBS提供偿付担保。3.专业性的住房金融监管机构。国际金融危机后，美国联邦政府成立了独立的监管机构——联邦住房金融管理局（FHFA），负责接管“两房”，监管“两房”和12家FHLBank的日常业务，其职责是确保“两房”和FHLBank系统以安全可靠的方式运行，维持住房金融体系健康、稳定、有效。

二、以“住宅金融支援机构”为代表的日本政策性住房金融制度

日本的政策性住房金融机构主要支持中低收入人群，主体是日本住宅金融公库，由政府全资所有，主要向中低收入阶层购房建房、开发中低收入者住宅、租赁性住房以及旧城改造、城市重建等提供金融支持。2007年，日本成立了住宅金融支援机构（JHFA），取代了住宅金融公库，其业务主要包括一是资产证券化支援，购买住房抵押贷款后发行MBS。二是担保和保险，为民间发行的MBS提供担保；向民间金融机构提供住房贷款保险；与寿险公司合作为住房抵押贷款机构提供借款人保险。三是直接发放贷款，发放灾后重建低息贷款，为特殊人群住房建设和融资提供支持。至此，政府对住宅金融的支持从一级市场转向二级市场，即从直接向房地产企业和个人提供住房信贷转变为向住宅金融机构提供流动性支持。

三、以“住房储蓄银行”为代表的德国政策性住房金融制度

20世纪20年代，德国从英国引入并建立了封闭式的住房储蓄制度，其基本宗旨是倡导有计划的中远期住房消费理念，帮助个人以自有资金积累和融资手段相结合的方式，提升信贷能力，改善居住条件。住房储蓄是一套合约性、封闭式的储蓄和贷款体系，参与者包括住房储蓄者（有意向在未来进行住房融资的个人）、住房储蓄银行、政府，主要运行机制：1.封闭运行，专款专用。住房储蓄的运营资金来源于储蓄者的存款，以向储蓄者提供贷款作为资金使用方向（资金封闭）。打算日后购房的人根据自身的收入状况和购房计划签订住房储蓄合同，先存款后贷款（客户封闭）。住房储蓄的运营资金与资本市场完全独立，只能用于住房消费，满足贷款需求后的富余资金只能用于购买政府债券、金融债券等高信用等级证券，不能用来进行其他投资。2. 合同约束，先存后贷。客户与住房储蓄银行签订一份住房储蓄合同，连续几年（一般需要4～6年）存入一定数额的定期储蓄存款，存足一定金额时（一般为合同额即未来贷款额的一半），方可得到住房贷款的权利。客户获得贷款的前提是必须履行存款义务，贷款行为与存款行为相挂钩。3.低存低贷，利率固定。储蓄和贷款利率固定，客户在整个合同期内享有利率保障，不受资本市场利率波动的影响，住房储蓄存款利率低于同期市场利率，而贷款利率更大幅度低于同期个人住房按揭贷款市场利率。4.自愿加入，政府奖励。住房储蓄是一种互助合作、自愿参加的制度，储蓄者可以根据自身收入状况和购房计划自愿参加住房储蓄并可随时调整。住房储蓄实行政府奖励制度，政府对参加住房储蓄的客户给予奖励（储蓄额的10%），奖励资金来自联邦政府预算。对低收入家庭，还免征个人所得税。5.独立放款，合作支持。单一的住房储蓄贷款通常难以满足客户的住房消费信贷需求，因此德国住房储蓄银行一般都与商业银行合作，大多数住房储蓄贷款都是和商业性住房信贷组合，共同满足储户的信贷需求。

四、以“住房协会和建房互助会”为代表的英国政策性住房金融制度

英国的政策性住房金融主要向低收入家庭、单身年轻人、离婚者、老年人和残疾人提供住房

支持，主要包含两类机构：一是住房协会（Housing Association，HA），是一种长期受到英国政府委托和支持，集建房、售房、租赁、维修、管理与融资等业务于一身的民间合作经营团体。住房协会利用政府拨款和自己另外筹集的资金建新房或改造、维修房屋。住房协会兴建的房屋虽主要用于出租但也可出售，甚至可半买半租。英国政府从20世纪80年代起，把大量的住房保障建设与管理任务移交给HA，允许HA引进私人资金修建住房，并通过共有产权和租售结合等方式，尽可能降低政府财政支出。二是建房互助会（Building Society，BS）。建房互助会是一个金融机构，由其成员所有，其特性是互助会的客户就是互助会的成员。成员分为股东成员（开立储蓄账户的个人，其存款以股份形式存在）和借款成员（获取抵押贷款的个人），两者享有平等的投票权，除此之外其他人都不允许成为BS的成员。个人可以投资两种独立的储蓄账户，现金类储蓄账户和投资类储蓄账户，前者作为存款人，不是互助会的成员，不享有投票权；后者作为股东成员享有投票权。BS的主要职责是吸收会员的储蓄存款，并向会员提供住房抵押贷款。BS也向HA提供融资支持，满足其建设公共住房的融资需求。同时，英国政府对BS给予税收优惠，对个人在BS的储蓄存款免除利息税；对建房互助会的贷款利息免税。

五、以“中央公积金为代表”的新加坡政策性住房金融制度

新加坡政策性住房金融制度的核心是中央公积金制度——一项强制性的、长期的储蓄制度。根据新加坡《中央公积金法》规定，所有受雇的新加坡公民和永久居民都是中央公积金局的会员，都应按规定强制缴纳公积金。公积金由雇主和雇员分别缴纳，统一计入每个公民的个人账户。缴交费率随经济发展状况调整。政府对公积金免税，并为公积金存款提供担保。公积金账户分为普通账户、保健账户和特别账户，普通账户主要用于购房，也可用于投资和教育等。中央公积金局为保证公积金的增值和安全，把余额公积金的绝大部分用来购买政府的长期国债。政府又把定向发行国债所募集的资金，以贷款和补贴的形式，注入新加坡建屋发展局，由建屋发展局负责向居民发放低息住房抵押贷款、住房翻新贷款，同时建屋发展局还为公共组屋（保障性住房）建设提供资金。

总结各国政策性住房金融的经验，有以下启示：（一）政策性住房金融是围绕政府公共住房政策的一系列制度安排。虽然各国政策性住房金融政策的实施主体不同（如政府所有机构、政府支持的私营机构、民间组织等），但政府都通过财政补贴、税收优惠、信用担保、金融市场等相关制度安排，重在建立激励引导机制，为公共住房政策提供金融支持。（二）政策性住房金融可以兼顾住房需求侧与供给侧。各国政策性住房金融普遍为中低收入人群购房和租房提供低成本融资，同时也兼顾对政策性住房、公共租赁住房供应的融资支持。各国根据自身国情和住房市场发展阶段，对需求端和供给端的侧重点有所不同。（三）政策性住房金融与商业性住房金融需要有清晰的边界。美国“两房”破产的教训及德国住房储蓄银行成功的经验表明，政府对政策性住房金融的服务市场和业务范围应有清晰的界定和约束，政策性住房金融与商业性住房金融应分工明确、优势互补，避免业务重叠和竞争，最小化纳税人风险。（四）资本市场在政策性住房金融体系中发挥了重要作用。美国、日本等市场化模式的关键在于，通过建立相关政策性机构，打通了住房金融一级市场与二级市场的联结渠道，政府及中央银行围绕资本市场提供增信、税收、流动性等配套支持，最大化发挥资本市场的资源配置功能，为政策性住房金融体系注入长期稳定、低成本的资金。

第六章

FANGDICHAN ZHIJIE RONGZI
HE XINTUO RONGZI

房地产直接融资和信托融资

2016年，受房地产企业债券融资限制的放松、国内利率下行、美元升值等因素影响，部分房地产企业融资由境外回归境内，境内债券融资规模显著提高。债券融资方面，债券市场成为房地产企业重要的融资渠道，全年境内债券融资规模7 771亿元，境外债券融资规模110亿美元。股权融资方面，全年A股市场房地产企业共完成26单定向增发，合计融资规模1 032亿元，境外市场完成股本融资项目15单，合计融资规模12.9亿美元。信托融资方面，房地产资金信托占比有所减少，房地产信托产品收益率略有下降。另外，房地产企业不断创新融资工具，通过房地产投资信托基金（REITs）等多种渠道和方式进行融资。

一、债券融资

（一）境内融资

2016年，房地产企业债券融资规模大幅上升。房地产企业债券可以分为三大类：公司债券（公募公司债和私募公司债）、非金融企业债务融资工具（中期票据、短期融资券、超短期融资券和定向工具）以及可交换债。2016年，房地产企业债券共发行497只，发行规模达7 771.0亿元[①]。其中，公募公司债发行2 549.4亿元，私募公司债发行4 324.3亿元，中期票据发行674.3亿元，短期融融券和超短期融资券合计发行142.0亿元，定向工具发行74.0亿元，可交换债发行7亿元。

从资金成本看，497只房地产行业债券平均融资成本为5.36%，明显低于信托等非标类融资成本。其中，200只公募债券的平均融资成本为4.60%，297只私募债券的平均融资成本为5.88%。如中国国际贸易中心股份有限公司于2016年9月发行的9个月期限超短期融资券，发行利率均仅为2.70%。从主体评级看，200只公募发行房地产企业债券中，发行人主体评级最高为AAA，最低为AA-，其中主体评级AA的债券为102只，占比达51%。从各等级债券发行规模看，AAA级债券发行量为1 307亿元，占比最高，达42.9%；AA+和AA评级的债券发行量分别为655亿元和906.3亿元，占比分别为20.6%和36.1%。

（二）境外融资

随着境内房地产企业债券融资规模扩大、美元升值以及房地产企业国际信用评级的下降，中资房

① 统计数据来源于Wind，房地产企业类型主要包括典型住宅开发类企业、商业地产租赁及开发类企业，不含城投类企业。

地产企业境外发债规模有所收缩。2016年，中资房地产企业境外债券融资额为110.4亿美元，较上年减少63.6亿美元，同比下降36.6%。

表6.1 2011～2016年中资房地产企业境外债券融资规模

单位：亿美元、只

		2011年	2012年	2013年	2014年	2015年	2016年
投资级债券	规模	19	31	74	113	79	26.2
	只数	4	8	18	24	19	6
高收益级债券	规模	75	73	153	147	95	84.2
	只数	20	23	48	52	24	26
合计	规模	94	104	227	260	174	110.4
	只数	24	31	66	76	43	32

资料来源：Bloomberg、Dealogic、IFR，截至2016年12月31日。

从信用评级看，2016年房地产企业境外债券发行以高收益债为主，且高收益级债券的发行只数和规模占比较往年有所上升，分别为81%和76%。从发行币种看，中资房地产企业发行的境外债均为美元债，共计32只，募集资金110.4亿美元。从发行期限看，由于房地产开发周期较长，对中长期债务融资的需求较大，全年发行的境外债以中长期限品种为主，其中3年期和5年期品种分别发行17只和8只，更长期限的品种合计发行5只。

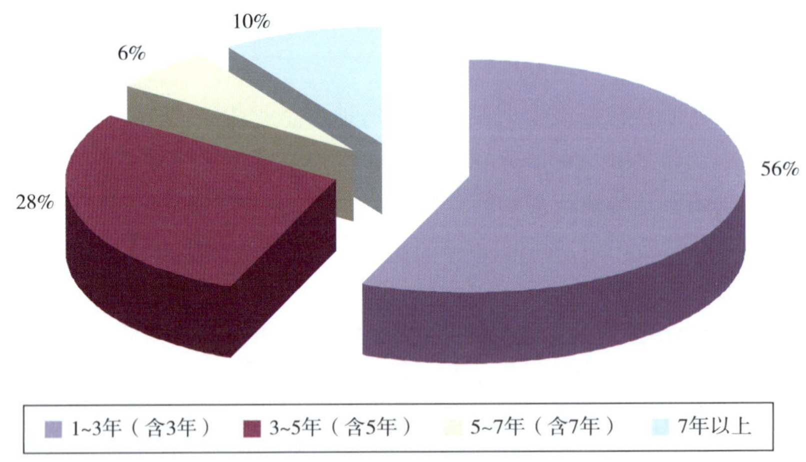

资料来源：Bloomberg、Dealogic、IFR，按发行只数统计，截至2016年12月31日。

图6.1 2016年中资房地产企业境外债券发行期限分布

二、股票融资

（一）境内融资

2016年，A股市场房地产企业共完成26单定向增发，融资规模共计1 032亿元。

表6.2 2011～2016年中资房地产企业境内股票融资家数

单位：家

	2011年	2012年	2013年	2014年	2015年	2016年
IPO	0	0	0	0	0	0
定向增发	1	0	0	17	24	26
总计	1	0	0	17	24	26

注：上市公司行业分类按照证监会行业口径；定向增发项目剔除无现金认购的项目。

资料来源：Wind数据库，A股IPO以网上发行日期为准，A股定向增发以增发公告日为基准。

表6.3 2011～2016年中资房地产企业境内股票融资规模

单位：亿元

	2011年	2012年	2013年	2014年	2015年	2016年
IPO	0	0	0	0	0	0
定向增发	17	0	0	364	569	1 032
总计	17	0	0	364	569	1 032

注：上市公司行业分类按照证监会行业口径；定向增发项目剔除无现金认购的项目。

资料来源：Wind数据库，A股IPO以网上发行日期为准，A股定向增发以增发公告日为基准。

2016年1月13日，招商蛇口向深圳华侨城、工银瑞信、国开金融等8名特定投资者定向发行5.02亿股，整体交易规模118.54亿元，为房地产企业2011～2016年境内第一大股权融资项目。

表6.4 2011～2016年前十大房地产企业境内股本融资项目

单位：亿元

序号	发行人	增发公告日	发行规模	融资类型
1	招商蛇口	2016年1月13日	118.54	定向增发
2	东旭蓝天	2016年7月28日	95.00	定向增发
3	保利地产	2016年6月24日	90.00	定向增发
4	华夏幸福	2016年1月23日	70.00	定向增发
5	泛海控股	2016年1月29日	57.50	定向增发
6	新湖中宝	2014年12月5日	54.99	定向增发
7	荣盛发展	2015年12月30日	50.31	定向增发
8	新湖中宝	2015年11月27日	50.00	定向增发
9	雅戈尔	2016年4月14日	50.00	定向增发
10	大名城	2016年9月24日	48.00	定向增发

注：上市公司行业分类按照证监会行业口径；定向增发项目剔除无现金认购的项目。

资料来源：Wind数据库。

（二）境外融资

2016年，中资房地产企业共计完成15单海外股本融资，融资总规模12.87亿美元，其中IPO融资规模8.08亿美元，再融资规模4.79亿美元。

表6.5 2011～2016年中资房地产企业海外股本融资家数

单位：家

	2011年	2012年	2013年	2014年	2015年	2016年
IPO	2	3	8	8	5	7
再融资	8	7	4	13	23	8
总计	10	10	12	21	28	15

注：仅统计融资当年，上市公司母公司为中国大陆境内企业的海外股本融资项目。

资料来源：Dealogic。

表6.6 2011-2016年中资房地产企业海外股本融资规模

单位：百万美元

	2011年	2012年	2013年	2014年	2015年	2016年
IPO	395	487	1 255	5 128	392	808
再融资	356	1 348	907	1 663	5 132	479
总计	751	1 835	2 162	6 791	5 524	1 287

注：仅统计融资当年，上市公司母公司为中国大陆境内企业的海外股本融资项目。

资料来源：Dealogic。

2016年，最大的中资地产海外融资项目为富春控股集团旗下中国运通网城房地产信托IPO项目，融资规模约2.72亿美元。

表6.7 2011～2016年前十大中资房地产企业海外股本融资项目

单位：百万美元

序号	发行人	发行日期	发行规模	融资类型
1	万达商业（已退市）	2014年12月16日	4 040	IPO
2	华润置地	2015年5月12日	1 303	增发
3	中国恒大	2015年5月28日	600	增发
4	中国金茂	2015年6月9日	563	增发
5	中国恒大	2013年1月16日	561	增发
6	越秀地产	2014年10月16日	496	配股
7	人和商业	2015年1月7日	436	配股
8	越秀房产信托基金	2012年9月26日	415	增发

续表

序号	发行人	发行日期	发行规模	融资类型
9	碧桂园	2014年10月13日	410	配股
10	碧桂园	2012年2月29日	400	增发

注：仅统计融资当年，上市公司母公司为中国大陆境内企业的海外股本融资项目。

资料来源：Dealogic。

三、其他融资方式

（一）房地产信托

1.房地产资金信托占比下降

截至2016年末，全国正常经营的68家信托公司均开展了房地产资金信托业务，涉及信托资产余额1.4万亿元。房地产资金信托占资金信托总资产的8.2%，比上年末减少0.6个百分点，其中集合资金信托资产余额8 416亿元，占房地产资金信托资产余额的58.9%。

2.房地产信托产品收益率低于上年末水平

截至2016年末，全国68家信托公司存续的房地产信托产品平均年化收益率约为8.14%，比上年末有所下降，但高于2016年信托产品总体平均年化收益率（约为7.43%）。

3.保障房信托发行情况

截至2016年末，全国68家信托公司房地产信托资产中投向保障性安居工程的信托资产余额572亿元，占房地产资金信托资产规模的3.5%。

（二）房地产投资信托基金

截至2016年末，国内存量类REITs产品共14只，余额356亿元，2016年市场积极创新推出了一系列类REITs产品。例如，2016年6月中航信托发行天风—中航红星爱琴海商业物业信托受益权资产支持专项计划，发行规模为14亿元；同月，上海新城万嘉房地产有限公司发行东证资管—青浦吾悦广场资产支持专项计划，发行规模为10.5亿元；苏宁云商集团股份有限公司也于2016年6月发行中信华夏苏宁云享资产支持专项计划，发行规模为18.5亿元；2016年8月，上海雷泰投资中心（有限合伙）发行首誉光控—光控安石大融城资产支持专项计划，发行规模为25亿元；2016年11月，三胞集团有限公司发行中信华夏三胞南京国际金融中心资产支持专项计划，发行规模为30.5亿元；安徽新华传媒股份有限公司于2016年12月发行中信皖新阅嘉一期资产支持专项计划，发行规模为5.6亿元。

专栏六

银行间市场房地产投资信托基金概况

我国自2012年重启资产证券化以来，房地产投资信托基金（以下简称REITs）融资模式逐渐被市场所关注，但相较于收费收益权、融资租赁应收款、小额贷款等基础资产法律权属相对明确的资产支持证券（以下简称ABS），REITs在我国起步较晚，推进缓慢。同时，受制于税收等配套制度的相对不完善，我国REITs与国际标准REITs存在较大差异。

一、国内REITs市场发展情况

1.市场总体发行情况

我国REITs可以选择在银行间市场或交易所市场发行，银行间市场REITs仍处在试点阶段，存量REITs主要以交易所市场发行的产品为主。

目前，交易所市场已累计发行近二十只产品，发行规模近500亿元。银行间市场方面，2012年天津市房地产信托集团发行保障房租金收益权资产支持票据；2016年人民银行推动银行间市场REITs试点工作，核准安徽新华传媒股份有限公司作为发起人试点发行首单REITs资产支持证券。

2.市场主流产品介绍

我国已发行的REITs是以房地产资产和相关权利为基础的证券化产品，在结构设计上包括物业租金收益权ABS、CMBS和权益型类REITs，这些REITs具有固定的存续期限和收益率，产品到期由发起人或第三方回购，或对资产进行市场化处置，实现证券持有人退出。物业租金收益权ABS以房屋租约产生的现金流为基础，由原始权益人将标的物业的租约合同设立信托，以信托受益权为基础发行证券化产品。信托贷款CMBS通过信托贷款方式发放经营性物业贷款，以信托受益权或贷款债权为基础发行证券化产品。权益型类REITs通过设立契约型私募基金收购项目公司股权，以私募基金份额作为基础资产，借助信托或资产支持计划发行证券化产品。

二、与发达国家和地区市场比较

我国REITs市场与国际发达国家和地区市场相比，在市场规模、市场成熟度和组织形式上都存在较大的差距。

从规模上看，截至2015年3月底，全球REITs市值1.8万亿美元，规模最大的美国市值近1万亿美元。而我国REITs市场已发行总量尚不足600亿元人民币。

从市场成熟度看，发达国家和地区市场上物业持有人希望资产出表以换取现金流，投资人希望通过REITs进行房地产投资并获取税收优惠，供需双方自然匹配，形成良性的市场循环。而我国REITs市场发展由政府部门主导，在房地产市场长期单边上涨的客观环境下，物业持有人通过REITs方式处置物业的意愿极低，如单纯作为融资手段又面临高额的交易税费；同时国内对于投资者存在双重征税的问题，风险收益不匹配，降低了REITs的吸引力，形成我国REITs市场供需两端同时低迷的现状。

在组织形式上，国际上标准化REITs一般采用契约型或公司型结构。我国REITs受制于信托登记制度和《公司法》相关内容的缺失，不能采用国外常见的REITs组织形式，目前设立方式、运行结构均处于摸索阶段。

三、制约我国REITs市场发展的主要因素

1.税收负担沉重

从国际经验来看，税收优惠政策是推动REITs市场发展的重要因素，主要的发达国家市场对

REITs均保持税收中性原则，REITs向投资者分配经营收益时免交所得税，部分国家还对REITs免征资本利得税。而我国在REITs运营阶段，受托人层面缴纳所得税后，投资人分配的收益需再次缴纳所得税，存在双重征税的问题。

此外，在REITs发起和终止环节产生的高额税费也是制约我国REITs市场发展的重要因素。其他国家和地区房地产相关税费不仅种类较少，而且税率也远低于我国，如美国、新加坡、中国香港等国家和地区在房产交易环节的税费占物业价值的5%以下，在房产持有环节的税费占租金收入的20%以下。而我国按现有税收政策估算，物业持有人发起REITs需要缴纳税费相当于其物业价值的30%左右，持有经营物业期间缴纳的税费占其取得租金收入的35%以上。

2.管理制度缺位

从管理制度上比较，欧美国家主要采用对已有相关法律内容进行修改的方式进行REITs管理，如美国通过相关法案修改使REITs享有税收优惠、鼓励养老金进入REITs市场、允许REITs提供物业收购以外的大量增值服务等；亚洲地区主要采用专项立法的方式进行管理，如中国香港的《房地产投资信托基金守则》对REITs的设立条件、组织结构、从业人员资格、投资范围、利润分配等方面做出明确的规定。

而我国仍未出台REITs相关的专项法律法规。目前的REITs产品可以自主选择在银行间市场或交易所市场发行，不同市场间在投资期限、范围、收入来源、分配方式等诸多方面并没有形成统一的标准。同时，在现有法律政策框架内设计的REITs无法与国际主流的REITs产品接轨，按国际通用标准来看，仍停留在类REITs的阶段。

附录一 世界主要经济体住房市场和住房金融概况

2016年，全球经济形势更趋复杂多变，主要经济体增长态势进一步分化，美国经济总体温和复苏，欧元区经济回归复苏轨道但基础尚不牢固，日本经济复苏前景有待观察，新兴经济体增长总体放缓。除日本人口总量略有下降外，其他主要经济体人口总量缓慢增长；各国城市化进程基本完成，老龄人口比重继续上升；住房市场供给基本充足，需求整体较为稳定，住房和住房金融市场总体回暖。

一、美国住房和住房金融市场概况

（一）经济金融形势

美国经济总体温和复苏，就业市场明显改善。2016年，美国国内生产总值（GDP）同比增长2.0%[①]，比上年上升0.1个百分点；消费者价格指数（CPI）同比上涨2.1%，比上年上升1.4个百分点；人均可支配收入4.4万美元，同比增长3.2%；个人消费总支出为13.1万亿美元，同比增长4.8%。2016年末，失业率为4.7%，比上年末回落0.3个百分点，为2008年4月以来的最低水平；货币供应量M2余额同比增长7.1%，比上年末上升1.3个百分点。

① 为不变价GDP同比增速。

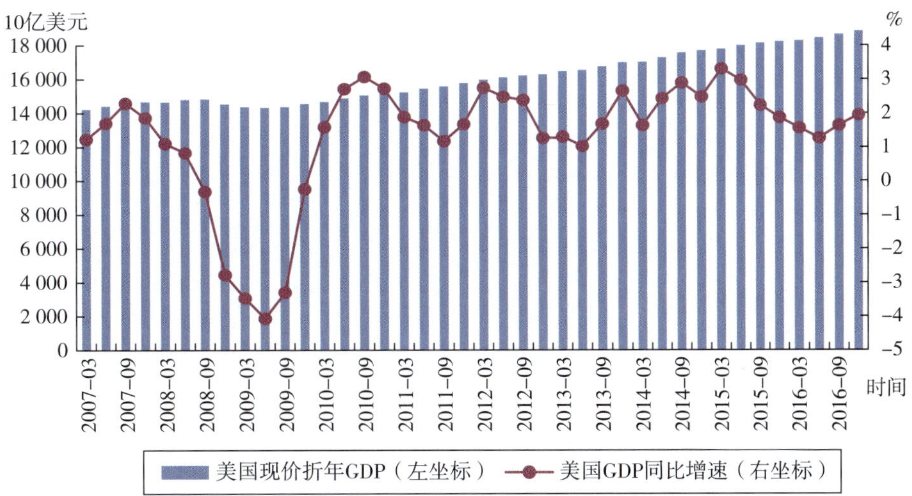

资料来源：美国经济分析局（Bureau of Economic Analysis）。

图1 2007～2016年美国国内生产总值及其同比增速

（二）住房市场发育程度

美国人口增长率呈下滑趋势，从1960年的1.7%下降到2016年的0.7%，处于历史低位。城镇化率持续提高并维持在较高水平，从1960年的70%提高到了2016年的81.8%。从年龄结构来看，65岁及以上的老龄人口占比持续上升，从1960年的9.2%提高到2016年的15.2%，在主要发达国家中处于较低水平。住房市场供需关系基本平衡，供给较为充足。新建住房供求比①自2009年跌至1.5后逐步回升，2016年达到2.1；2016年，二手住房与新建住房的成交比率②略有下滑，为9.8。

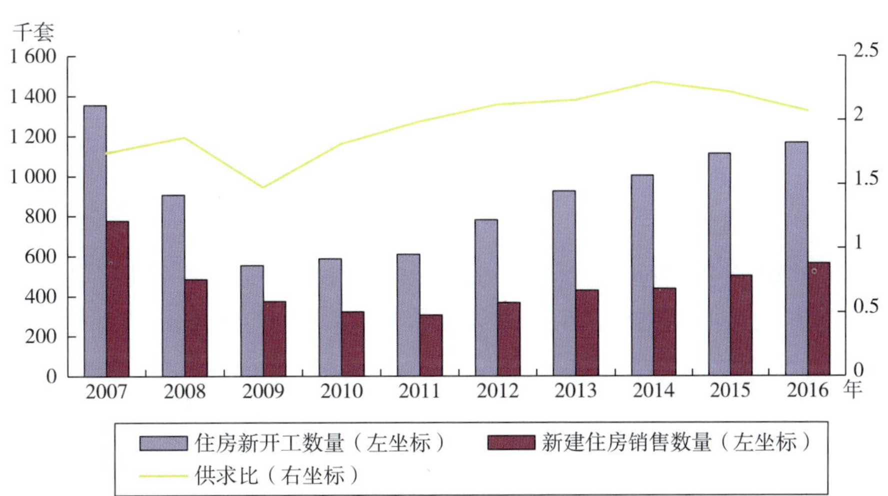

资料来源：美国商务部、美国统计局。

图2 2007～2016年美国新建住房供求比

① 计算公式为住房新开工数量÷新建住房销售数量。

② 计算公式为二手住房成交数量÷新建住房销售数量。

（三）住房和住房金融市场概况

住房市场维持良好增长趋势，全年房屋销售、新开工和房价等指标均持续向好，但涨幅较上年有所回落。

2016年12月，20个大城市住宅价格（标普/凯斯席勒）指数[①]同比上涨5.4%，同比增速年内总体呈上升趋势。全美OFHEO房价指数[②]同比上涨6.2%，第一至第四季度环比增速依次为1.60%、1.34%、1.60%和1.54%。

新屋开工和新房销售保持上涨，但增速有所回落。2016年，美国住房新开工数量为117万套，创2007年以来最高水平，同比增长4.9%，增速较2015年回落5.9个百分点。新建住房成交数量为56.3万套，同比增长12.4%，增速较2015年回落2.2个百分点。

2016年末，美国住房抵押贷款（Home Mortgage）余额为9.8万亿美元，同比增长2.3%。住房抵押贷款余额占GDP的比重从2008年末的72.8%下降至2016年末的51.7%；住房抵押贷款余额与居民总资产的比值从2008年末的15.0%下降至2016年末的9.0%，家庭部门呈"去杠杆化"趋势。

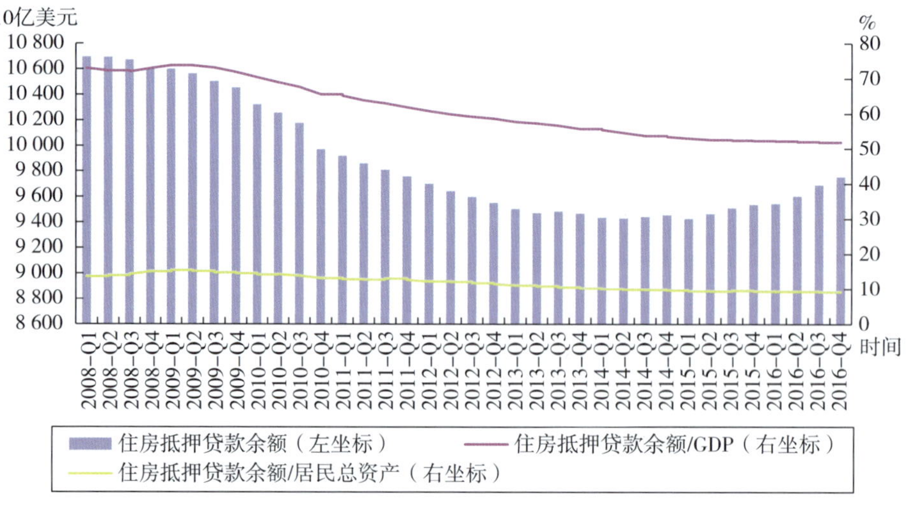

资料来源：美联储、美国经济分析局（Bureau of Economic Analysis）。

图3　2008～2016年美国居民住房抵押贷款余额及其占比情况

美国住房抵押贷款分为固定利率贷款和浮动利率贷款两种类型，其中浮动利率贷款期限主要为5年期，其利率一般在收益率指数（例如CMT指数[③]）或利率基准（例如LIBOR）之上加若干个基点；固定利率贷款有15年期、30年期两种期限，其利率因贷款银行状况、借款人资质（例如LTV比率[④]）以及所购住房情况的不同而有所差异。2015年末，美联储宣布加息，结束了零利率时代，2016年末，美联储再度宣布加息。美国房贷利率整体呈现上行走势，2016年住房抵押贷款5年期浮动利率均值为3.30%，

① 即Standard & Poor's/Case-Shiller Home Price Index。

② 即OFHEO（OFFICE of Federal Housing Enterprise Oversight）House Price Index。

③ 即Constant Maturity Treasury Index。

④ 即Loan to Value，贷款余额和住房价值的比率。

较上年末高0.22个百分点；15年期固定利率均值为3.55%，较上年末高0.31个百分点；30年期固定利率均值为4.32%，较上年末高0.31个百分点。总体来看，因住房抵押贷款有优质资产作为抵押，5年期和15年期抵押贷款利率均值都低于银行主导利率[①]（3.75%）。

二、日本住房和住房金融市场概况

（一）经济金融形势

2016年，日本国内生产总值（GDP）同比增长1.6%，较上年下降1个百分点；消费者价格指数（CPI）同比下降0.2%，为近五年来首次出现负增长；家庭月均可支配收入43万日元，同比增长0.5%；家庭月均消费支出31万日元，同比下降1.6%。2016年末，失业率为3.1%，比上年末下降0.3个百分点，连续七年下降；货币供应量M2余额同比增长4%，增速比上年末上升0.9个百分点。

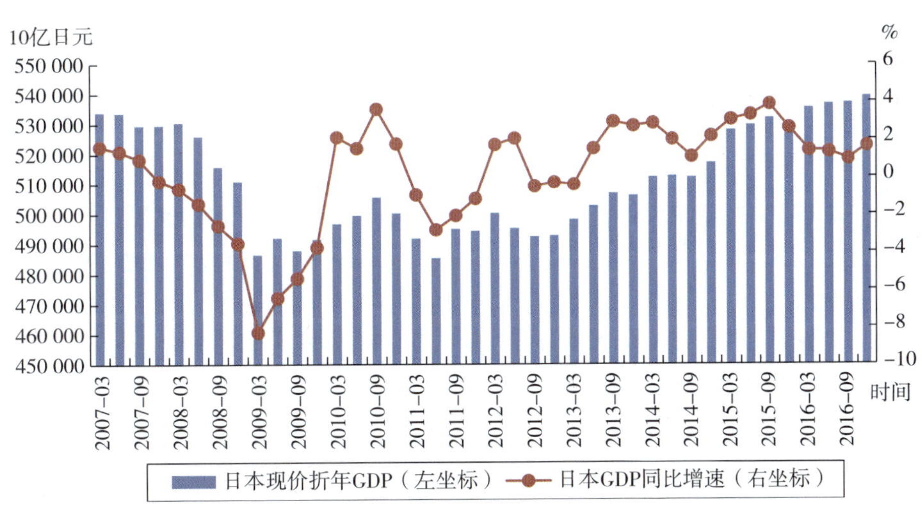

资料来源：日本统计局。

图4 2007～2016年日本国内生产总值及其同比增速

（二）住房市场发育程度

日本人口增长率呈趋势性回落态势，城镇化水平较高，老龄化程度进一步加深。1980年以来，日本人口增长率基本上呈下降趋势，2016年人口增长率为–0.1%。同时，城镇人口占比自2000年后出现较大幅度提升，2016年城镇化率高达93.9%。从年龄结构来看，65岁及以上人口占比持续上升，从1980年的9.1%上升至2016年的26.9%，老龄化程度明显提高。

日本住房市场供应以新建住房为主，供需关系基本平衡。2016年末，新建住房供求比为3.0，较上年略有回升。2016年，二手住房与新建住房交易量之比为1.3，较上年上升0.1。

① 主导利率（Bank Prime Rate）针对6个月期限优质信用贷款，2016年末美国银行主导利率为3.75%。

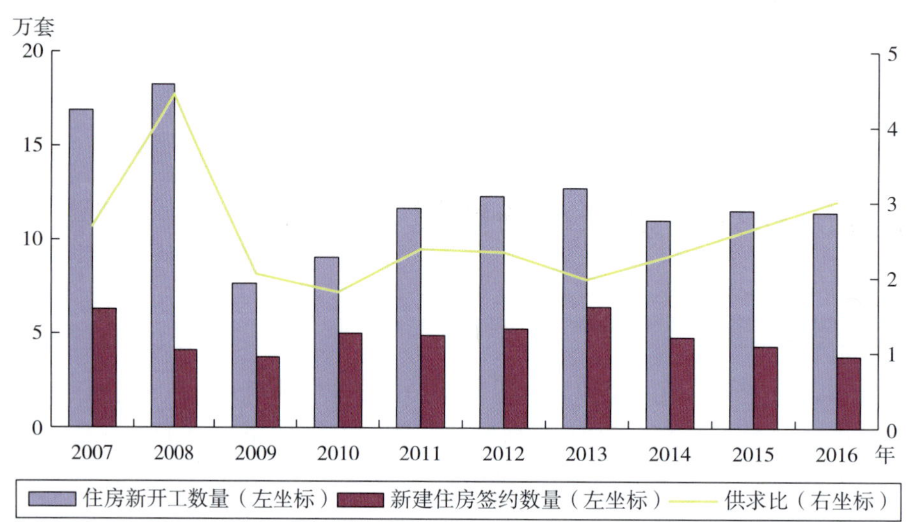

资料来源：日本统计局。

图5 2007～2016年日本新建住房供求比

（三）住房和住房金融市场概况

2016年末，日本首都圈和近畿圈①新建公寓的平均单价分别为75.5万日元/平方米和61.3万日元/平方米，同比分别上涨0.9%和7.4%；二手公寓成交单价分别为49.8万日元/平方米和29.9万日元/平方米，同比分别上涨9.6%和4.5%。

2016年，日本公寓住房②新开工数量为11.5万套，比上年下降0.9%。新建公寓住房销售数量为3.8万套，较上年下降12.7%；二手公寓住房成交数量为5.5万套，比上年增长4.4%。

2015年末③，日本住房抵押贷款余额为176.8万亿日元，比上年末增长2.0%。住房抵押贷款余额与GDP的比值从2008年末的31.4%逐步上升至2015年末的35.4%，住房抵押贷款余额与居民总资产的比值为10.2%，自2008年以来一直保持在10%左右。

① 首都圈是指以首都东京为中心的城市群，包括东京都、神奈川县、千叶县、琦玉县，近畿圈是指近邻东京的地区。

② 不包括独立别墅、自建住房、公共住房等其他类型住房。

③ 由于数据源项目分类发生改变，日本2016年住房抵押贷款余额数据CEIC数据库暂不更新。

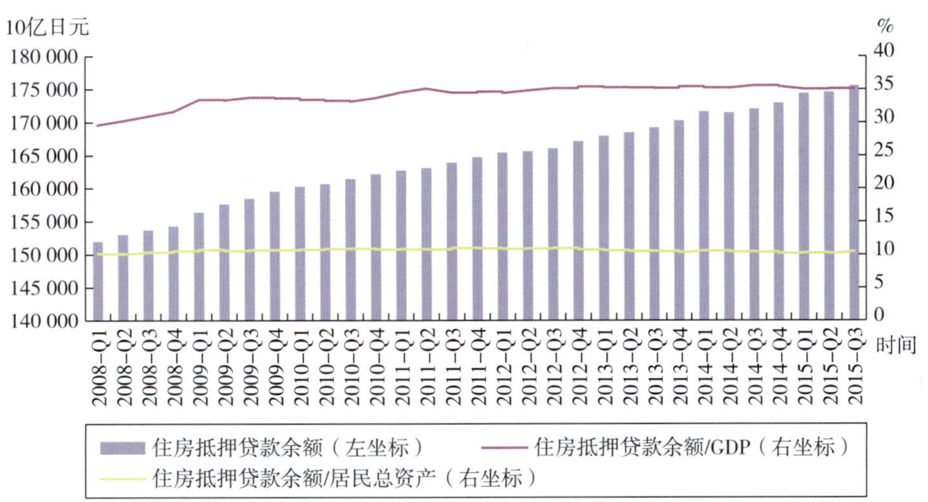

资料来源：CEIC、日本央行、日本统计局。

图6 2008～2015年日本居民住房抵押贷款余额及其占比情况

三、德国住房和住房金融市场概况

（一）经济金融形势

2016年，德国经济增长总体平稳，国内生产总值同比增长1.3%，增速比2015年下降0.8个百分点；调和消费者价格指数（HICP）同比上涨1.8%，涨幅比上年扩大1.7个百分点。欧盟统计局发布数据显示，2016年末，德国失业率为3.9%，同比下降0.5个百分点。

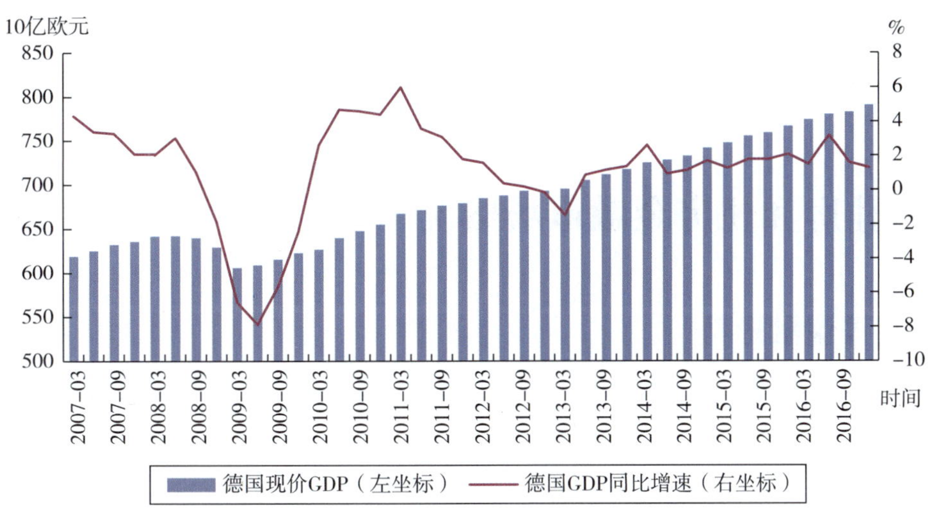

资料来源：德国统计局。

图7 2007～2016年德国国内生产总值及其同比增速

（二）住房市场发育程度

德国人口总量近年来停止负增长趋势，城镇化率缓慢上升，人口老龄化程度较高，住房需求增速缓慢。2016年，德国人口同比增长1.2%。1980～2016年，德国城镇人口占总人口的比率从72.8%上升到75.5%，城镇化率缓慢上升。从年龄结构看，65岁及以上人口占比从1980年的15.6%提高至2016年的21.5%。

（三）住房和住房金融市场概况

2016年，住宅建造审批数量为37.6万套，较上年上涨21.7%。截至2016年末，德国住房抵押贷款余额为1.3万亿欧元，比上年末增长0.5%；住房抵押贷款余额占GDP的比重为39.8%，较上年末下降1.1个百分点；住房抵押贷款余额占居民总资产的比重为22.6%，较上年末下降0.9个百分点。

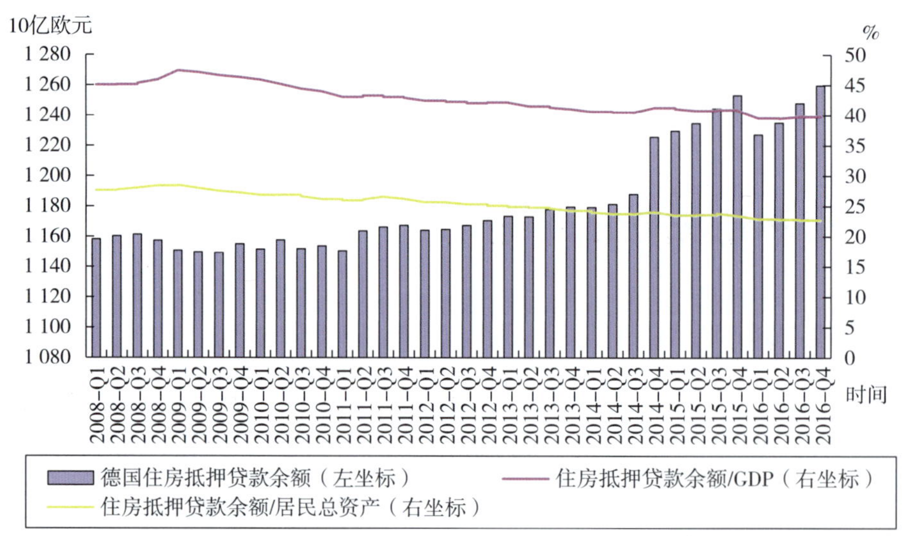

资料来源：德国央行、德国统计局。

图8 2008～2016年德国居民住房抵押贷款余额及其占比情况

四、英国住房和住房金融市场概况

（一）经济金融形势

2016年，英国经济增速稳定，国内生产总值（GDP）同比增长1.9%，增速比上年上升0.2个百分点；物价温和上涨，消费者价格指数（CPI）同比上涨0.68%。2016年末，失业率为4.8%，比上年末下降0.3个百分点；货币供应量M2余额同比增长7.2%，增速比上年末上升4.7个百分点。

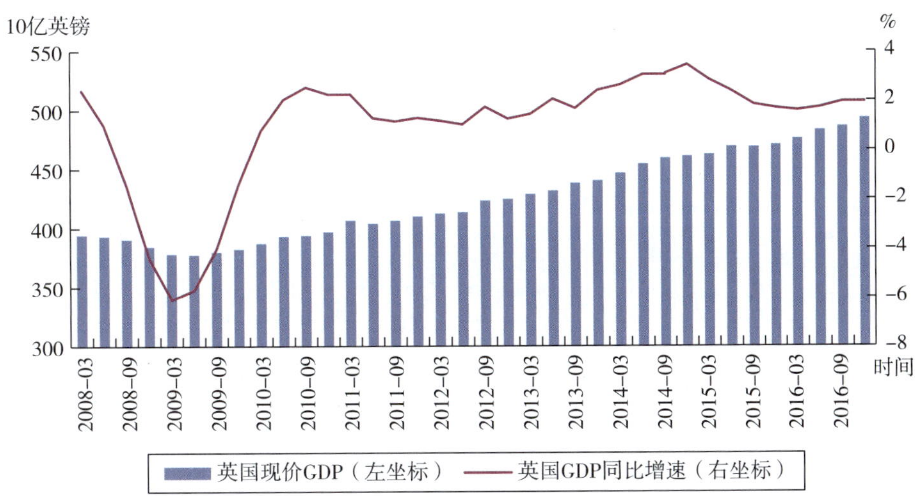

资料来源：英国统计局。

图9 2008～2016年英国国内生产总值及其同比增速

（二）住房市场发育程度

英国人口总量微幅增长，城镇化率稳步提高，老龄化程度继续提高，住房需求缓慢增长。1980年以来，英国人口增长率一直保持微幅增长，2016年人口增长率为0.8%。城镇化率在1980～2005年变化幅度较小，之后小幅上升。2016年英国城镇化率为82.8%，比1980年提高4.4个百分点。从年龄结构来看，65岁及以上人口所占比重从1980年的14.9%上升到2016年的17.9%，老龄化程度较高。

（三）住房和住房金融市场概况

2016年末，英国Nationwide房价指数（1993年=100）为412.3点①，比上年末上升4.5%，其中新建住宅价格指数上升7.7%。2016年，英格兰地区新屋开工数量为15.4万②套，比上年增长5.1%。

2016年末，住房抵押贷款余额为8 320亿英镑，比上年末增长2.2%。住房抵押贷款余额与GDP的比值从2008年末的32.2%上升至2016年末的42.1%，住房抵押贷款余额与居民总资产的比值从2008年末低点后呈先升后降趋势，2016年为12.7%，较上年下降5.3个百分点。

① 经季度调整的数据。

② 此处数据为四个季度英格兰新屋开工数的总和。

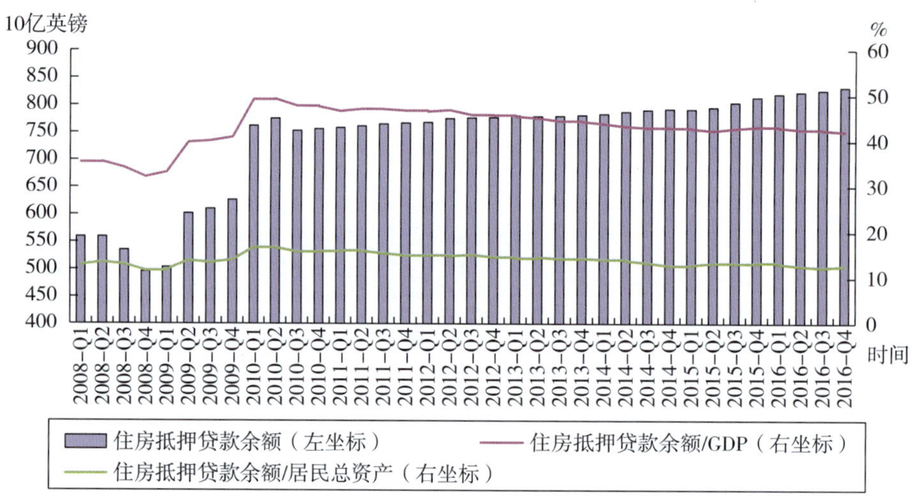

资料来源：英格兰银行、英国统计局、英国银行家协会。

图10　2008～2016年英国居民住房抵押贷款余额及其占比情况

五、加拿大住房和住房金融市场概况

（一）经济金融形势

2016年加拿大经济有所回暖。国内生产总值（GDP）同比增速为1.5%[①]，增速较2015年上升约0.5个百分点。2016年末，消费者价格指数（CPI）同比上涨1.5%，涨幅比上年下降0.1个百分点；失业率为6.9%，较上年末降低0.2个百分点；货币供应量M2余额同比增长8.7%，增速比上年末提高2.7个百分点。

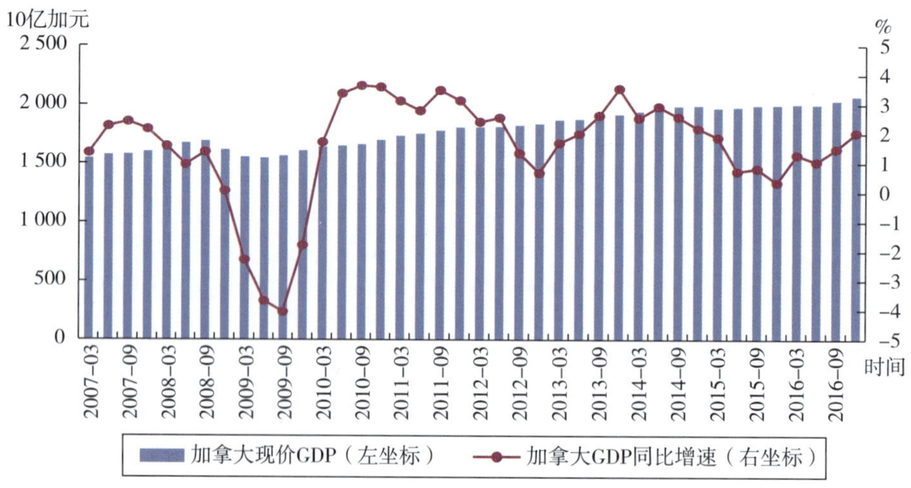

资料来源：加拿大统计局。

图11　2007～2016年加拿大国内生产总值及其同比增速

① 统计数据为不变价同比增速。

（二）住房市场发育程度

加拿大人口增长率趋于稳定，城镇化率有所提高，老龄化率趋于上升。1980～2016年，加拿大人口总量保持正增长，增速趋于平稳，2016年人口增长率为1.2%。从人口分布来看，城镇人口占总人口的比例从1980年的75.7%上升到了2016年的82.0%。从年龄结构来看，65岁及以上的人口占比从1980年的9.4%上升到了2016年的16.8%，老龄化程度有所提高。

（三）住房和住房金融市场概况

住房市场复苏较快。根据加拿大房地产协会（CREA）的统计数据，2016年末，加拿大全国房价平均水平为每套48.6万加元，比上年同期上涨3.8%。全年住房新开工数量为19.8万套，同比增长1.2%；二手住房成交数量为52.4万套，比上年减少0.1%。

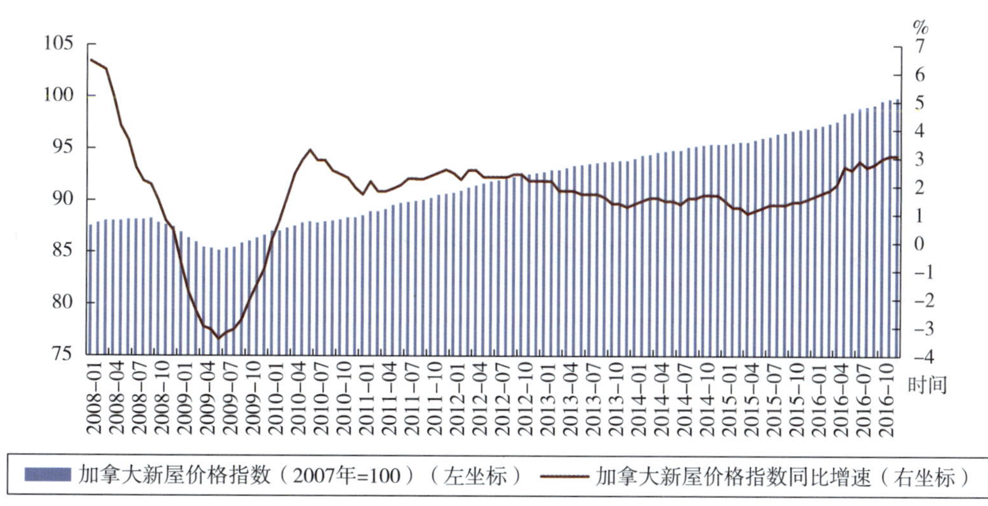

资料来源：加拿大统计局。

图12　2008～2016年加拿大新建住房价格指数及其同比增速

2016年末，加拿大住房抵押贷款余额为1.3万亿加元，比上年末增长5.9%；住房抵押贷款余额与GDP的比值为64.2%，比2008年末上升13个百分点；住房抵押贷款余额与居民总资产的比值为10.8%，比2008年末下降1.4个百分点。

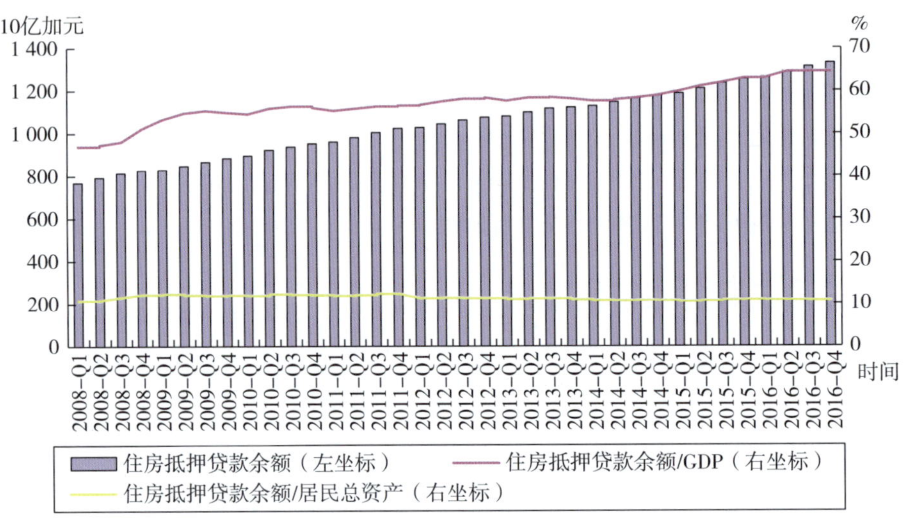

资料来源：加拿大统计局、加拿大CMHC公司（Canada Mortgage and Housing Corporation）。

图13　2008～2016年加拿大居民住房抵押贷款余额及其占比情况

六、澳大利亚住房和住房金融市场概况

（一）经济金融形势

2016年，澳大利亚国内生产总值（GDP）同比增长2.5%，较上年上升0.1个百分点。2016年末，消费者价格指数（CPI）同比增长1.5%，增速较上年末下降0.2个百分点；失业率为5.6%，比上年末上升0.1个百分点。

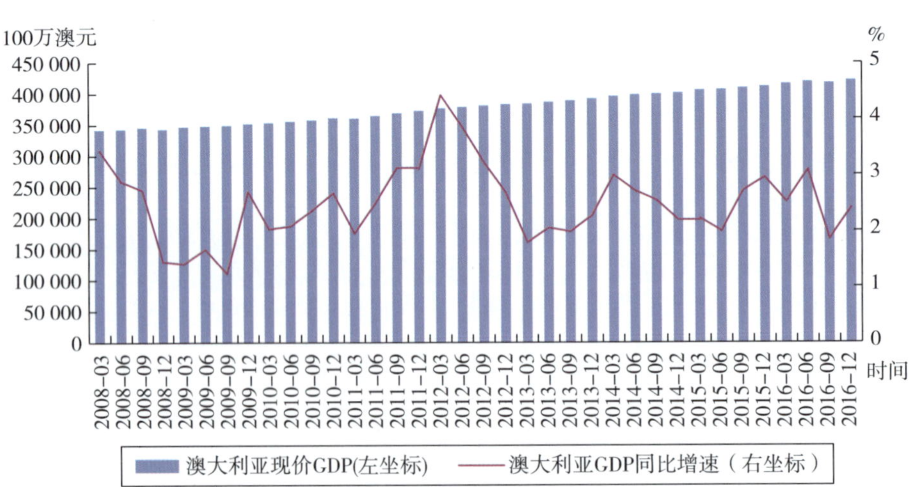

资料来源：澳大利亚统计局。

图14　2008～2016年澳大利亚国内生产总值及其同比增速

（二）住房市场发育程度

澳大利亚人口总量逐步增长，城镇化率略有上升，老龄化程度继续提高。1980～2016年，澳大利亚人口增长率基本保持在1.0%以上，2016年澳大利亚人口增长率为1.6%。从人口分布结构来看，城市人口占总人口的比重从1980年的85.8%上升到了2016年的89.6%，城镇化率有所提高。从年龄结构来看，65岁及以上人口占总人口的比例上升幅度较大，从1980年的9.6%上升到2016年的15.6%。

（三）住房和住房金融市场概况

住房市场持续回暖。2016年末，澳大利亚8大城市房价均值指数同比上涨8.7%，墨尔本涨幅居各地之首，达到10.8%。2016年，住房新开工数量为22.6万套，较2015年提高3.1%。

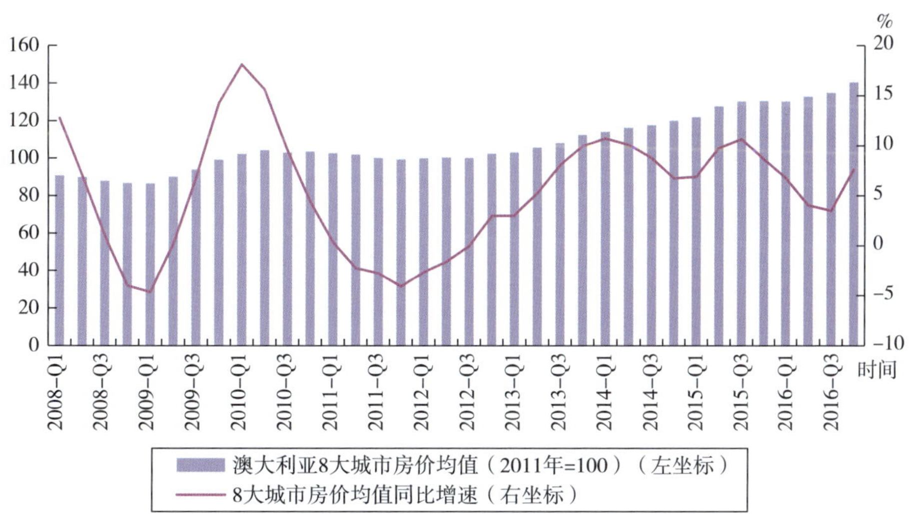

资料来源：澳大利亚统计局。

图15　2008～2016年澳大利亚8大城市房价均值指数及其同比增速

2016年末，澳大利亚住房抵押贷款余额为1 013亿美元，比上年末增长8.8%。住房抵押贷款余额与GDP的比值从2009年末的51.0%上升至2016年末的60.4%；住房抵押贷款余额与居民总资产的比值从2009年末的8.4%上升至2016年末的8.9%。

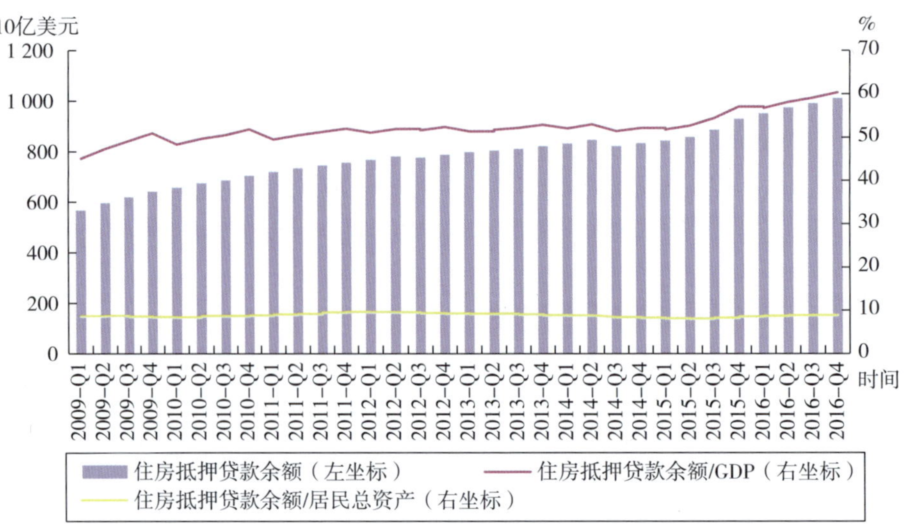

资料来源：澳大利亚统计局、澳大利亚央行。

图16　2009～2016年澳大利亚居民住房抵押贷款余额及其占比情况

附录二 2016年个人住房贷款抽样调查报告

一、抽样调查的基本情况

本次调查的城市范围包括北京、上海、广州、深圳、杭州、天津、沈阳、南京、济南、武汉、成都、西安、重庆、石家庄、呼和浩特、长春、哈尔滨、福州、合肥、郑州、南昌、长沙、南宁、贵阳、昆明、银川、乌鲁木齐、大连、青岛、宁波、厦门、苏州、无锡、东莞、佛山共35个城市。本次抽样调查所选城市为2016年新发放个人住房贷款量较大的城市，35个城市新发放贷款笔数合计占全国的48.7%。

本次调查对象以35个城市2016年新发放的所有个人住房贷款（包括住房公积金贷款）为总体，采用随机抽样获得。各城市根据当地2016年贷款发放笔数的5‰确定样本量，并按照个人住房贷款市场份额，在当地主要商业银行（包括公积金管理中心）之间分配。抽样调查共收回有效样本29 465份，占35个城市2016年新发放贷款笔数的4.6‰，占全国全部新发放贷款笔数的2.3‰。

调查内容分为调查表和调查问卷两个部分，其中，调查表由商业银行根据贷款台账信息填写，主要包括借款人的户籍、年龄、贷款所购住房基本情况、贷款性质、总额、期限、利率、月供、贷款发放机构、执行第几套住房信贷政策等15项信息；调查问卷由人民银行委托机构电话或入户访问借款人填写，内容包括借款人家庭人口、家庭收入、投资渠道、住房套数、购房目的、首付款来源、贷款次数及经济预期等14项信息。

二、抽样调查的具体情况分析

（一）借款人的居住地和户籍分布

从全部35个城市的抽样统计看，94.4%的借款人在本城市居住，5.6%的借款人不在本城市居住。其中，无锡、佛山不在本城市居住的借款人占比均超过14%，与2015年相比都增加了6个百分点以上；济南、银川不在本城市居住的借款人占比均比去年增加了9个百分点以上。自2014年开始，除北京、上海、广州、深圳外其他限购城市均放开限购，近两年来不在本城市居住的借款人占比逐年上升（见图1）。值得一提的是，苏州、无锡购房者中不在本城市居住的人口数量激增，可能在一定程度上应归因于2016年上海房价上涨所引发的购房人外溢。

图1　2009～2016年不在本城市居住的借款人占比情况

无本市城镇户籍借款人占35%，连续四年上升，较2015年提高了3个百分点，城镇化和人口流动带来的潜在住房需求正在稳步转化为现实需求。具体城市来看，东莞无本市城镇户籍借款人占比达87%，远高于全国平均水平；无锡、苏州等长三角地级城市，成都、郑州、长沙、乌鲁木齐等区域核心城市，有本市城镇户籍的借款人占比较低；重庆、石家庄、南京等城市，有本市城镇户籍的借款人占比较高（见表1）。

表1　2016年借款人的居住地和户籍分布

单位：%

城市	拥有本市城镇户籍且在本市居住	拥有本市城镇户籍不在本市居住	户籍不在本城镇但在本市居住	户籍不在本城镇且不在本市居住
全部样本	62.80	1.98	31.62	3.60
东莞	12.50	0.52	86.98	0.00
佛山	37.14	2.10	48.15	12.61
成都	43.88	0.80	49.74	5.58
无锡	48.57	1.27	36.31	13.85
郑州	49.13	0.94	46.05	3.88
长沙	47.71	2.67	38.68	10.94
苏州	50.17	3.67	36.89	9.27
乌鲁木齐	54.24	0.34	42.03	3.39
银川	50.44	5.70	38.60	5.26
杭州	59.45	1.04	33.22	6.30
北京	60.88	1.22	37.39	0.50

续表

城市	拥有本市城镇户籍且在本市居住	拥有本市城镇户籍不在本市居住	户籍不在本城镇但在本市居住	户籍不在本城镇且不在本市居住
青岛	60.36	2.17	33.99	3.48
呼和浩特	60.19	3.88	34.47	1.46
昆明	63.13	2.30	30.41	4.15
西安	60.67	4.83	30.17	4.33
南宁	64.33	1.29	26.80	7.58
福州	63.87	4.47	28.31	3.35
合肥	68.13	0.50	27.75	3.63
大连	68.23	1.00	29.10	1.67
贵阳	67.45	2.36	26.89	3.30
深圳	69.06	0.88	29.56	0.50
长春	67.06	4.44	27.34	1.17
宁波	69.18	3.02	26.30	1.51
广州	71.98	1.64	26.38	0.00
济南	63.04	10.77	25.16	1.04
武汉	71.03	3.32	24.25	1.41
厦门	74.03	1.38	19.89	4.70
沈阳	76.65	1.27	21.16	0.92
天津	77.39	1.05	19.89	1.67
上海	78.39	1.95	19.46	0.21
哈尔滨	77.50	2.95	19.55	0.00
南昌	81.91	0.34	16.04	1.71
南京	82.67	1.00	15.00	1.33
石家庄	82.82	0.90	14.65	1.63
重庆	87.29	1.47	9.42	1.82

居住地和户籍均不在本地的借款人相对比较特殊，其中，东莞、广州、哈尔滨3个城市没有此类借款人。此类借款人在全部35个城市样本中占3.6%，其中无锡（13.9%）、佛山（12.6%）等城市占比明显偏高。我们将这部分借款人与全部样本进行对比分析，发现购房用于非自住的占比达5.1%，明显高于全部样本3.5个百分点。这一群体购房用于投资的可能性大于其他借款人（见图2）。

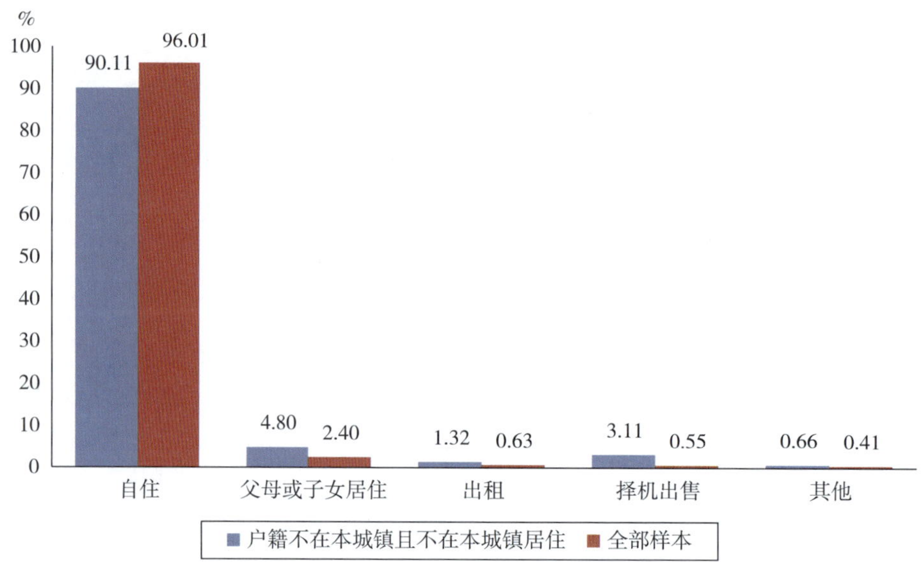

图2　2016年户籍和居住地均不在本市借款人的购房目的

（二）借款人的年龄分布

全部样本借款人的年龄均值为34.1岁，中位数为33岁。借款人的平均年龄较2015年小幅上升（见图3）。

图3　2009～2016年借款人的年龄均值

此外，各年龄段借款人占比与2015年相比基本持平，变化不大。

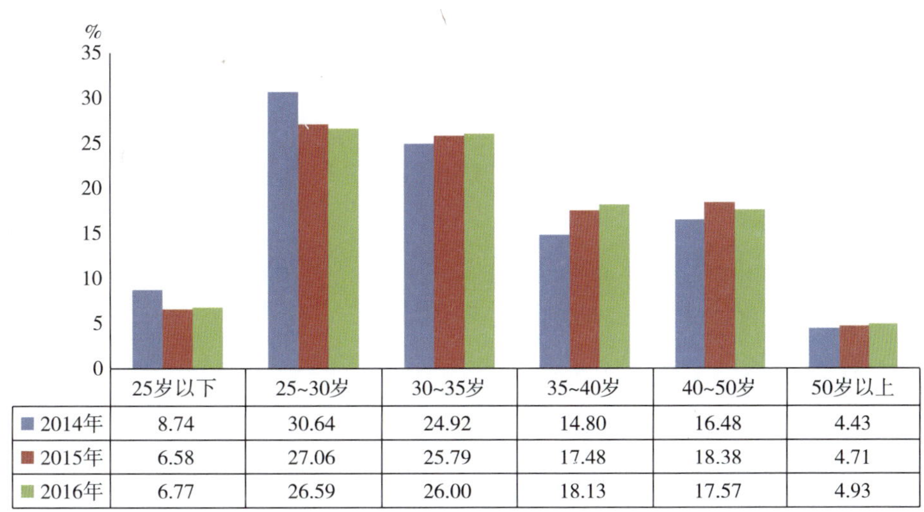

	25岁以下	25~30岁	30~35岁	35~40岁	40~50岁	50岁以上
2014年	8.74	30.64	24.92	14.80	16.48	4.43
2015年	6.58	27.06	25.79	17.48	18.38	4.71
2016年	6.77	26.59	26.00	18.13	17.57	4.93

图4 2014～2016年借款人的年龄分布

分城市来看，借款人年龄均值无明显的区域分布特征。进一步细化年龄区间，北京、上海等城市“25岁以下”借款人占比相对较低，这与当地房价水平较高，借款人依靠财富代际转移实现购房难度较大有关；而这些城市30～40岁的借款人占比相对较高，其中北京、深圳、上海分别为58.8%、56.6%和55.5%，原因可能是大城市更多的年轻人需要工作一段时间，达到一定的积累后才选择购房满足居住需求（见表2），同时也可能与这些城市房屋置换及改善性需求占比较高有关。

表2 2016年35个城市借款人的年龄均值和年龄段占比

单位：%

城市	均值	25岁以下	[25，30)岁	[30，35)岁	[35，40)岁	[40，50)岁	50岁以上
全部样本	34.07	6.77	26.59	26.00	18.13	17.57	4.93
厦门	36.00	8.01	19.34	20.17	18.51	26.80	7.18
天津	35.80	2.72	22.75	28.47	18.91	18.84	8.30
东莞	35.57	4.12	17.91	26.93	23.45	23.20	4.38
深圳	35.05	5.28	15.72	30.57	26.04	18.11	4.28
哈尔滨	34.82	8.86	24.77	22.50	16.14	20.68	7.05
大连	34.70	4.52	26.76	23.24	20.57	19.73	5.18
上海	34.65	2.50	20.92	32.18	23.28	17.86	3.27
北京	34.56	1.66	23.05	34.51	24.28	12.32	4.18
福州	34.51	6.70	26.07	24.77	17.69	17.69	7.08
乌鲁木齐	34.37	7.12	30.51	21.69	11.53	24.07	5.08
重庆	34.36	9.53	24.90	22.80	16.22	20.14	6.41
佛山	34.35	6.51	23.92	25.13	21.22	18.12	5.11
贵阳	34.28	4.48	31.84	24.76	12.74	20.28	5.90

续表

城市	均值	25岁以下	[25，30)岁	[30，35)岁	[35，40)岁	[40，50)岁	50岁以上
广州	34.23	4.70	24.95	28.94	19.43	17.38	4.60
昆明	34.14	4.15	26.73	28.57	15.21	22.12	3.23
苏州	34.12	9.27	26.04	22.62	17.36	18.86	5.84
无锡	34.10	7.48	28.18	23.09	16.40	20.38	4.46
青岛	34.07	7.53	28.06	23.35	18.27	16.67	6.12
南宁	34.06	6.65	25.69	28.28	17.74	16.45	5.18
杭州	34.04	5.09	25.71	28.56	20.10	16.91	3.62
成都	33.98	9.21	27.24	22.58	15.60	20.46	4.91
宁波	33.97	5.86	23.79	29.98	20.10	16.92	3.35
南昌	33.82	10.24	25.60	23.55	15.70	19.80	5.12
南京	33.71	8.89	28.44	20.78	20.00	17.56	4.33
沈阳	33.63	6.71	29.02	27.05	17.57	14.10	5.55
武汉	33.45	8.55	29.18	25.25	16.00	15.90	5.13
长沙	33.39	5.34	30.03	27.23	18.45	15.65	3.31
合肥	33.37	13.46	29.23	19.74	13.29	18.17	6.11
济南	33.32	6.10	31.13	28.15	14.66	16.34	3.63
银川	33.26	7.02	31.58	25.00	16.67	14.04	5.70
石家庄	33.24	7.78	31.28	23.15	19.71	14.83	3.25
郑州	32.65	7.36	35.01	25.77	15.06	12.99	3.82
呼和浩特	32.49	8.25	33.50	26.70	16.50	11.65	3.40
长春	32.42	10.28	33.18	27.10	13.32	11.45	4.67
西安	31.92	5.17	34.83	33.67	13.67	11.33	1.33

对不同年龄段借款人的收入及购房情况对比分析后发现（见表3），借款人住房面积、家庭税后年收入、首付款比例以及“首付款全部是自己家庭储蓄占比”与年龄成正相关，房价收入比和贷款期限则与年龄成负相关，这可以归因于购房人经济实力随年龄增大而增强。值得注意的是，“25岁以下”的借款人不符合以上特征，其住房总价、住房面积、家庭税后收入、首付款比例均高于“25～30岁”的借款人，但“贷款期限”“首付款全部是自己家庭积蓄占比”则低于“25～30岁”的借款人，这可以解释为代际间的财富转移，使得“25岁以下”的借款人购买力反而强于“25～30岁”的借款人。

表3 2016年不同年龄借款人的收入及购房情况

年龄段	住房总价（万元）	住房面积（平方米）	家庭税后年收入（万元）	房价收入比	首付款比例（%）	贷款期限（月）	首付款全部是自己家庭积蓄占比（%）
25岁以下	125.68	102.12	17.86	8.14	33.99	299	60.77
25～30岁	118.97	97.69	16.70	7.84	33.14	304	67.79
30～35岁	147.09	102.11	22.48	7.45	34.05	298	79.91
35～40岁	170.04	108.22	26.19	7.33	35.72	283	85.36
40～50岁	164.50	111.80	27.43	6.78	38.09	231	89.46
50岁及以上	158.24	111.73	29.51	6.57	39.73	172	91.40
全部样本	145.93	104.22	22.66	7.42	35.10	279	78.63

（三）借款人的收入和投资情况

全部样本借款人家庭人均月收入均值为9 452元，中位数为6 250元，月收入分布最为集中的两个区间是2 000～4 000元和4 000～6 000元，其占比分别达到了19.85%和24.24%（见表4）。分城市看，借款人家庭人均月收入最高的是深圳（24 092元），最低的是银川（5 048元），南昌、宁波、哈尔滨等18个城市月收入分布在4 000～8 000元区间占比在40%以上。

表4 2016年借款人家庭人均月收入分布表

单位：%

城市	均值（元）	城镇人均可支配月收入*	2 000元以下	2 000～4 000元	4 000～6 000元	6 000～8 000元	8 000～1万元	1万～2万元	2万元以上
全部样本	9 452	2 801	3.39	19.85	24.24	13.44	11.70	19.12	8.25
深圳	24 092	4 058	0.38	2.01	5.79	6.29	10.94	35.60	38.99
厦门	17 598	3 855	0.28	3.04	15.47	13.54	14.92	32.60	20.17
上海	16 387	4 808	0.28	3.89	11.47	10.63	14.18	37.67	21.89
北京	15 093	4 773	3.24	11.82	13.90	8.21	13.11	30.26	19.45
杭州	12 818	4 349	0.52	6.99	20.71	11.30	15.19	31.06	14.24
广州	11 934	4 245	1.43	9.30	19.22	16.46	11.25	28.43	13.91
苏州	10 996	4 278	0.92	10.68	23.87	15.36	13.61	24.12	11.44
东莞	10 965	3 482	1.68	14.30	23.71	13.14	11.73	24.48	10.95
南京	10 726	4 166	0.33	9.11	19.78	15.56	17.11	27.44	10.67
宁波	9 461	4 297	1.17	14.74	29.31	19.77	12.56	16.58	5.86
福州	8 823	3 453	0.93	16.20	28.86	16.95	13.59	17.50	5.96
成都	8 729	2 992	2.87	21.14	24.33	17.31	10.45	16.99	6.90
天津	8 542	3 095	1.26	20.24	23.31	16.61	13.12	18.56	6.91

续表

城市	均值（元）	城镇人均可支配月收入*	2 000元以下	2 000～4 000元	4 000～6 000元	6 000～8 000元	8 000～1万元	1万～2万元	2万元以上
佛山	8 315	3 593	2.70	24.32	23.72	14.41	9.61	18.42	6.81
武汉	7 972	3 311	4.43	22.13	26.66	9.76	13.18	19.22	4.63
长沙	7 803	3 608	4.20	21.37	29.64	10.69	11.83	17.18	5.09
无锡	7 765	3 563	2.23	26.27	32.64	11.78	9.71	12.42	4.94
合肥	7 440	2 904	2.23	24.61	28.49	14.04	11.89	14.70	4.05
郑州	7 175	2 768	4.95	24.10	24.10	15.06	10.78	17.00	4.02
青岛	7 117	3 633	3.11	25.42	30.41	12.62	12.05	13.09	3.30
重庆	6 867	2 468	7.20	27.96	28.81	14.07	10.15	9.36	2.44
哈尔滨	6 661	2 766	5.23	23.64	29.77	16.59	9.55	12.50	2.73
昆明	6 575	3 062	3.23	23.04	33.64	12.44	11.52	14.75	1.38
石家庄	6 454	2 538	3.80	33.45	24.95	12.84	9.95	11.57	3.44
南宁	6 405	2 561	8.87	26.25	22.00	12.38	12.94	16.08	1.48
西安	6 364	2 969	2.17	24.00	28.17	15.00	15.67	14.67	0.33
大连	6 346	2 730	4.35	27.26	29.43	13.88	12.04	10.20	2.84
沈阳	6 170	3 261	8.32	31.10	31.33	9.71	7.51	9.36	2.66
长春	6 001	2 589	9.58	28.04	33.18	12.15	7.71	6.78	2.57
南昌	5 871	2 885	2.05	30.38	38.23	12.97	6.14	7.85	2.39
乌鲁木齐	5 822	2 850	5.08	29.49	31.53	13.22	8.47	10.85	1.36
贵阳	5 758	2 459	9.67	33.73	25.47	8.73	10.61	9.91	1.89
济南	5 655	3 588	5.32	33.72	27.50	14.27	8.30	9.60	1.30
呼和浩特	5 594	3 352	14.08	31.55	27.18	13.59	4.37	6.31	2.91
银川	5 048	2 540	15.79	33.33	24.12	9.21	8.33	7.46	1.75

注：*为当地统计局公布数据。

通过将各个城市借款人家庭人均月收入和当地统计局公布的城镇居民的月均可支配收入进行比较，我们发现，贷款购房家庭的人均收入不仅远远高于各自区域的平均水平，而且基本达到了后者的2～4倍，有5个城市超过了3倍，其中深圳达到了5.9倍。

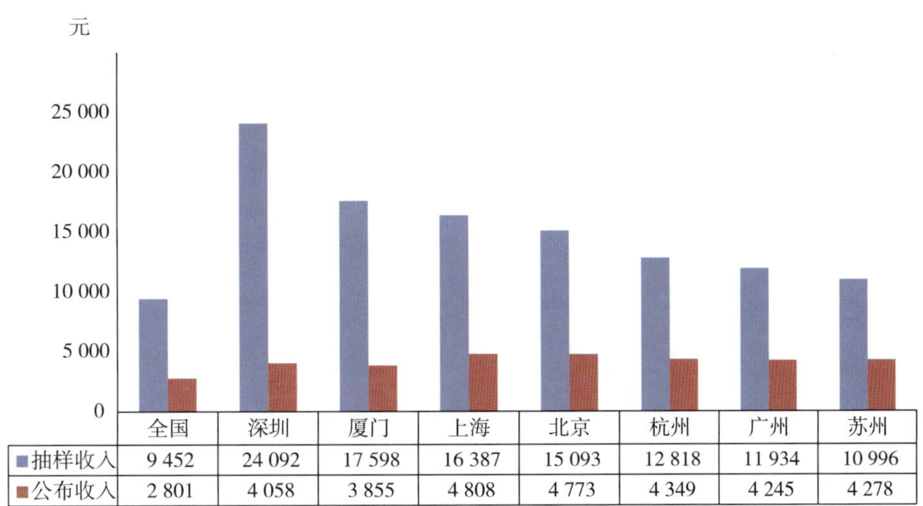

图5 2016年借款人月均收入超过当地人均可支配收入3倍的城市

我们对借款人的家庭积蓄投资方式进行了分析（见表5），结果显示：超过八成借款人有住房以外的其他资产。49%的借款人有定期存款，比2015年低1.8个百分点。44.7%的借款人有证券投资，比2015年高1.7个百分点。13%的借款人有住房以外资产，但没有定期存款或证券，较2015年上升0.5个百分点。证券投资占比持续扩大，借款人投资理财渠道多元化趋势进一步显现。

表5 2016年借款人家庭积蓄投资方式交叉分布

单位：%

证券投资 存款	有		无		合计
	有其他投资	无其他投资	有其他投资	无其他投资	
有	4.63	15.37	3.12	25.91	49.03
无	4.20	20.53	13.02	13.21	50.97
合计	8.84	35.90	16.14	39.12	100.00

分城市看，家庭积蓄全部为存款的借款人，占比最高的城市为呼和浩特（41.26%），最低的是宁波（11.22%）；家庭积蓄中有证券投资的借款人，占比最高的城市是东莞（67.14%），最低的是呼和浩特（26.21%）（见表6）。

表6 2016年各城市借款人家庭积蓄投资方式中存款和证券投资情况

单位：%

城市	全部是存款	含存款	含证券投资
全部样本	25.91	49.03	44.74
呼和浩特	41.26	51.94	26.21
沈阳	40.35	54.22	30.40
天津	40.27	57.64	39.64

续表

城市	全部是存款	含存款	含证券投资
大连	36.62	55.69	41.30
哈尔滨	35.23	43.41	26.36
济南	34.89	61.35	45.01
武汉	34.41	53.82	36.82
郑州	34.27	52.81	29.05
成都	33.67	64.30	38.37
重庆	32.56	44.81	35.28
长春	29.91	45.79	47.66
乌鲁木齐	29.49	47.46	28.47
合肥	29.31	50.87	40.96
佛山	28.33	59.16	46.55
石家庄	27.12	66.00	48.28
青岛	26.84	52.07	51.32
南昌	24.23	45.73	39.59
西安	23.67	46.67	46.33
贵阳	23.58	35.85	29.95
无锡	23.25	67.52	63.22
南京	22.56	52.22	60.78
银川	21.93	41.67	46.93
长沙	19.47	38.04	40.33
苏州	18.95	37.56	43.24
上海	17.93	41.97	61.15
北京	17.51	36.53	52.09
广州	16.97	52.76	47.65
昆明	16.13	29.03	39.63
深圳	14.72	31.95	50.19
福州	14.71	41.53	49.16
厦门	14.09	30.39	52.49
东莞	13.27	64.05	67.14
南宁	13.12	46.03	49.91
杭州	11.82	31.06	55.91
宁波	11.22	29.15	48.41

一般而言，证券投资行为可在一定程度上反映出借款人的风险承受能力和风险偏好，前者主要与经济基础相关，而后者的影响因素则比较复杂，可能受社会制度、文化、习俗和个体性格等多种因素的影响。通过将35个城市投资证券的借款人比例与借款人的平均月收入的相关关系进行分析，结果表明，各城市投资证券的借款人比例与借款人平均月收入均呈现出一定的正相关性，即随着借款人平均月收入水平的提高，其投资股票的倾向有所增强（见图6）。

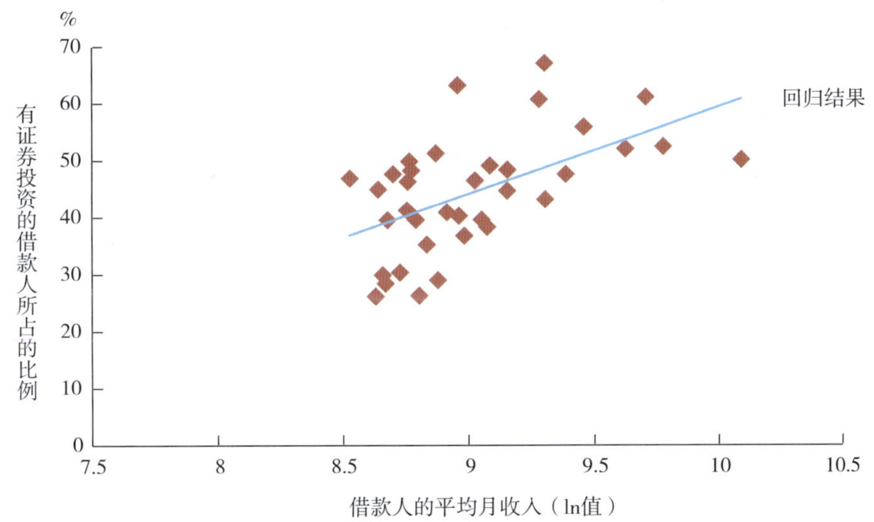

图6　2016年各城市有证券投资的借款人所占比例与借款人的平均月收入的相关关系

不同投资方式的借款人在融资行为上存在差异的实际情况，对商业银行个人住房贷款风险管理的参考意义也不尽相同。我们对不同投资方式的借款人有关信息作了对比（见表7），发现相比于家庭积蓄主要为证券的借款人，家庭积蓄主要为存款的借款人在购房和贷款方面相对保守，主要表现为住房面积较小、单价较低、贷款次数超过1次的比例较低、贷款总额小。这表明投资风险偏好会对购房行为产生影响，风险偏好越强的借款人越倾向购买价高的住房，并利用杠杆获得更多的借贷资金。

表7　2016年不同投资方式借款人对比

	有效样本量（份）	年龄（岁）	住房面积（平方米）	住房单价（元/平方米）	首套房占比（%）	贷款总额（万元）	首付款比例（%）	贷款次数超过1次（%）
主要为存款	7 633	34.1	98.81	11 221	91.69	70.37	35.01	5.48
主要为证券	6 049	34.2	106.30	17 133	81.63	112.78	35.87	13.06
全部样本	29 465	34.1	104.22	13 871	86.11	91.88	35.10	9.78

（四）住房性质和单价

从35个城市样本借款人所购住房的性质分布来看，89.4%的借款人购买普通商品住房，购买非普通商品住房（包括高档公寓、别墅）占比为9.3%，比2015年上升1.4个百分点，其余1.3%的借款人购买保障性住房，为近八年最低值（见图7）。

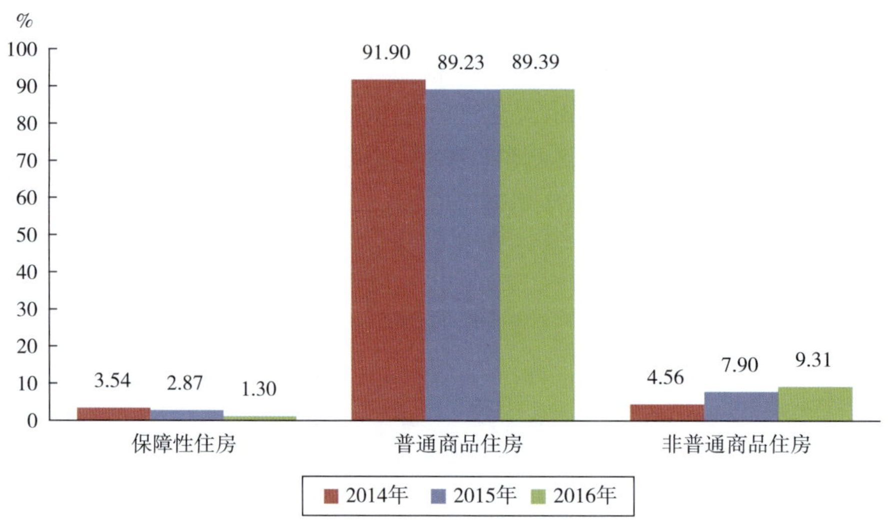

图7　2014～2016年借款人所购住房的性质分布

分城市看（见图8），购买普通商品住房借款人占比最高的城市是沈阳（97.2%），购买非普通商品住房借款人占比最高的城市是上海（38.4%），购买保障性住房借款人占比最高的城市是银川（4.8%）。从借款人所购住房性质的区域比较来看，高端住宅更多地集中于上海、厦门、苏州等经济发达的东部沿海城市，这客观反映出这些城市高收入群体的绝对数量和高端住宅市场规模均较大。

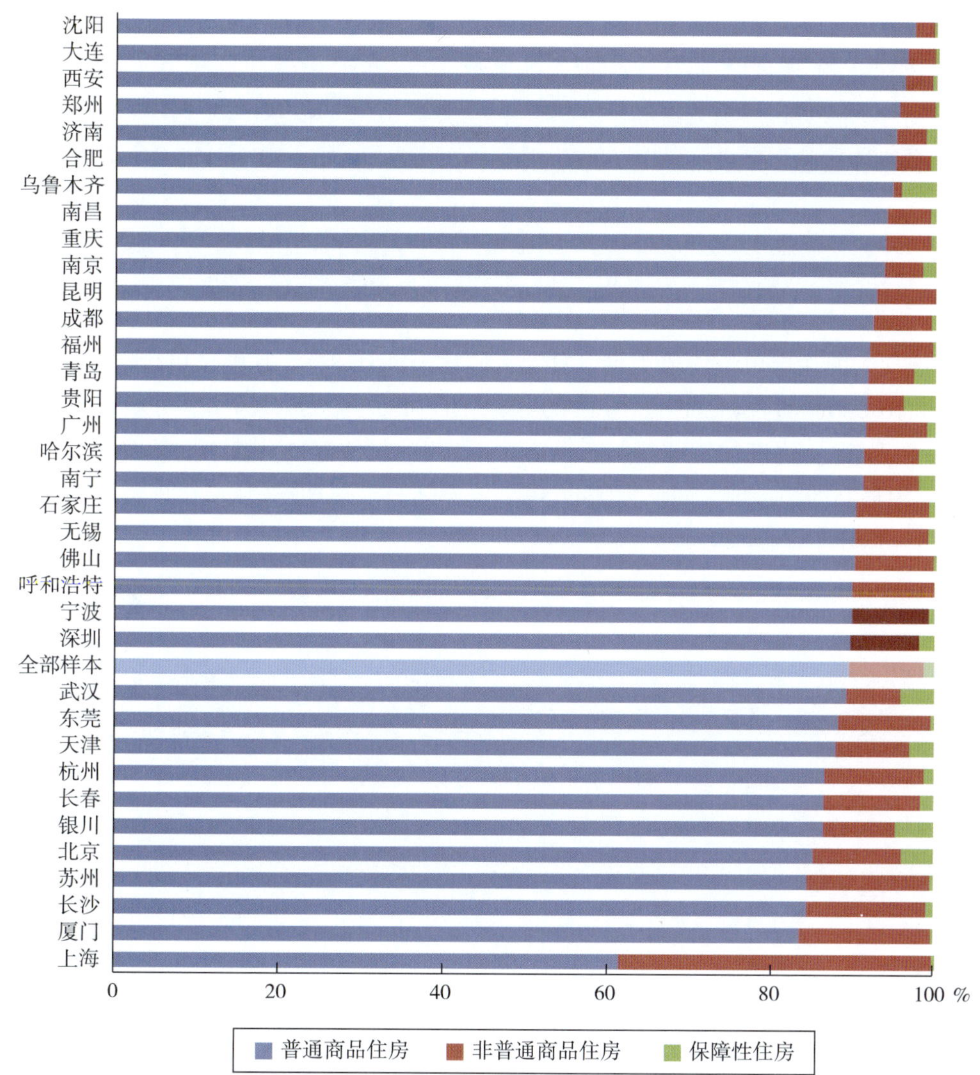

图8　2016年35个城市住房性质分布

为考察不同性质住房借款人的贷款情况和风险状况，我们对各子样本进行了对比分析。结果显示，购买非普通商品住房的借款人在非首套住房占比、非首次贷款占比、家庭人均月收入、房价收入比、首付款比例、贷款期限、月供收入比等方面均高于其他子样本。虽然购买非普通商品住房的借款人支付能力较强，但其还款压力相对其他借款人也更大（见表8）。

表8　2016年购买非普通住房子样本与全部样本对比

	非首套住房占比（%）	非首次贷款占比（%）	年龄（岁）	家庭人均月收入（万元）	房价收入比	首付款比例（%）	贷款期限（月）	月供收入比
购买保障性住房借款人	9.42	4.19	35.44	4 447.52	7.87	39.38	245	27.95
购买普通商品住房借款人	13.02	9.16	33.80	8 318.20	7.20	34.68	278	32.49

续表

	非首套住房占比（%）	非首次贷款占比（%）	年龄（岁）	家庭人均月收入（万元）	房价收入比	首付款比例（%）	贷款期限（月）	月供收入比
购买非普通商品住房借款人	22.89	16.51	36.53	21 040.74	9.44	38.47	290	33.01
全部样本	13.89	9.78	34.07	9 452.40	7.42	35.10	279	32.73

全部样本借款人的住房单价均值为13 871元，同比上涨19.8%。其中，单价在5 000元以下的占9.02%，5 000 ~ 10 000元的占45.23%，10 000元以上的占45.75%（见表9）。分城市来看，北京、上海、深圳、厦门、天津、杭州、苏州、合肥、东莞、郑州、长沙等12个城市借款人所购住房的均价涨幅高于15%，其中最高的是深圳，同比上涨47.3%；乌鲁木齐、昆明2个城市出现负增长，其中跌幅最大的是乌鲁木齐，同比下跌1.4%。

表9　2016年借款人所购住房的单价分布

单位：%

城市	均值（元）	0.5万元以下	0.5万 ~ 1万元	1万 ~ 1.5万元	1.5万 ~ 2万元	2万 ~ 3万元	3万 ~ 4万元	4万元以上
全部样本	13 871	9.02	45.23	18.48	9.41	8.81	4.28	4.76
深圳	45 995	0.00	2.01	2.14	1.76	12.83	25.41	55.85
上海	36 475	0.00	0.63	4.52	9.80	27.73	23.07	34.26
北京	29 710	0.36	4.39	11.67	15.78	31.34	15.63	20.82
厦门	27 883	0.00	3.04	9.39	16.02	33.15	22.38	16.02
南京	20 488	1.33	9.89	18.44	24.89	28.00	14.89	2.56
杭州	19 138	1.29	14.58	20.02	21.83	32.01	7.16	3.11
广州	17 046	0.72	19.84	29.55	21.37	19.22	7.16	2.15
苏州	15 966	1.00	18.45	28.80	30.72	16.78	3.42	0.83
天津	15 235	1.12	33.15	24.49	18.77	15.70	5.37	1.40
福州	13 517	0.74	24.58	39.66	26.63	8.01	0.37	0.00
宁波	11 989	2.35	34.51	40.37	17.09	5.36	0.34	0.00
东莞	11 333	2.32	50.00	26.93	14.05	6.06	0.64	0.00
武汉	10 629	2.52	52.11	31.39	9.76	4.02	0.10	0.10
大连	10 362	3.51	52.01	31.94	10.03	2.34	0.17	0.00
合肥	10 039	2.64	58.63	27.42	9.33	1.57	0.41	0.00
郑州	10 019	2.21	58.43	34.47	3.75	0.80	0.20	0.13
青岛	9 834	4.90	56.78	27.97	6.87	3.11	0.19	0.19
佛山	8 905	8.41	62.96	21.72	5.51	1.30	0.00	0.10
济南	8 795	8.43	65.11	21.01	4.15	1.17	0.13	0.00
无锡	8 753	6.21	66.08	23.09	3.66	0.80	0.16	0.00

续表

城市	均值（元）	0.5万元以下	0.5万～1万元	1万～1.5万元	1.5万～2万元	2万～3万元	3万～4万元	4万元以上
石家庄	8 485	9.04	65.28	21.16	4.16	0.36	0.00	0.00
昆明	8 212	0.00	83.41	14.75	1.84	0.00	0.00	0.00
南昌	8 042	12.63	63.82	21.16	2.05	0.00	0.34	0.00
南宁	7 706	7.95	80.78	10.17	0.92	0.00	0.00	0.18
成都	7 690	18.39	62.82	14.60	3.19	1.00	0.00	0.00
长沙	7 126	19.97	69.08	8.78	1.53	0.51	0.13	0.00
哈尔滨	7 073	18.86	73.86	6.36	0.45	0.23	0.00	0.23
沈阳	6 974	17.23	73.87	7.51	1.39	0.00	0.00	0.00
西安	6 885	9.33	86.17	4.17	0.33	0.00	0.00	0.00
长春	6 784	11.45	84.35	3.50	0.70	0.00	0.00	0.00
重庆	6 211	36.81	57.40	5.39	0.11	0.17	0.00	0.11
呼和浩特	6 108	20.39	78.64	0.49	0.49	0.00	0.00	0.00
乌鲁木齐	5 735	38.31	59.66	2.03	0.00	0.00	0.00	0.00
贵阳	5 517	41.51	54.72	3.07	0.71	0.00	0.00	0.00
银川	4 634	61.40	38.16	0.44	0.00	0.00	0.00	0.00

（五）住房面积情况

从住房面积看，全部样本的均值为104.2平方米，中位数为95.1平方米。其中，面积在90～120平方米的占比最高，为33.48%，比2015年下降0.07个百分点；其次是60～90平方米，占33.31%，比2015年下降1.51个百分点（见图9）。

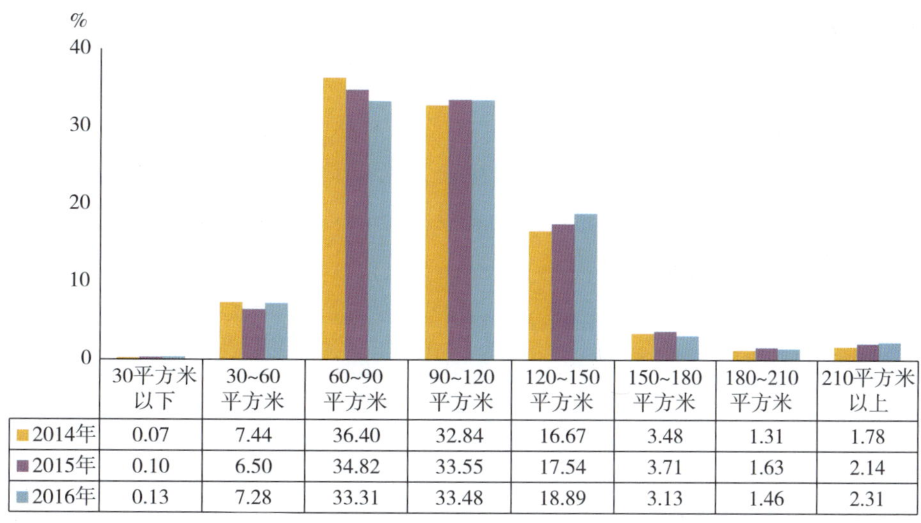

	30平方米以下	30~60平方米	60~90平方米	90~120平方米	120~150平方米	150~180平方米	180~210平方米	210平方米以上
2014年	0.07	7.44	36.40	32.84	16.67	3.48	1.31	1.78
2015年	0.10	6.50	34.82	33.55	17.54	3.71	1.63	2.14
2016年	0.13	7.28	33.31	33.48	18.89	3.13	1.46	2.31

图9 2014～2016年借款人所购住房的面积分布

住房面积均值自2008年开始连续四年下降，2012年以来基本维持在101.6平方米，2015年呈现较大幅度上升，2016年基本与2015年持平（见图10）。尽管房价有所上涨，但购房者仍然倾向于选择较大面积的住房，一定程度上反映了人们对于改善居住条件的强烈需求。

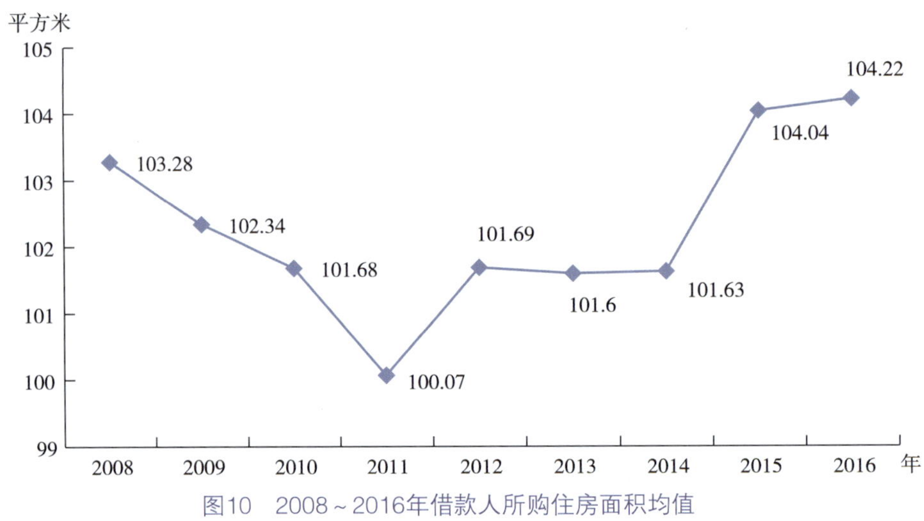

图10　2008～2016年借款人所购住房面积均值

分城市看，住房面积均值最高的是苏州，达到123.91平方米，最低的是大连，为88.97平方米（见表10）。住房面积均值没有呈现出明显的东西部区域差别，标准差最高的是厦门，达到64.3，最低的是乌鲁木齐，为21.15。

表10　2016年各城市借款人所购住房的面积均值分布

单位：%

城市	均值（平方米）	标准差	30平方米以下	30～60平方米	60～90平方米	90～120平方米	120～150平方米	150～180平方米	180～210平方米	210平方米以上
全部样本	104.22	42.14	0.13	7.28	33.31	33.48	18.89	3.13	1.46	2.31
苏州	123.91	61.29	0.00	2.75	23.21	32.47	27.71	4.76	2.25	6.84
无锡	120.13	51.55	0.00	1.91	25.00	32.17	28.50	6.05	1.43	4.94
宁波	119.26	45.58	0.00	1.68	17.92	35.18	36.85	3.35	2.35	2.68
厦门	119.24	64.30	0.28	6.08	24.86	30.94	22.93	5.52	2.49	6.91
长沙	116.18	45.33	0.00	7.51	18.70	30.92	30.53	5.22	3.31	3.82
银川	113.01	30.89	0.00	4.82	14.47	43.42	31.14	4.82	0.00	1.32
石家庄	111.64	44.19	0.00	5.79	22.42	36.89	27.85	2.71	1.99	2.35
佛山	111.54	44.75	0.00	2.70	27.63	38.34	23.62	3.80	1.70	2.20
济南	110.06	25.32	0.00	2.46	13.88	50.19	30.35	2.08	0.39	0.65
杭州	109.82	41.85	0.00	6.13	42.11	16.31	25.97	3.97	2.33	3.19
南昌	107.23	24.87	0.34	2.05	20.82	55.97	17.06	2.73	0.34	0.68
昆明	107.02	30.40	0.00	7.37	22.12	35.02	29.49	4.15	1.38	0.46
东莞	106.64	40.42	0.00	5.15	26.03	44.07	14.56	5.15	2.84	2.19

续表

城市	均值（平方米）	标准差	30平方米以下	30～60平方米	60～90平方米	90～120平方米	120～150平方米	150～180平方米	180～210平方米	210平方米以上
贵阳	106.14	26.87	0.00	4.72	23.58	38.92	29.48	2.83	0.24	0.24
武汉	105.74	34.64	0.00	3.32	25.35	47.69	18.11	1.91	2.21	1.41
南宁	105.71	34.43	0.18	6.47	29.39	32.90	26.25	1.85	1.48	1.48
西安	104.94	27.03	0.00	4.83	27.17	35.33	29.83	2.17	0.67	0.00
南京	103.76	36.20	0.00	4.44	37.67	34.33	19.44	0.78	0.89	2.44
广州	103.40	41.00	0.10	5.32	35.07	36.40	16.46	2.35	1.53	2.76
呼和浩特	102.85	39.05	0.00	10.19	30.10	35.92	15.05	4.37	2.43	1.94
合肥	102.35	38.47	0.08	4.71	32.37	45.33	14.20	1.40	0.50	1.40
青岛	102.03	35.56	0.09	3.39	38.42	39.08	14.50	2.07	0.75	1.69
乌鲁木齐	101.84	21.15	0.00	2.71	27.80	50.51	18.31	0.68	0.00	0.00
福州	101.75	38.79	0.00	10.06	29.98	39.29	14.34	2.61	1.86	1.86
成都	100.75	34.68	0.00	3.83	40.81	35.06	14.16	3.11	1.12	1.91
重庆	100.63	44.52	0.23	6.64	38.12	35.28	14.18	2.33	1.08	2.16
上海	99.97	51.29	0.21	17.44	34.19	24.46	13.00	4.17	2.64	3.89
郑州	99.37	32.09	0.27	7.16	45.58	22.82	20.35	2.34	0.40	1.07
长春	99.16	39.69	0.00	11.21	37.62	28.97	14.25	4.67	1.64	1.64
天津	99.13	37.09	0.07	11.58	30.91	37.06	12.49	4.12	1.95	1.81
沈阳	96.82	33.53	0.00	10.64	38.96	28.67	17.23	2.77	1.04	0.69
北京	95.11	52.78	0.07	18.01	41.93	21.25	10.81	2.95	1.15	3.82
哈尔滨	94.43	33.88	0.00	12.05	36.59	30.00	17.50	2.73	0.68	0.45
深圳	91.28	54.08	2.39	14.09	55.72	12.08	8.05	3.14	2.01	2.52
大连	88.97	32.95	0.00	18.23	40.30	25.75	10.70	3.51	0.84	0.67

从家庭人均住房面积看，按每个样本的人均住房面积计算的均值为47.03平方米，从分布上看，家庭人均住房面积较多地集中于20～40平方米，占比为41.6%，与去年基本持平。10平方米以下的占比仅为1%（见图11）。

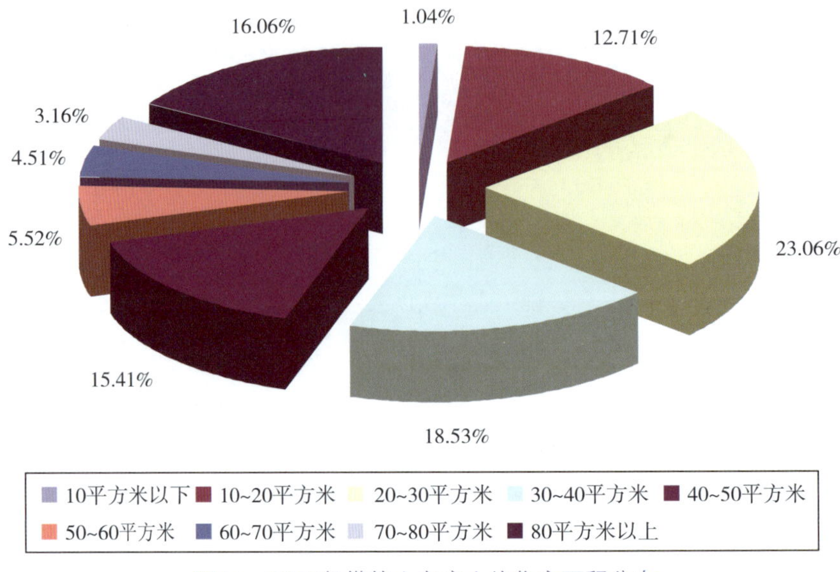

图11　2016年借款人家庭人均住房面积分布

分城市看，家庭人均住房面积均值最高的是哈尔滨（57.31平方米），最低的是西安（34.25平方米），面积均值无明显的区域分布特征。

表11　2016年各城市借款人人均住房面积均值分布

单位：%

城市	均值（平方米）	10平方米以下	10～20平方米	20～30平方米	30～40平方米	40～50平方米	50～60平方米	60～70平方米	70～80平方米	80平方米以上
全部样本	47.03	1.04	12.71	23.06	18.53	15.41	5.52	4.51	3.16	16.06
哈尔滨	57.31	0.23	9.77	17.95	12.05	12.27	6.14	9.77	7.95	23.86
乌鲁木齐	55.38	0.34	5.76	19.66	19.32	15.93	6.44	3.73	2.03	26.78
济南	54.65	0.00	4.15	13.36	26.33	21.14	5.97	4.02	2.59	22.44
沈阳	52.71	0.58	10.06	18.15	15.26	15.84	6.24	7.05	5.55	21.27
无锡	52.51	0.48	7.01	19.43	21.02	20.70	5.10	3.82	3.82	18.63
郑州	52.49	0.80	11.18	26.17	12.12	14.26	4.62	3.48	3.28	24.10
成都	51.96	0.08	8.10	20.10	19.19	14.72	6.18	5.46	5.42	20.74
石家庄	51.44	1.27	10.85	20.43	15.55	16.09	8.50	6.33	3.44	17.54
合肥	50.82	0.74	10.49	23.20	19.24	15.36	3.96	2.73	1.65	22.63
呼和浩特	50.78	2.43	12.62	16.99	15.05	15.53	8.74	5.83	1.94	20.87
厦门	50.36	1.10	13.81	22.10	17.13	16.57	5.52	2.76	3.87	17.13
苏州	50.24	0.25	8.01	20.28	19.28	19.78	7.10	6.26	3.84	15.19
天津	49.11	1.74	12.63	20.52	17.79	13.61	6.49	4.05	3.21	19.96
南京	48.62	0.00	6.56	23.56	20.78	21.22	3.56	4.33	3.67	16.33

续表

城市	均值（平方米）	10平方米以下	10～20平方米	20～30平方米	30～40平方米	40～50平方米	50～60平方米	60～70平方米	70～80平方米	80平方米以上
佛山	47.94	0.30	9.11	23.52	21.72	19.52	5.11	3.10	2.40	15.22
南宁	47.43	0.92	17.19	22.55	16.08	11.65	2.96	5.18	3.33	20.15
长春	47.17	2.80	14.02	22.20	15.89	12.38	7.24	5.37	1.87	18.22
宁波	47.09	0.34	7.37	17.76	20.94	27.81	6.20	6.87	2.18	10.55
长沙	47.07	1.65	17.43	22.26	16.28	13.99	5.34	4.96	3.31	14.76
青岛	46.48	0.38	12.90	25.89	18.46	13.37	4.61	3.30	2.35	18.74
广州	45.52	0.82	12.37	24.54	22.29	13.80	3.89	4.50	3.07	14.72
南昌	45.22	0.68	9.56	23.21	31.74	14.33	3.75	0.68	0.68	15.36
银川	44.72	0.00	11.40	22.81	25.00	16.67	9.65	0.88	0.88	12.72
昆明	44.66	0.00	12.44	20.28	23.96	18.89	5.07	3.69	3.23	12.44
上海	44.40	1.88	16.12	22.38	17.44	16.12	6.67	5.14	3.61	10.63
大连	44.01	1.67	15.55	23.58	17.39	12.54	5.69	5.85	4.35	13.38
北京	43.17	2.09	20.97	23.63	17.00	10.95	5.62	4.68	1.95	13.11
东莞	43.14	0.64	12.89	22.29	26.68	14.69	5.28	3.61	2.32	11.60
杭州	42.47	0.69	15.19	27.78	12.68	20.36	5.26	4.31	2.07	11.65
武汉	42.24	1.81	15.79	26.16	17.51	13.98	5.23	4.73	2.21	12.58
重庆	40.22	1.19	15.71	30.23	19.12	11.51	5.39	3.29	3.57	9.98
贵阳	40.17	2.12	19.10	23.58	21.23	12.26	4.48	5.42	0.94	10.85
福州	39.89	1.30	15.27	29.80	21.04	12.85	5.21	3.17	1.49	9.87
深圳	39.30	5.53	22.89	27.04	12.58	9.43	4.03	4.53	2.14	11.82
西安	34.25	0.17	19.50	26.17	22.50	17.83	6.33	3.83	2.33	1.33

（六）住房总价和房价收入比

从全部样本借款人的住房总价来看，均值为145.93万元，中位数为95.62万元。与2015年相比，住房总价均值上升23.17万元，上涨18.9%。从住房总价分布来看，100万元以下的占52.39%，较上年下降9个百分点；100万～150万元的占18.94%，较上年变化不大；150万元以上的占28.67%，较上年上升6个百分点。

分城市看，上海、深圳、厦门、北京、南京、杭州等城市的住房总价均值超过200万元，而银川的住房总价均值为52.83万元。从区域分布看，西部和东北城市贷款购买住房的总价更多地集中于50万元以下，东部城市多在50万～150万元，其中上海、深圳、厦门、北京、南京、杭州集中于150万元以上，占比均超过60%。

表12　2016年借款人所购住房的总价分布

单位：%

城市	均值（万元）	50万元以下	50万～100万元	100万～150万元	150万～200万元	200万～250万元	250万～300万元	300万元以上
全部样本	145.93	14.50	37.89	18.94	9.69	5.97	3.36	9.65
深圳	437.67	0.63	3.52	4.53	7.55	12.45	10.69	60.63
上海	362.69	0.07	1.67	8.20	14.80	18.97	10.35	45.93
厦门	356.63	0.00	4.70	12.15	13.54	14.64	10.50	44.48
北京	291.19	1.51	7.13	18.01	22.91	11.67	9.37	29.39
南京	217.53	2.11	12.89	22.56	16.11	14.56	11.22	20.56
杭州	210.47	1.98	15.19	22.17	17.86	16.57	7.16	19.07
苏州	201.47	1.75	16.36	25.46	21.62	12.10	6.93	15.78
广州	177.69	2.15	20.96	32.52	17.08	11.04	5.01	11.25
天津	153.24	3.49	38.45	22.82	13.05	8.30	4.54	9.35
宁波	144.17	3.18	26.80	31.32	21.11	9.72	3.85	4.02
福州	139.63	5.59	27.00	37.24	17.32	5.03	2.98	4.84
东莞	123.34	7.22	42.65	26.68	12.76	4.38	2.32	3.99
武汉	115.47	4.43	49.60	28.57	10.76	3.42	0.91	2.31
无锡	108.78	10.35	48.73	25.00	8.44	2.87	2.55	2.07
合肥	105.86	8.26	54.50	22.30	8.09	3.47	1.49	1.90
青岛	102.63	9.79	55.84	22.69	5.93	2.45	0.94	2.35
佛山	101.45	12.71	50.35	23.42	7.91	3.40	1.20	1.00
郑州	100.24	7.63	55.69	25.50	6.83	2.61	0.67	1.07
大连	97.49	19.06	47.49	18.56	7.02	4.52	1.34	2.01
济南	97.46	8.82	53.57	26.20	7.91	1.95	0.65	0.91
石家庄	95.63	12.84	54.07	22.06	6.33	2.17	1.63	0.90
昆明	88.50	11.52	52.53	31.34	4.15	0.46	0.00	0.00
南昌	88.25	10.24	62.80	20.14	4.44	0.68	1.02	0.68
长沙	84.50	22.90	52.16	17.81	3.31	1.27	0.76	1.78
南宁	82.79	18.48	58.04	17.74	3.33	0.74	0.55	1.11
成都	80.88	30.16	48.54	11.89	4.91	2.19	1.08	1.24
西安	73.43	21.33	62.67	12.83	2.50	0.67	0.00	0.00
沈阳	70.01	35.84	46.94	12.49	3.24	1.16	0.12	0.23
长春	69.34	32.48	55.37	7.94	1.64	0.93	0.93	0.70

续表

城市	均值（万元）	50万元以下	50万～100万元	100万～150万元	150万～200万元	200万～250万元	250万～300万元	300万元以上
哈尔滨	67.07	40.23	44.55	12.73	1.82	0.45	0.00	0.23
重庆	66.52	48.38	40.05	7.15	2.16	0.79	0.51	0.96
呼和浩特	64.17	39.81	47.09	12.14	0.49	0.00	0.00	0.49
贵阳	59.54	41.51	51.42	4.72	1.65	0.71	0.00	0.00
乌鲁木齐	58.54	42.37	51.86	5.76	0.00	0.00	0.00	0.00
银川	52.83	51.32	46.49	1.32	0.00	0.88	0.00	0.00

2016年全部样本借款人的房价收入比均值为7.42，中位数为6.74，较2015年均有小幅上升（见图12），这反映出2016年房价上涨所带来的房价负担上升。

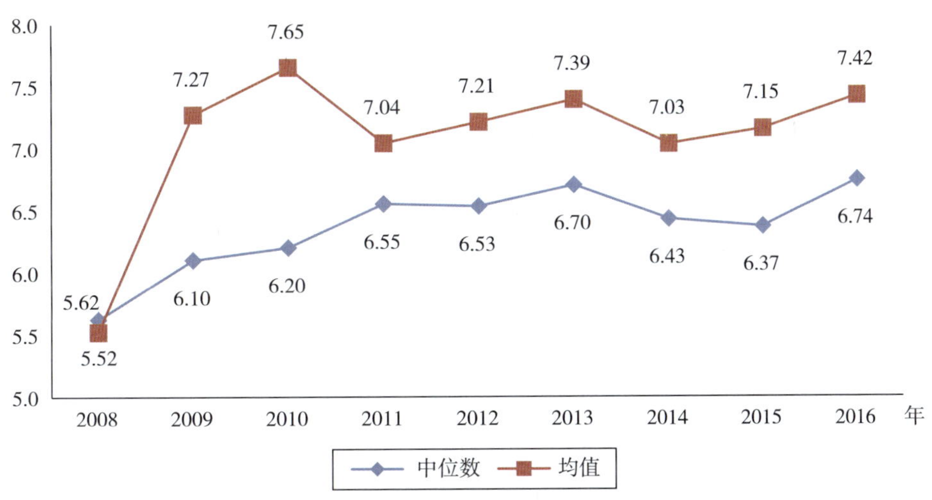

图12 2008～2016年借款人房价收入比均值和中位数

分城市看，房价收入比均值最高的城市是上海，达到10.70，最低的是贵阳，为4.83（见图13）。从区域分布来看，在经济较为发达、房价较高的沿海地区，如上海、北京、厦门、深圳等，房价收入比较高，中西部地区尤其是西部地区，房价收入比则较低。而东莞作为非省会地级城市，在东部沿海地区中房价收入比相对较低。

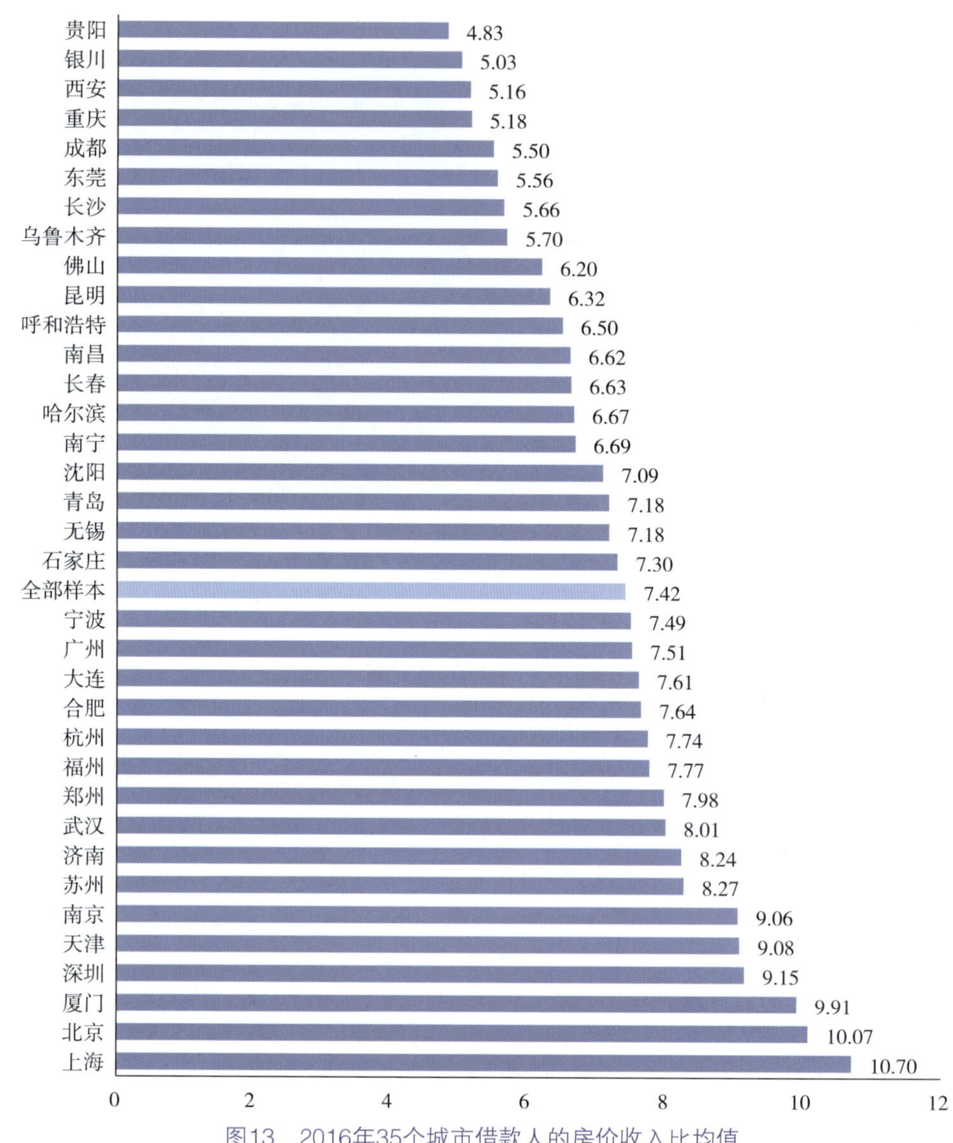

图13　2016年35个城市借款人的房价收入比均值

与2015年相比，35个城市中房价收入比上升的城市有24个，其中上升较快的城市是厦门、深圳、无锡，分别比2015年提高1.75、1.47和1.05；房价收入比均值下降的城市有11个，其中天津下降较多，比2015年下降1.35。

（七）贷款总额和首付款比例

全部样本借款人的贷款总额均值为91.88万元。从历年抽样调查数据看，借款人的贷款总额均值从2007年到2016年累计涨幅达183%，年均涨幅为12.3%，除2011年小幅回落外，总体呈逐年走高态势，这与近年来住房价格持续上涨不无关系。

图14 2007～2016年借款人的贷款总额

从具体分布看，贷款总额集中分布于100万元以下，所占比重为72.47%，其中贷款总额分布在25万～50万元和50万～75万元的样本占比分别为29.12%、23.77%（见表13）。分城市看，在35个城市样本中，贷款总额均值最高的是深圳，达285.96万元；最低的是银川，为33.96万元。经济发达、房价较高的东部城市贷款总额远高于中西部城市。

表13 2016年各城市贷款总额均值及分布

单位：%

城市	均值（万元）	25万元以下	25万～50万元	50万～75万元	75万～100万元	100万～125万元	125万～150万元	150万～175万元	175万～200万元	200万元及以上
全部样本	91.88	7.44	29.12	23.77	12.14	8.93	4.26	3.53	2.25	8.57
深圳	285.96	0.38	2.77	2.64	3.90	6.79	5.53	10.82	7.92	59.25
厦门	206.50	0.00	1.66	7.73	11.33	15.19	11.88	8.29	7.73	36.19
上海	202.16	0.76	4.10	7.99	8.96	14.80	10.15	11.88	5.91	35.44
北京	186.70	1.15	3.89	6.99	12.46	27.88	6.05	6.99	6.27	28.31
杭州	132.17	1.38	7.51	17.00	16.39	15.19	9.66	11.48	6.73	14.67
苏州	129.22	1.17	8.01	16.36	18.70	19.28	10.93	6.01	4.84	14.69
南京	128.16	2.56	11.44	19.11	12.67	13.67	8.22	9.00	6.22	17.11
广州	108.74	1.43	10.63	27.10	22.09	12.68	8.38	4.70	3.27	9.71
天津	100.42	1.95	21.49	28.40	14.45	10.26	5.72	4.88	3.28	9.56
福州	94.89	2.61	12.29	26.44	22.53	16.76	8.75	3.35	2.42	4.84
宁波	89.46	3.85	17.42	22.61	19.43	17.92	7.71	5.03	2.68	3.35
东莞	80.77	2.06	24.74	32.73	16.24	11.86	4.64	2.32	1.42	3.99
武汉	69.75	4.93	30.78	34.41	16.50	5.53	3.32	2.21	0.40	1.91
郑州	68.79	2.81	23.36	43.24	17.40	7.16	2.95	1.54	0.40	1.14

续表

城市	均值（万元）	25万元以下	25万～50万元	50万～75万元	75万～100万元	100万～125万元	125万～150万元	150万～175万元	175万～200万元	200万元及以上
无锡	68.41	5.89	28.18	36.78	13.69	7.48	3.03	1.75	0.96	2.23
佛山	66.21	6.91	31.63	30.33	16.62	7.51	3.20	1.90	0.30	1.60
青岛	65.62	6.03	33.71	34.84	13.09	6.21	1.98	1.41	0.56	2.17
合肥	65.45	4.46	36.42	33.53	13.38	6.03	2.15	1.49	0.83	1.73
石家庄	61.72	10.67	33.82	28.93	14.29	6.51	2.17	1.08	1.08	1.45
济南	61.45	5.45	32.43	35.41	17.12	5.97	1.95	0.65	0.26	0.78
昆明	59.09	5.53	32.72	35.94	19.82	4.61	0.92	0.46	0.00	0.00
大连	58.47	12.54	44.65	23.08	8.03	4.35	2.51	1.84	1.17	1.84
南昌	58.20	4.78	41.98	35.84	8.87	5.12	1.37	0.68	0.34	1.02
长沙	57.52	9.80	42.75	27.48	10.43	4.96	1.27	1.02	0.13	2.16
南宁	56.79	7.21	39.74	34.01	12.20	4.25	0.74	0.92	0.18	0.74
成都	51.57	14.40	49.86	19.74	6.90	4.07	2.15	0.92	0.84	1.12
西安	47.64	11.83	48.00	29.33	7.83	1.50	1.17	0.33	0.00	0.00
沈阳	47.30	16.99	48.21	21.39	7.86	3.58	0.81	0.69	0.23	0.23
长春	46.96	14.25	55.14	21.73	4.44	1.64	0.93	0.00	0.47	1.40
重庆	44.55	21.33	55.42	14.75	3.91	1.76	0.91	0.40	0.62	0.91
呼和浩特	43.75	25.73	44.17	19.90	6.80	2.91	0.00	0.00	0.00	0.49
哈尔滨	43.17	19.09	49.55	22.05	4.32	4.55	0.45	0.00	0.00	0.00
贵阳	40.63	22.41	49.76	22.41	3.54	1.18	0.24	0.47	0.00	0.00
乌鲁木齐	39.05	18.31	60.00	17.29	3.73	0.68	0.00	0.00	0.00	0.00
银川	33.96	34.21	51.32	12.72	0.88	0.00	0.00	0.88	0.00	0.00

从最近几年的调查结果看，平均首付款比例一直处于较高水平。2016年，受年初下调个人住房贷款最低首付比政策影响，出现明显下降。分城市看，北京、天津等33个城市平均首付款比例下降，上海、厦门2个城市平均首付款比例小幅上升。

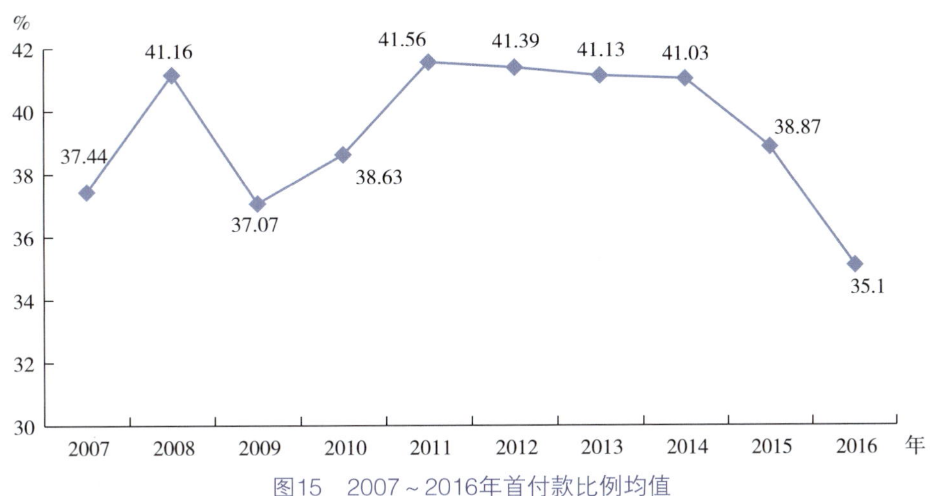

图15 2007～2016年首付款比例均值

分贷款类别看，执行首套房政策贷款的首付比例均值为34.64%，执行第二套住房政策贷款的首付比例均值为43.32%。在35个城市中，有15个城市首套房首付比例超过全部样本平均水平，其中上海最高；最低的是南宁，为29.26%。一线城市中，上海、广州首套房贷款首付比例均值高于平均水平，分别为42.64%和37.15%，深圳、北京首套房贷款首付比例均值低于平均水平，分别为33.50%和32.93%。

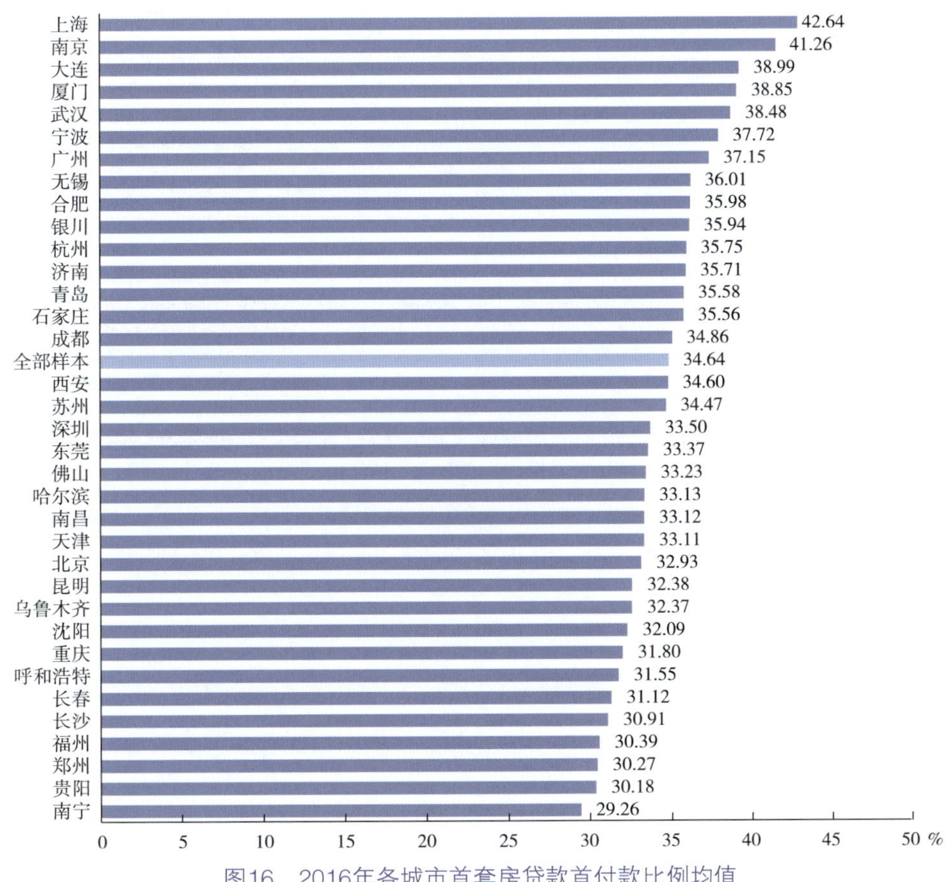

图16 2016年各城市首套房贷款首付款比例均值

从全部样本借款人的首付款来源看，78.6%的借款人完全依靠自己家庭积蓄，有亲属或他人无偿资助的占19.6%，通过互联网金融“首付贷”的形式支付首付款的占0.2%，向他人借款的占1.5%。这反映了样本借款人的首付款来源比较稳定，承贷能力较强，出现断供、违约的可能性相对较小。分城市看，西安完全依靠自己家庭积蓄的占比最低，为67.3%；成都最高，达89.6%（见图17）。

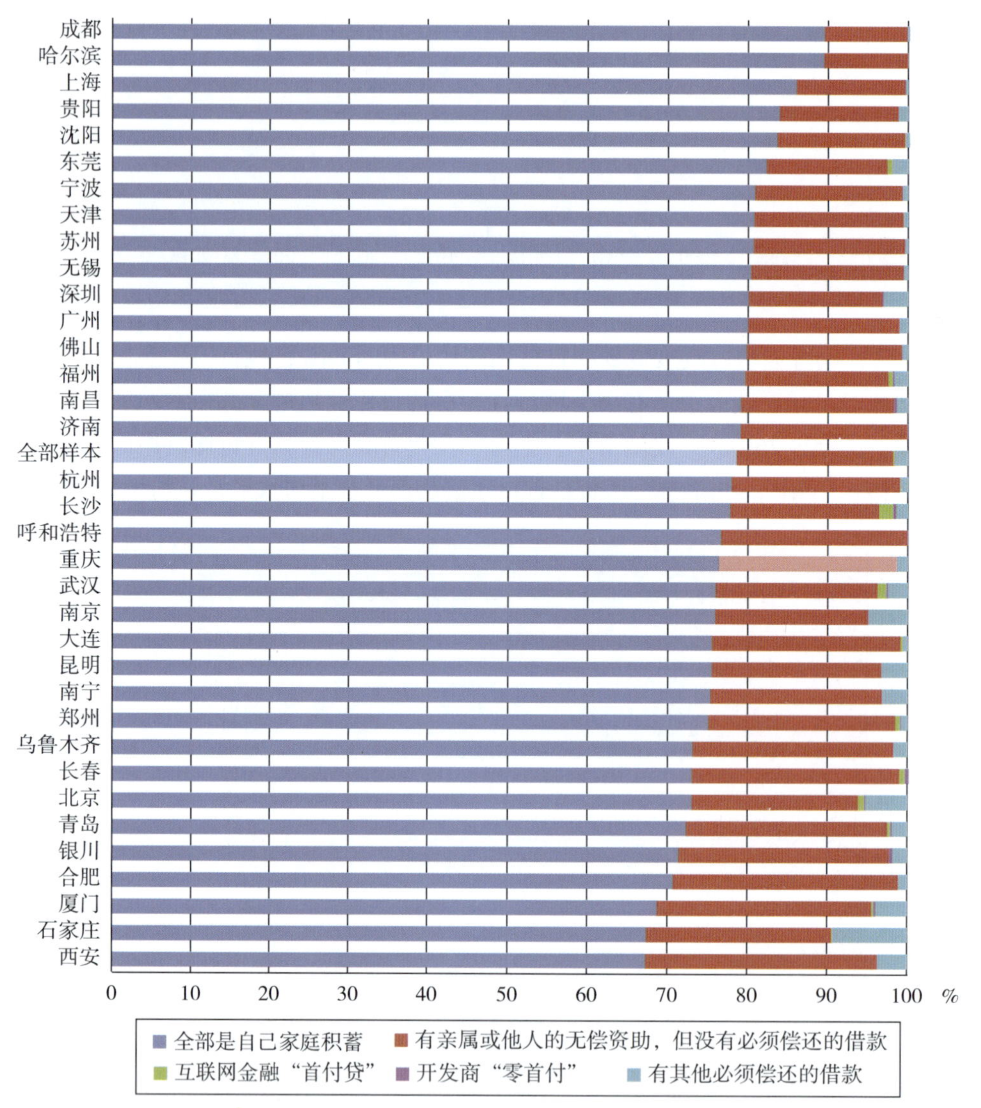

图17 2016年各城市借款人的首付款来源分布情况

（八）利率水平和利率调整方式

全部样本借款人的贷款利率均值为基准利率的0.92倍，较2015年有所下降。分月度来看，样本借款人的贷款利率执行水平变化总体较为平缓。

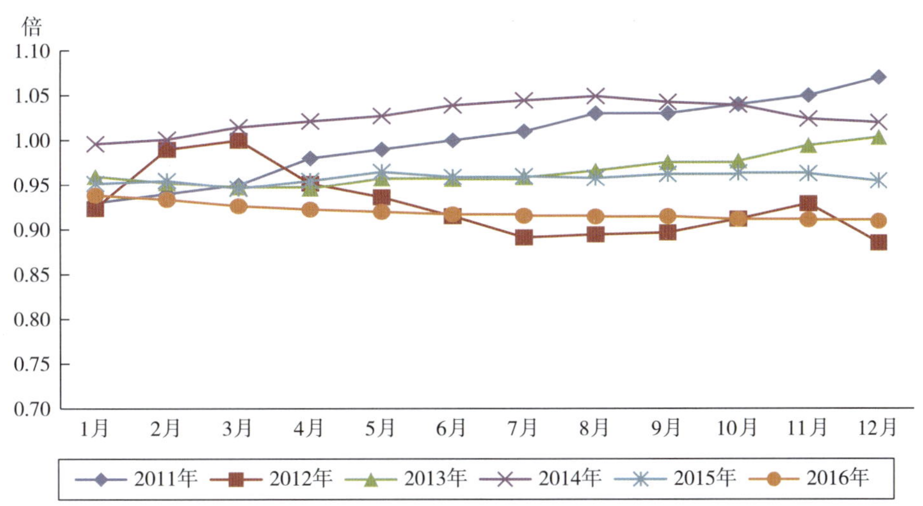

图18　2011～2016年各月贷款利率均值

购买首套房的借款人，贷款利率均值为基准利率的0.91倍。其中，84.05%的住房贷款利率水平低于基准利率，执行基准利率的住房贷款占13.57%，执行基准利率1.0～1.1倍的住房贷款占0.62%，执行基准利率1.1倍及以上的住房贷款占1.76%（见图19）。

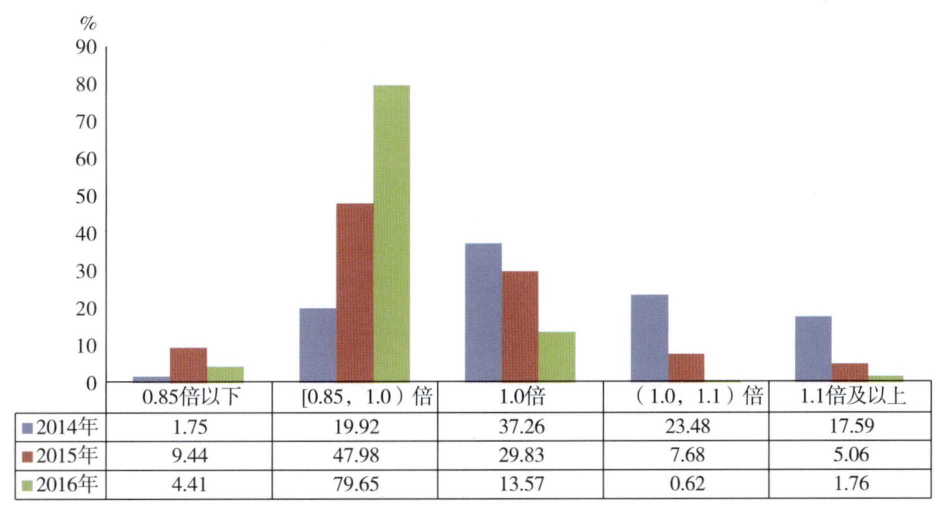

	0.85倍以下	[0.85，1.0）倍	1.0倍	（1.0，1.1）倍	1.1倍及以上
2014年	1.75	19.92	37.26	23.48	17.59
2015年	9.44	47.98	29.83	7.68	5.06
2016年	4.41	79.65	13.57	0.62	1.76

图19　2014～2016年借款人购买首套房贷款利率分布情况

分城市来看，首套房贷的贷款利率均值最高的是乌鲁木齐，为基准利率的1.02倍，最低的是广州、北京，均为基准利率的0.86倍，大部分东部城市的贷款利率均值明显低于西部城市（见表14）。

表14　2016年各城市执行首套房贷的贷款利率均值及分布情况

单位：%

单位	均值（倍）	0.85倍以下	[0.85，1)倍	1.0倍	(1.0，1.1)倍	1.1倍及以上
全部样本	0.92	4.41	79.65	13.57	0.62	1.76
乌鲁木齐	1.02	0.00	2.78	84.26	3.70	9.26
银川	1.01	0.00	0.00	92.19	3.13	4.69

续表

单位	均值（倍）	0.85倍以下	[0.85，1)倍	1.0倍	(1.0，1.1)倍	1.1倍及以上
西安	0.99	0.00	27.16	70.67	0.72	1.44
南宁	0.98	0.24	53.79	40.59	2.69	2.69
呼和浩特	0.98	0.51	27.69	66.15	1.54	4.10
贵阳	0.98	1.04	43.60	46.02	1.38	7.96
东莞	0.97	0.30	76.08	21.99	1.04	0.59
合肥	0.97	0.31	58.76	38.97	0.82	1.13
哈尔滨	0.96	0.00	65.14	29.71	2.29	2.86
武汉	0.96	1.21	76.78	16.69	0.00	5.31
长沙	0.95	0.00	64.05	33.22	0.68	2.04
长春	0.95	0.79	74.35	22.25	0.52	2.09
昆明	0.95	0.00	63.83	30.50	1.42	4.26
杭州	0.94	0.11	83.04	13.62	0.67	2.57
石家庄	0.94	0.47	85.75	9.11	0.47	4.21
厦门	0.93	0.00	86.10	13.45	0.00	0.45
南昌	0.93	0.00	76.28	21.86	0.93	0.93
济南	0.92	0.93	90.05	6.69	0.62	1.71
苏州	0.92	0.00	95.23	4.25	0.31	0.21
福州	0.92	1.41	89.93	5.62	0.23	2.81
郑州	0.92	0.65	93.64	3.26	0.73	1.71
上海	0.91	2.36	93.34	3.09	0.49	0.73
成都	0.91	4.68	82.72	8.50	1.51	2.58
南京	0.91	0.28	95.74	3.69	0.00	0.28
深圳	0.91	0.56	96.76	1.83	0.42	0.42
重庆	0.90	3.70	86.56	7.40	0.45	1.89
沈阳	0.90	1.75	81.51	14.57	0.27	1.89
无锡	0.90	8.10	88.70	1.28	0.21	1.71
佛山	0.88	1.76	95.47	2.27	0.25	0.25
天津	0.88	16.60	79.20	2.46	0.10	1.64
大连	0.88	17.66	74.80	6.35	0.00	1.19
宁波	0.87	18.95	79.52	1.53	0.00	0.00
青岛	0.87	3.22	91.71	4.83	0.00	0.23
北京	0.86	36.59	60.59	1.80	0.00	1.03
广州	0.86	8.66	89.08	1.73	0.00	0.53

从全部样本借款人的利率调整方式看，以浮动利率为主，其占比高达95.3%，选择其他利率调整方式的借款人占比只有4.7%。分城市看，南京、沈阳、苏州、银川、郑州5个城市全部是浮动利率贷款。

（九）贷款期限分布

全部样本的贷款期限均值为23.24年，较2015年有所延长（见图20）。贷款期限超过20年的占比接近八成，而且房价较高城市平均贷款期限较长。

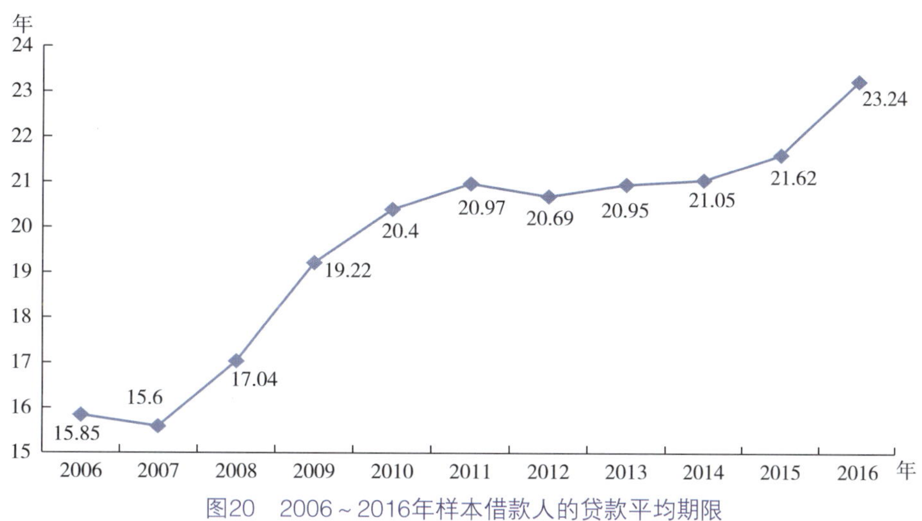

图20　2006～2016年样本借款人的贷款平均期限

从样本分布看，79.77%的购房者贷款期限在20～30年，其中，期限在20～25年的占比为29.85%，期限在25～30年的占比为49.92%。期限在10年以下的仅占1.87%。

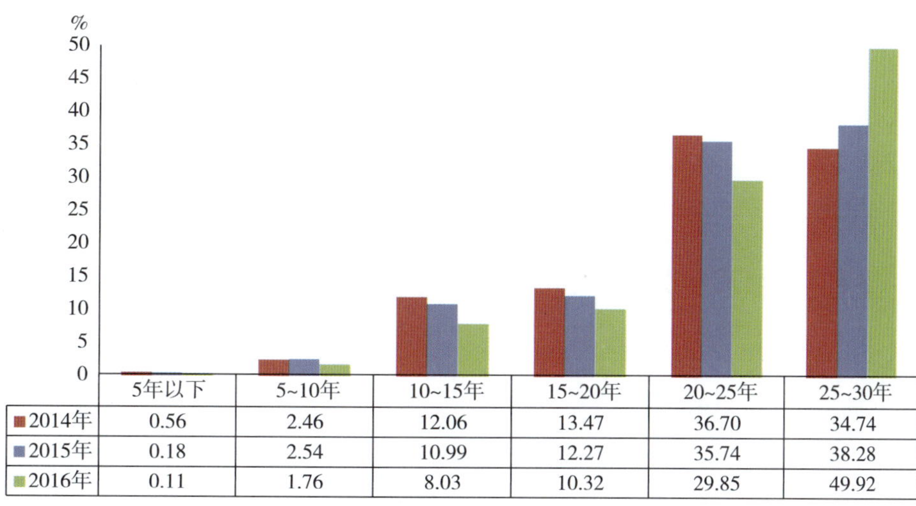

	5年以下	5~10年	10~15年	15~20年	20~25年	25~30年
2014年	0.56	2.46	12.06	13.47	36.70	34.74
2015年	0.18	2.54	10.99	12.27	35.74	38.28
2016年	0.11	1.76	8.03	10.32	29.85	49.92

图21　2014～2016年样本借款人的贷款期限分布比较

分城市来看，深圳、北京、上海等房价较高的城市贷款期限均值较高，其中贷款期限均值最高的深圳达到27.47年；最低的银川仅为18.13年。从各城市贷款期限分布看，深圳、北京、上海、郑州、苏州、厦门、济南、石家庄等城市在25～30年的占比均超过60%，远高于全部样本49.9%的平均水平（见表15）。

表15 2016年各城市贷款期限分布

单位：%

城市	均值（年）	5年以下	5～10年	10～15年	15～20年	20～25年	25～30年
全部样本	23.24	0.11	1.76	8.03	10.32	29.85	49.92
深圳	27.47	0.13	0.38	2.52	4.40	11.32	81.26
北京	26.41	0.00	1.51	4.32	6.34	12.68	75.14
上海	26.06	0.14	0.69	2.36	8.90	17.16	70.74
郑州	26.00	0.00	0.80	4.02	6.96	18.67	69.54
苏州	25.15	0.00	1.25	5.01	7.26	22.87	63.61
厦门	24.95	0.00	1.10	4.42	8.01	22.65	63.81
济南	24.84	0.00	1.30	6.36	7.52	21.40	63.42
石家庄	24.82	0.36	1.81	5.42	8.32	20.80	63.29
南宁	24.60	0.00	0.37	6.84	9.24	25.51	58.04
杭州	24.60	0.09	1.29	5.09	8.71	25.02	59.79
南京	24.60	0.00	1.22	6.33	8.22	25.00	59.22
武汉	23.89	0.10	1.91	5.94	9.86	26.96	55.23
西安	23.77	0.17	0.67	8.83	7.83	28.50	54.00
长春	23.52	0.47	1.87	7.01	7.94	31.07	51.64
天津	23.51	0.00	2.79	6.91	8.51	30.91	50.87
福州	23.50	0.00	1.49	7.26	8.19	31.66	51.40
南昌	23.31	0.34	0.68	8.87	9.56	31.74	48.81
沈阳	23.18	0.12	1.97	9.13	13.18	24.28	51.33
广州	23.03	0.10	1.02	6.54	11.04	34.56	46.73
青岛	22.74	0.09	1.69	10.17	14.50	23.54	50.00
佛山	22.64	0.10	1.70	9.21	11.51	30.53	46.95
大连	22.54	0.00	2.68	11.71	9.20	26.59	49.83
昆明	22.50	0.00	1.38	9.68	11.52	33.18	44.24
合肥	22.23	0.08	2.06	8.59	11.81	35.43	42.03
东莞	22.23	0.26	1.55	9.15	10.57	36.34	42.14
宁波	22.01	0.50	2.68	10.72	14.91	27.81	43.38
无锡	21.49	0.00	3.34	12.42	14.81	29.14	40.29
长沙	21.12	0.13	2.16	11.07	11.20	43.13	32.32
哈尔滨	21.08	0.45	3.86	13.86	13.18	30.45	38.18
重庆	20.68	0.00	1.64	10.38	13.22	47.76	27.00

续表

城市	均值（年）	5年以下	5～10年	10～15年	15～20年	20～25年	25～30年
呼和浩特	20.08	0.49	0.97	13.11	20.39	34.95	30.10
成都	19.84	0.16	2.43	12.64	11.65	52.57	20.54
贵阳	19.35	0.24	2.59	16.75	20.05	35.14	25.24
乌鲁木齐	19.26	0.68	6.44	15.59	18.31	30.17	28.81
银川	18.13	0.44	6.58	15.35	16.67	43.42	17.54

（十）还款方式和月供收入比

从还款方式看，73.4%的借款人采用等额本息还款法，其中乌鲁木齐最高，为90.5%，而长沙选择该还款方式的仅占47.1%。还款方式的选择与借款人偏好与收入状况有关，收入预期较为稳定的借款人通常选择等额本息还款法。此外，不同城市还款方式分布还取决于辖内银行提供的还款选择（见图22）。

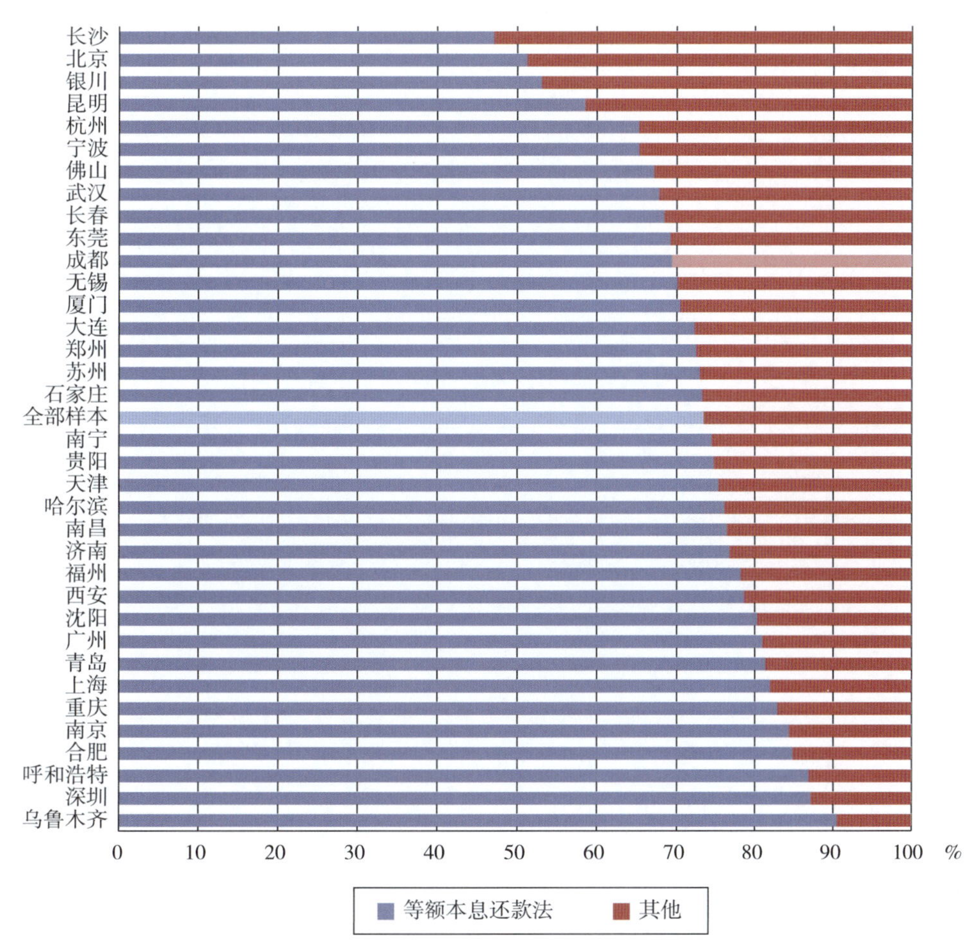

图22　各城市借款人的还款方式分布

全部样本借款人的贷款月供均值为5 296元/月。分城市看，贷款月供均值最高的是深圳，达到14 855元/月；最低的是银川，为2 326元/月（见表16）。

表16　2016年各城市借款人的贷款均值和月供分布

单位：%

城市	均值（元）	2 000元以下	2 000～4 000元	4 000～6 000元	6 000～8 000元	8 000～10 000元	10 000～15 000元	15 000～20 000元	2万元以上
全部样本	5 296	14.88	42.14	17.77	9.20	5.14	6.25	2.35	2.27
深圳	14 855	1.15	3.75	6.78	11.69	13.56	30.74	15.01	17.32
北京	12 500	0.28	6.47	11.25	18.99	16.74	25.46	10.55	10.27
厦门	10 912	0.00	8.63	20.00	20.78	9.41	24.31	9.41	7.45
上海	10 871	1.53	7.80	17.39	19.17	15.27	20.10	8.99	9.75
杭州	7 433	1.19	21.00	24.83	18.36	14.93	13.08	4.23	2.38
南京	7 302	6.46	21.87	21.48	16.21	12.91	14.10	3.43	3.56
苏州	7 145	1.37	18.65	32.72	21.74	8.35	10.07	3.55	3.55
广州	6 062	3.79	32.58	30.05	15.03	6.69	7.58	2.53	1.77
天津	5 955	7.96	37.87	20.37	12.22	7.41	8.70	3.43	2.04
福州	5 551	4.05	30.24	36.67	17.14	3.81	5.95	1.43	0.71
宁波	5 054	6.67	32.82	34.87	13.85	7.44	3.59	0.26	0.51
东莞	4 815	6.89	45.07	27.19	12.48	2.61	2.42	2.23	1.12
无锡	4 030	11.59	52.73	22.73	6.59	3.41	1.82	0.91	0.23
佛山	4 028	14.31	51.86	20.57	8.49	2.24	1.79	0.00	0.75
武汉	3 974	12.46	53.12	20.92	8.31	3.12	1.19	0.15	0.74
合肥	3 912	7.59	59.40	22.20	5.55	3.02	1.75	0.29	0.19
青岛	3 858	11.23	61.46	17.48	5.44	1.74	1.27	0.58	0.81
郑州	3 843	10.43	58.36	20.78	6.56	1.85	1.39	0.28	0.37
长沙	3 839	14.05	50.81	22.70	7.30	2.16	2.16	0.81	0.00
石家庄	3 616	19.75	51.85	18.27	5.19	2.22	2.22	0.00	0.49
昆明	3 564	16.54	48.03	29.13	4.72	0.79	0.79	0.00	0.00
济南	3 472	12.16	61.15	19.76	4.56	1.35	1.01	0.00	0.00
成都	3 280	25.63	54.71	11.15	4.14	2.01	1.61	0.46	0.29
南宁	3 222	20.60	57.82	16.63	2.73	0.99	0.74	0.25	0.25
南昌	3 187	15.63	68.75	11.16	2.23	0.89	0.89	0.00	0.45
大连	3 142	28.01	54.17	9.72	4.86	0.69	1.85	0.46	0.23
哈尔滨	2 829	36.42	46.57	10.75	4.48	0.30	1.49	0.00	0.00
西安	2 776	27.12	61.23	8.26	2.54	0.85	0.00	0.00	0.00
呼和浩特	2 742	31.84	56.42	9.50	1.68	0.00	0.00	0.56	0.00
乌鲁木齐	2 710	25.47	65.54	7.12	1.12	0.75	0.00	0.00	0.00

续表

城市	均值（元）	2 000元以下	2 000～4 000元	4 000～6 000元	6 000～8 000元	8 000～10 000元	10 000～15 000元	15 000～20 000元	2万元以上
贵阳	2 692	28.71	60.88	8.20	1.26	0.63	0.32	0.00	0.00
重庆	2 682	40.66	49.14	5.61	2.33	0.96	0.75	0.14	0.41
沈阳	2 665	40.00	46.62	8.92	2.45	1.15	0.58	0.14	0.14
长春	2 626	36.86	52.22	7.85	1.71	0.34	0.68	0.34	0.00
银川	2 326	41.32	54.55	4.13	0.00	0.00	0.00	0.00	0.00

全部样本中，57.02%的借款人贷款月供在4 000元以下，其中，42.14%的借款人集中在2 000～4 000元，14.88%的借款人集中在2 000元以下（见图23）。从各城市贷款月供的具体分布来看，多数城市一半以上借款人的月供集中于4 000元以下，而深圳、北京、厦门、上海4个城市4 000元以下月供的比例均不到20%。

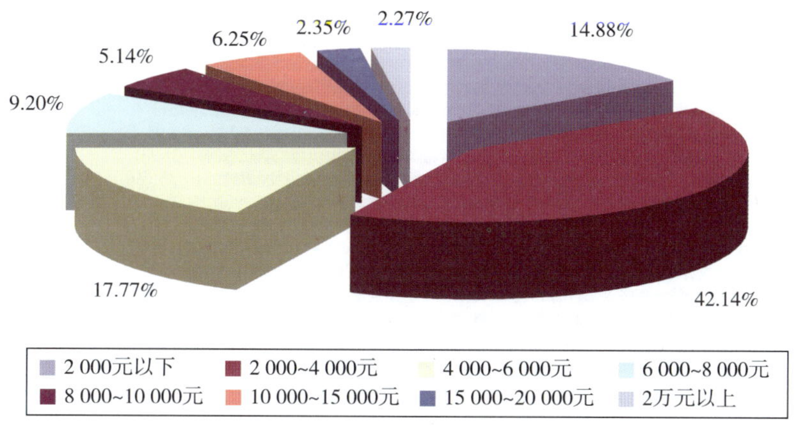

图23　2016年借款人的贷款月供分布

全部样本借款人的房贷月供收入比均值为32.73%，自2008年以来保持回落趋势，结合前述持续增长的贷款总额及还款年限，借款人还款压力下降同时由收入增长及还款年限延长所致（见图24）。

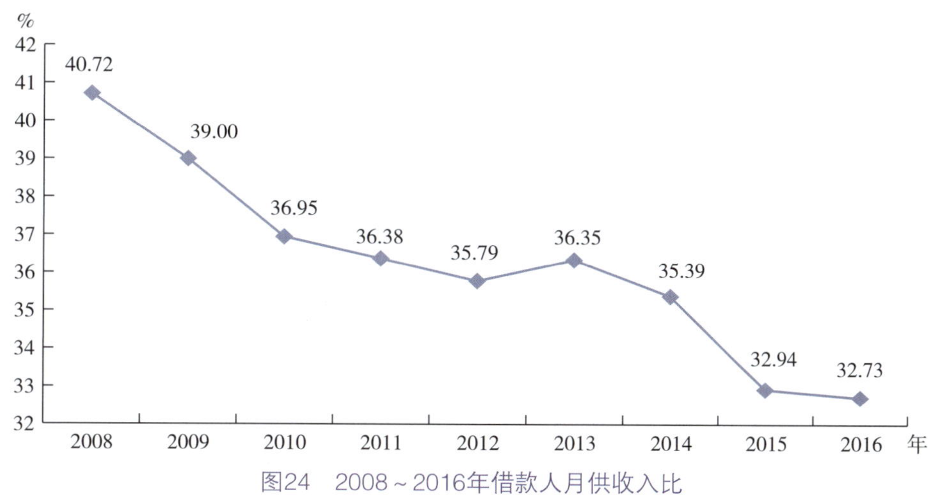

图24　2008～2016年借款人月供收入比

分城市来看，借款人房贷月供收入比均值最高的城市是天津，为40.04%，最低的是西安，为24.17%（见图25）。

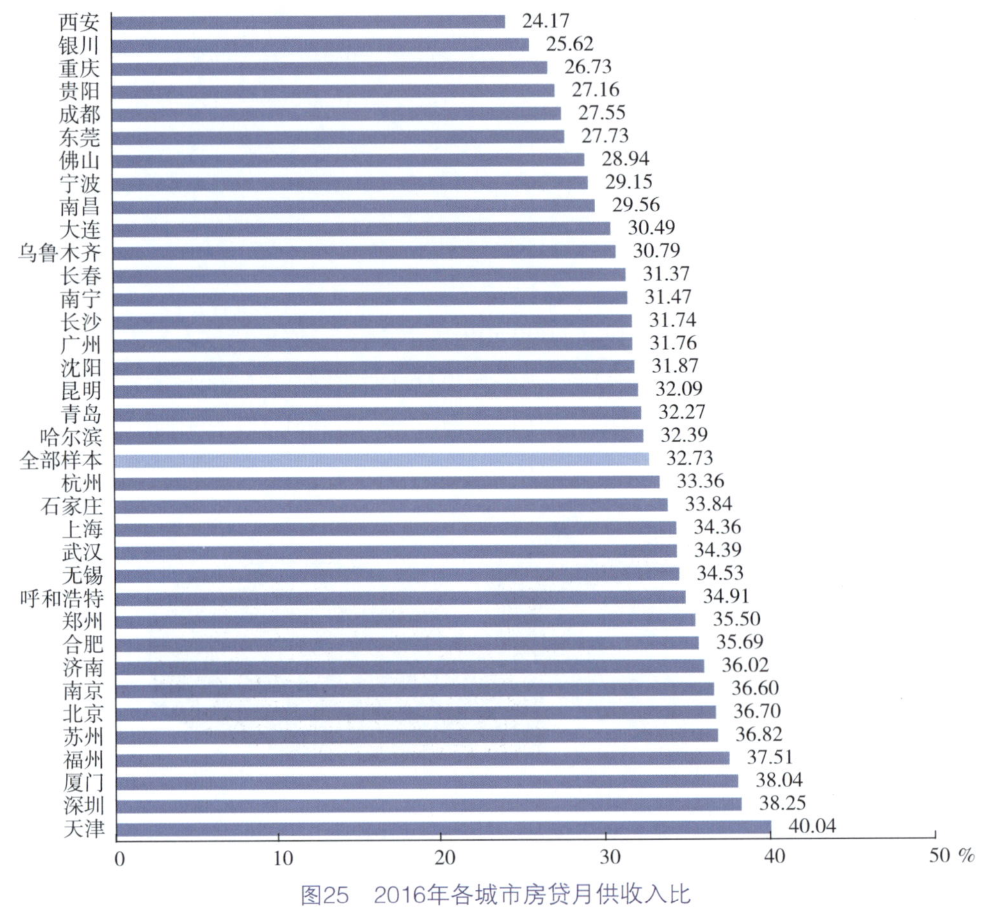

图25　2016年各城市房贷月供收入比

为真实反映借款人还款能力，调查采用借款人在问卷中填报的收入计算其月供收入水平。结果显示，有4.25%的借款人房贷月供收入比超过50%（政策上限），其中月供收入比超过60%和70%的，分别占全部样本的2.11%和1.10%。调查中了解到，借款人月供收入比较高主要有两个原因：一是有本家庭以外的共同借款人（父母或子女），借款人在填写调查问卷时未将其收入计算在内；二是部分借款人披露收入低于实际情况。

对房贷月供收入比超过50%样本的分析显示（见表17），该类借款人的住房面积均值远高于全部样本，而家庭年收入均值约为后者的2/3，同时这部分样本购买住房单价较高，导致月供收入比远超全部样本。在贷款时，上述借款人还选择了较低的首付比例，进而加剧了还款压力。值得注意的是，这部分借款人的家庭税后年收入偏低，同时房价收入比偏高，预期房价大幅上涨和收入大幅上涨的比例则与全部样本均值基本一致，一旦收入预期无法实现，此类借款人风险可能上升。

表17 2016年月供收入比超过50%的相关分析

	住房面积（平方米）	住房单价（万元/平方米）	家庭税后年收入（万元）	房价收入比	预期房价大幅上涨的占比（%）	预期收入大幅增长的占比（%）	首次购房占比（%）	贷款期限（年）	首付款比例（%）
月供收入比超过70%	121.18	2.09	14.74	16.54	16.67	8.64	90.12	23	31.29
月供收入比超过60%	121.58	2.08	16.02	15.18	17.34	8.99	90.05	24	31.23
月供收入比超过50%	118.03	1.97	16.84	13.54	17.33	9.11	90.02	24	31.49
全部样本	104.22	1.39	22.66	7.42	17.21	9.46	86.11	23.2	35.10

个人住房贷款期限最长可达30年，在此期间贷款利率和收入变动都会显著影响借款人还款能力。利率和收入变化对借款人房贷月供收入比的敏感性分析结果显示（见表18）：在收入增长10%的情况下，如果贷款利率提高1个百分点，借款人月供收入比超过50%的占比提高3.07个百分点。在收入增长5%的情况下，如果贷款利率提高1个百分点，月供收入比超过50%的占比提高6.35个百分点，达到12.14%。在收入不变的情况下，如果贷款利率提高1个百分点，月供收入比超过50%的占比提高超过10个百分点，达到17.36%；如果贷款利率提高5个百分点，49.19%的借款人的月供收入比会超过50%。只有大力发展金融市场，提高银行管理利率风险的能力，推动固定利率贷款产品发展，才能从机制上有效防范利率变化对贷款信用风险的不利影响。在住房贷款比重不断提高的背景下，住房贷款产品创新对系统稳定性的作用会越来越突出。

表18 2016年贷款利率和收入变动后房贷月供收入比超过50%的占比变化

单位：%

收入	增长10%			增长5%			不变		
月供收入比 / 贷款利率	大于70%	大于60%	大于50%	大于70%	大于60%	大于50%	大于70%	大于60%	大于50%
不变	1.12	2.41	4.89	1.42	2.96	5.79	1.85	3.55	7.14
提高1个百分点	1.78	3.57	7.96	2.33	4.37	12.14	2.85	5.06	17.36
提高2个百分点	2.75	5.06	17.16	3.38	6.01	21.93	4.12	9.16	27.01
提高3个百分点	4.04	9.16	26.01	4.80	12.93	30.96	5.68	17.63	35.38
提高4个百分点	5.54	16.81	34.38	8.02	21.09	38.50	11.66	25.62	42.72
提高5个百分点	11.04	24.32	41.33	14.51	28.75	44.99	18.96	33.64	49.19

（十一）借款人的经济预期

如果借款人经济预期谨慎，则因预期无法实现而违约的可能性就将降低。由于借款人与银行之间的信息不对称客观存在，银行不可能了解到借款人的所有情况并确保真实，在这种情况下，假定借款人贷款购房时并不愿意违约，那么他们当时对经济变量的预期是否合理、能否实现，就可以作为评估他们还款能力的重要参考。调查显示，52.99%的借款人认为未来收入将上涨，较去年有所增加；42.26%的借款人认为未来收入基本稳定，有1.36%的借款人认为未来收入将下降（见图26）。

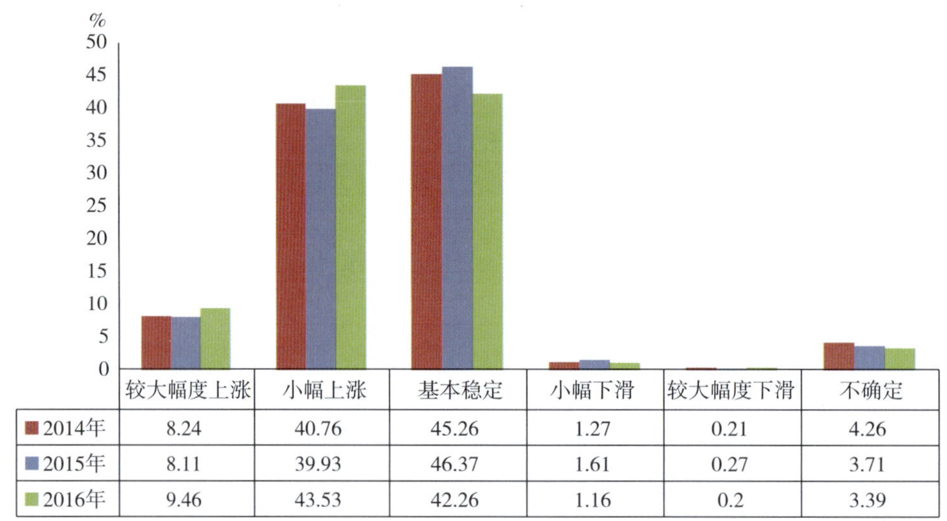

	较大幅度上涨	小幅上涨	基本稳定	小幅下滑	较大幅度下滑	不确定
2014年	8.24	40.76	45.26	1.27	0.21	4.26
2015年	8.11	39.93	46.37	1.61	0.27	3.71
2016年	9.46	43.53	42.26	1.16	0.2	3.39

图26　2014～2016年借款人的收入预期

在全部样本的借款人中，64.91%的借款人预期未来房价将上涨，其中预期房价大幅上涨的借款人占17.21%，为近七年来最高值；相比之下，认为房价会小幅下降的借款人占2.14%，为近七年来最低值。另有23.52%的借款人认为房价基本稳定，较2015年略有下降（见图27）。

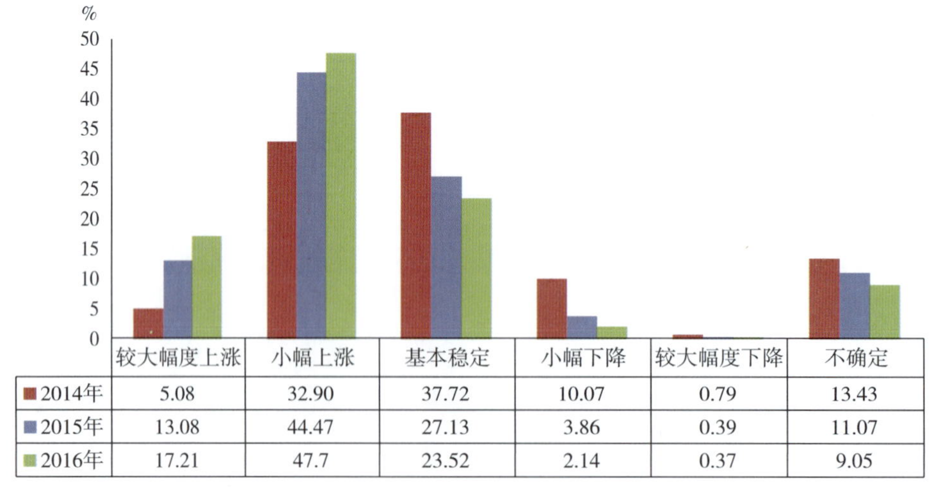

	较大幅度上涨	小幅上涨	基本稳定	小幅下降	较大幅度下降	不确定
2014年	5.08	32.90	37.72	10.07	0.79	13.43
2015年	13.08	44.47	27.13	3.86	0.39	11.07
2016年	17.21	47.7	23.52	2.14	0.37	9.05

图27　2014～2016年借款人对未来房价预期

调查还发现，借款人的还款意愿较高，虽然房价涨跌会对其有一些影响，但强度不大。超过八成的借款人表示“即使所购房屋价格下跌到低于贷款余额，也不会放弃偿还贷款”；当房价跌至贷款余额的80%～90%时，2.12%的借款人表示会停止还贷；当房价跌至贷款余额的70%～80%时，2.12%的借款人表示会停止还贷；当房价低于贷款余额的70%时，4.30%的借款人表示会停止还贷（见图28）。

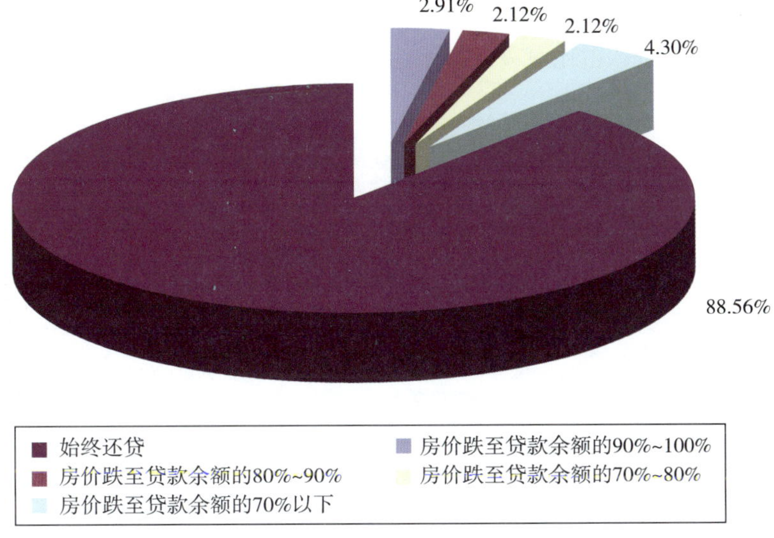

图28　2016年借款人的断供可能性

从借款人对利率走势的预期看，28.59%的借款人认为利率将提高，较去年增加13.1个百分点；预期利率基本稳定的占46.75%，较上年增加9.4个百分点；预期利率会下降的占7.86%，另有16.80%的借款人对利率预期不确定（见图29）。

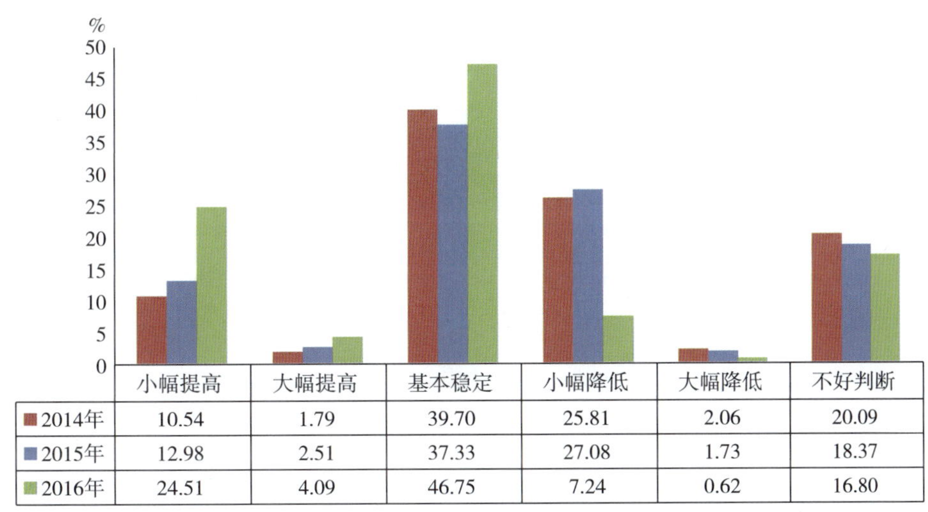

	小幅提高	大幅提高	基本稳定	小幅降低	大幅降低	不好判断
2014年	10.54	1.79	39.70	25.81	2.06	20.09
2015年	12.98	2.51	37.33	27.08	1.73	18.37
2016年	24.51	4.09	46.75	7.24	0.62	16.80

图29　2014～2016年借款人对未来利率的预期

综合借款人的收入、房价和利率预期，可以看出，样本借款人的经济预期处于谨慎乐观范围，即认为未来房价上涨人数占比增加明显，预期收入上涨人数占比呈上升趋势，但预期利率上升的人数占比也在增加。总体上看，购房者的购房选择比较理性，未来收入、房价和利率走势大幅偏离借款人预期并导致借款人无法正常还款的可能性较小。因此，从借款人预期角度看，由非理性预期引发的违约风险相对较小。

（十二）借款人的住房套数

全部样本中，贷款所购住房为家庭首套房的占比为86.1%，较2015年略有上升。首次贷款的借款人占90.2%，较2015年略有下降。对比两项数据，说明有4.1%的借款人以前买房时并没有使用贷款。

分城市来看，首套住房贷款占比最高的城市为呼和浩特，达到94.7%，厦门首套住房贷款占比最低，为67.1%（见图30）。

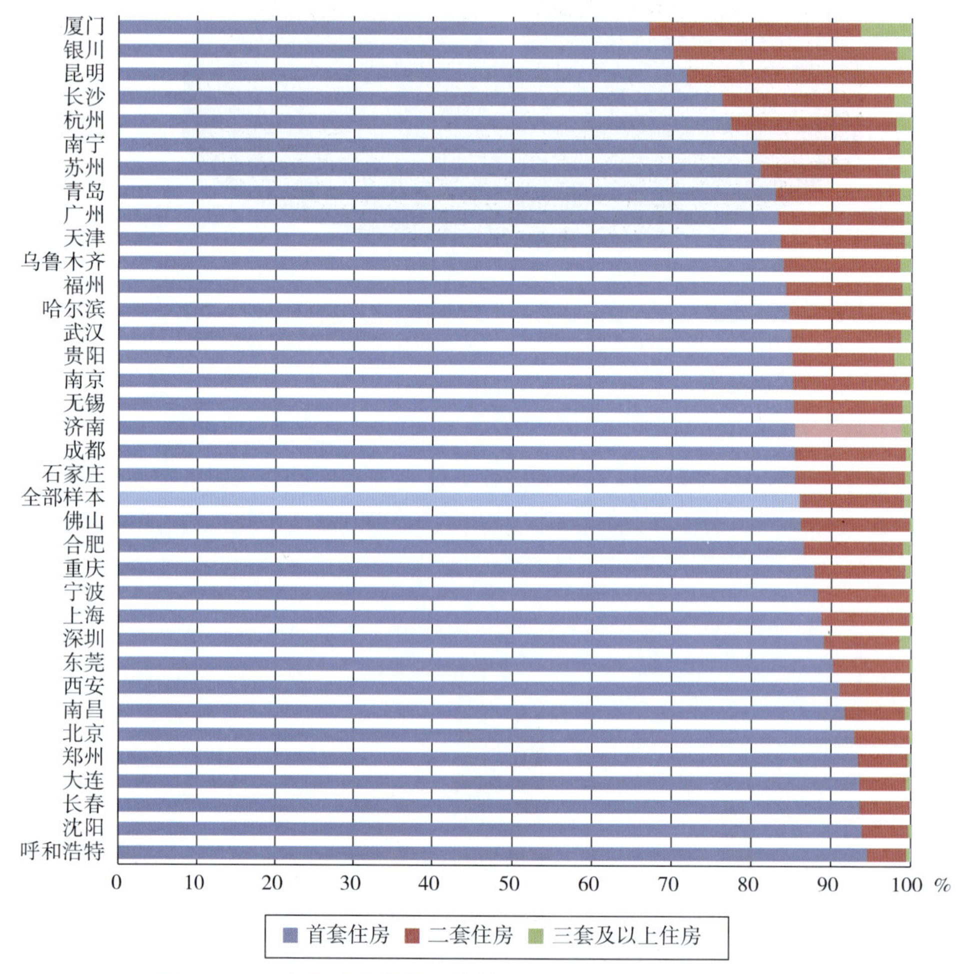

图30 2016年各城市借款人的首套住房和非首套住房占比情况

我们对贷款所购住房为首套房的行为特征进行了对比分析，结果显示，首套房借款人平均年龄偏小，多为适婚人群的婚房置业者，其所购住房面积较小，住房单价较低，家庭年收入远低于非首套房借款人（见表19）。

表19 2016年首套房和非首套房借款人的住房和收入情况对比

	年龄（岁）	住房面积（平方米）	住房单价（元/平方米）	家庭税后年收入（万元）	家庭人均月收入（元）	房价收入比
首套	33.56	103.71	13 345.36	21.72	9 557.52	7.30
二套	37.30	114.72	15 274.17	32.85	11 620.70	6.13

续表

	年龄（岁）	住房面积（平方米）	住房单价（元/平方米）	家庭税后年收入（万元）	家庭人均月收入（元）	房价收入比
三套及以上	39.44	152.81	19 186.33	81.41	25 638.52	5.89
全部样本	34.10	105.62	13 653.79	23.75	9 980.14	7.13

从贷款情况来看，首套房借款人的平均首付款比例远低于其他借款人，贷款期限较长，平均贷款利率较低，且月供收入比明显高于非首套房借款人（见表20）。

表20　2016年首套房和非首套房借款人的贷款情况对比

	借款总额（万元）	首付款比例（%）	期限（月）	平均利率（%）	月供（元）	月供收入比（倍）
首套	91.03	33.93	283	0.91	5 457.88	33.52
二套	105.00	38.61	268	0.98	6 800.94	27.48
三套及以上	195.16	38.60	260	0.94	13 026.66	26.15
全部样本	93.84	34.59	281	0.92	5 706.02	32.73

从调查情况看，全部借款人中96%贷款购房为了自住，2.4%为了给父母或子女居住，0.6%为了出租，择机出售的仅占0.6%。13.9%的借款人不是首次置业，调查进一步询问了购房自住借款人如何处理原来的住房，有37.1%的借款人作为第二居所或给父母、子女居住，16.3%的借款人明确表示其他住房已经卖掉或者打算近期卖掉，13.8%的借款人表示其他住房已用于出租，22.3%的借款人表示没想好或其他。

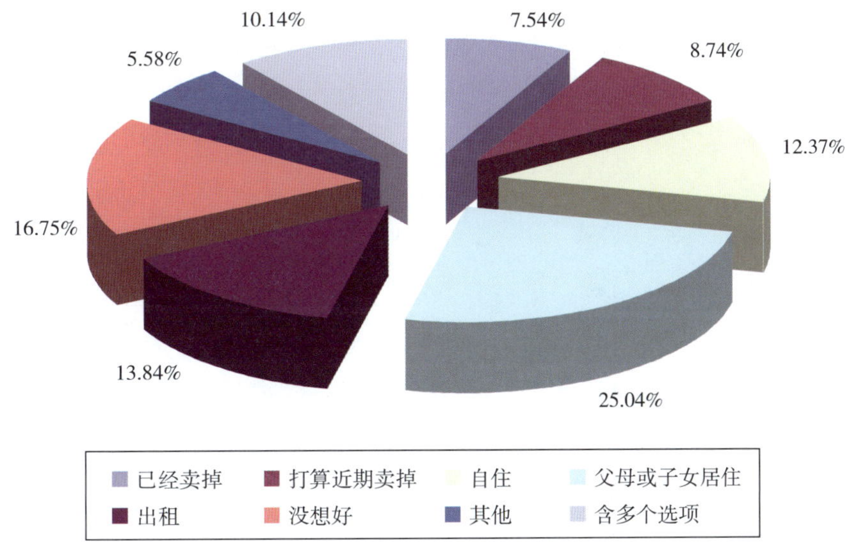

图31　2016年非首套房借款人对其他住房的处理分布

（十三）购房贷款次数分布情况

从贷款次数的分布来看，90.22%的样本借款人仅有一次贷款，有两次贷款的借款人占比为9.07%，有过三次及以上贷款的借款人仅占全部样本的0.71%（见表21）。从未结清贷款笔数来看，95.79%的借款人仅有被调查贷款这1笔贷款未结清。

表21　2016年贷款次数和未结清贷款笔数交叉分析

单位：%

贷款次数＼未结清笔数	1笔	2笔	3笔及以上	合计
1次	90.22	—	—	90.22
2次	5.14	3.93	—	9.07
3次及以上	0.43	0.22	0.05	0.71
合计	95.79	4.15	0.05	100.00

从借款人贷款次数的区域差异来看，厦门首次贷款的借款人占比最低，为71.55%，长春首次贷款的借款人占比最高，为96.03%；成都只有1笔未结清贷款的占比最低，为91.78%，北京只有1笔未结清贷款的占比最高，为98.7%。总体来看，厦门、杭州等12个城市有过两次及两次以上贷款的借款人占比均超过10%（见表22）。

表22　2016年各城市借款人的贷款笔数和剩余贷款笔数分布

单位：%

城市	贷款笔数			未还清贷款笔数（含本次贷款）		
	1笔	2笔	3笔及以上	1笔	2笔	3笔及以上
全部样本	90.22	9.07	0.59	95.79	4.15	0.06
长春	96.03	3.97	0.00	96.96	3.04	0.00
沈阳	95.95	4.05	0.00	97.80	2.20	0.00
大连	95.65	4.35	0.00	97.66	2.34	0.00
郑州	95.58	4.02	0.40	97.59	2.41	0.00
南昌	95.22	4.44	0.34	96.59	3.41	0.00
呼和浩特	95.15	4.85	0.00	96.60	3.40	0.00
北京	94.88	4.61	0.43	98.70	1.22	0.07
哈尔滨	94.55	5.23	0.23	97.73	2.27	0.00
南京	94.44	5.44	0.11	98.56	1.44	0.00
昆明	94.01	5.99	0.00	94.01	5.99	0.00
西安	93.33	6.67	0.00	97.17	2.83	0.00
石家庄	92.41	7.41	0.18	96.75	3.25	0.00

续表

城市	贷款笔数			未还清贷款笔数（含本次贷款）		
	1笔	2笔	3笔及以上	1笔	2笔	3笔及以上
无锡	91.72	6.85	1.11	96.66	3.18	0.16
济南	91.44	7.78	0.65	96.37	3.63	0.00
重庆	91.21	8.45	0.23	96.20	3.80	0.00
武汉	91.05	8.25	0.70	95.77	4.12	0.10
乌鲁木齐	90.85	8.81	0.34	93.56	6.10	0.34
深圳	90.82	7.17	1.51	97.36	2.26	0.38
东莞	90.72	9.02	0.26	92.53	7.35	0.13
上海	90.55	8.55	0.69	95.48	4.52	0.00
合肥	90.34	8.84	0.74	96.78	3.22	0.00
宁波	90.28	9.55	0.17	97.82	2.18	0.00
福州	90.13	8.94	0.74	95.34	4.66	0.00
贵阳	89.39	10.38	0.24	93.87	6.13	0.00
广州	89.16	9.61	1.02	98.16	1.84	0.00
佛山	88.69	10.91	0.30	94.29	5.71	0.00
银川	88.16	11.40	0.44	95.18	4.82	0.00
成都	87.99	11.65	0.36	91.78	8.10	0.12
青岛	87.66	10.92	1.13	95.76	4.24	0.00
苏州	87.31	11.77	0.75	97.16	2.84	0.00
天津	87.02	11.86	0.91	96.16	3.70	0.14
长沙	85.37	13.61	0.76	92.75	7.00	0.25
南宁	82.81	16.08	0.74	92.24	7.76	0.00
杭州	82.31	16.82	0.69	92.92	6.99	0.09
厦门	71.55	21.82	5.80	94.20	5.80	0.00

附录三　2016年房地产相关重要政策文件汇编

住房城乡建设部
关于加快建设住房公积金综合服务平台的通知

2016年1月12日　建金〔2016〕14号

各省、自治区住房城乡建设厅，直辖市、新疆生产建设兵团住房公积金管理委员会、住房公积金管理中心：

近年来，我国住房公积金规模快速增长，业务种类日趋丰富，缴存单位和缴存职工对住房公积金服务的要求不断提高。一些省市率先探索应用网上业务大厅、自助服务终端、手机客户端、官方微信和微博等互联网和移动通讯技术，提升住房公积金服务效率和质量，取得了良好效果。但总体上，各地住房公积金信息化服务工作滞后，业务办理渠道少、标准不统一、服务效率低等问题突出，与缴存单位和缴存职工的服务需求不相适应，影响了住房公积金制度的发展。为拓宽住房公积金服务渠道，提高服务效率，切实维护缴存职工合法权益，现就推进住房公积金综合服务平台建设通知如下：

一、明确工作目标

住房公积金综合服务平台由服务渠道、数据接口、综合管理系统和安全保障体系组成，承载信息查询、业务办理、信息发布、互动交流等功能，是住房公积金信息化建设的重要组成部分。各设区城市要以服务缴存单位和缴存职工为导向，充分利用“互联网+”技术，加快建设功能齐全、使用便捷、安全高效的住房公积金综合服务平台。直辖市、省会城市、计划单列市以及部分条件较好的设区城市，应当在2016年底前基本建成住房公积金综合服务平台。其他设区城市应当在2017年底前基本建成住房公积金综合服务平台。有条件的省、自治区可以结合实际，组织建设省级住房公积金综合服务平台。青海、湖北、宁夏、四川等地要先行先试，在2016年底前基本建成省级住房公积金综合服务平台。

二、拓展服务渠道

各地要在优化营业网点柜面服务的基础上，以推进互联网和移动终端服务为重点，丰富服务渠道，形成类型多样、互为补充的一体化服务体系，满足缴存单位和缴存职工的多元化、个性化服务需求。要全面梳理业务节点，准确把握渠道特点，根据不同业务需要配置相应的服务渠道。抓紧推广和完善12329住房公积金热线，加快建设开通省级12329短信平台，扩展服务功能。各地要结合本地区住房公积金资金规模、管理能力和用户特点等实际情况，在门户网站、网上业务大厅、自助终端、手机客户端、官方微信和微博等渠道中，选择建设部分或全部服务渠道。

三、加强综合管理

各类服务渠道要全部接入综合管理系统，实行统一集中管理，实现渠道信息共享，确保不同服务渠道协同一致。综合管理系统要按照统一的数据接口标准，接入业务系统，实现数据实时交互。要统一业务规范，优化业务流程，增强业务办理与服务渠道的契合度，提升综合服务平台的业务承载能力和运行效率。要加强与公安、民政、房产、社保、税务、工商、人民银行以及受委托商业银行的沟通协作，推动跨部门、跨行业信息互联互通。

四、保障运行安全

要健全安全保障体系，完善安全管理制度。严格执行国家信息系统安全规范，建立平台物理环境安全、网络安全和数据保护安全措施。建立业务操作风险和资金风险防控机制，避免信息泄漏、篡改，保障资金划转和结算安全。加强综合服务平台运行监测和风险分析，及时排除安全隐患，确保综合服务平台安全运行。

五、落实工作责任

要加强对住房公积金综合服务平台建设工作的组织领导，明确主管领导、牵头部门和责任人员。各住房公积金管理中心要指定或者设立工作机构，承担综合服务平台建设和管理职责。按照《住房公积金综合服务平台建设导则》要求，制定建设方案，抓紧组织实施。根据综合服务平台建设和运行需要，安排专项资金。

各地要充分认识建设住房公积金综合服务平台的重要意义，增强责任感和紧迫感，科学谋划，积极推进，加快建成住房公积金综合服务平台，提升住房公积金管理和服务水平，为缴存单位和缴存职工提供便捷、高效、安全的服务。

中国人民银行 中国银行业监督管理委员会关于调整个人住房贷款政策有关问题的通知

2016年2月1日 银发〔2016〕26号

中国人民银行上海总部，各分行、营业管理部、省会（首府）城市中心支行、副省级城市中心支行；各省（自治区、直辖市）银监局；各国有商业银行、股份制商业银行，中国邮政储蓄银行：

为进一步支持合理住房消费，促进房地产市场平稳健康发展，按照国务院有关部署，现就个人住房贷款政策有关事项通知如下：

一、在不实施“限购”措施的城市，居民家庭首次购买普通住房的商业性个人住房贷款，原则上最低首付款比例为25%，各地可向下浮动5个百分点；对拥有1套住房且相应购房贷款未结清的居民家庭，为改善居住条件再次申请商业性个人住房贷款购买普通住房，最低首付款比例调整为不低于30%。

对于实施“限购”措施的城市，个人住房贷款政策按原规定执行。

二、在此基础上，人民银行、银监会各派出机构应按照“分类指导，因地施策”的原则，加强与地方政府的沟通，指导各省级市场利率定价自律机制结合当地不同城市实际情况自主确定辖区内商业性个人住房贷款的最低首付款比例。

三、银行业金融机构应结合各省级市场利率定价自律机制确定的最低首付款比例要求以及本机构商业性个人住房贷款投放政策、风险防控等因素，并根据借款人的信用状况、还款能力等合理确定具体首付款比例和利率水平。

四、加强住房金融宏观审慎管理。人民银行、银监会各派出机构应强化对房地产贷款资产质量、区域集中度、机构稳健性的监测、分析和评估；督促各省级市场利率定价自律机制根据房地产形势变化及地方政府调控要求，及时对辖区内商业性个人住房贷款最低首付款比例进行自律调整，促进银行业金融机构住房金融业务稳健运行和当地房地产市场平稳健康发展。

请人民银行上海总部、各分行、营业管理部、省会（首府）城市中心支行、副省级城市中心支行，各省（自治区、直辖市）银监局将本通知联合转发至辖区内城市商业银行、农村商业银行、农村合作银行、城乡信用社、外资银行、村镇银行。

财政部　国土资源部　中国人民银行
中国银行业监督管理委员会
关于规范土地储备和资金管理等相关问题的通知

2016年2月2日　财综〔2016〕4号

各省、自治区、直辖市、计划单列市财政厅（局）、国土资源主管部门，新疆生产建设兵团财务局、国土资源局，中国人民银行上海总部，各分行、营业管理部，省会（首府）城市中心支行、副省级城市中心支行，各省、自治区、直辖市银监局:

根据《预算法》以及《中共中央　国务院关于分类推进事业单位改革的指导意见》《国务院关于加强地方政府性债务管理的意见》（国发〔2014〕43号）等有关规定，为规范土地储备和资金管理行为，促进土地储备健康发展，现就有关问题通知如下：

一、清理压缩现有土地储备机构

各地区应当结合事业单位分类改革，对现有土地储备机构进行全面清理。为提高土地储备工作效率，精简机构和人员，每个县级以上（含县级）法定行政区划原则上只能设置一个土地储备机构，统一隶属于所在行政区划国土资源主管部门管理。对于重复设置的土地储备机构，应当在压缩归并的基础上，按规定重新纳入土地储备名录管理。鉴于土地储备机构承担的依法取得土地、进行前期开发、储存以备供应土地等工作主要是为政府部门行使职能提供支持保障，不能或不宜由市场配置资源，因此，按照事业单位分类改革的原则，各地区应当将土地储备机构统一划为公益一类事业单位。各地区应当将现有土地储备机构中从事政府融资、土建、基础设施建设、土地二级开发业务部分，从现有土地储备机构中剥离出去或转为企业，上述业务对应的人员、资产和债务等也相应剥离或划转。上述工作由地方各级国土资源主管部门商同级财政部门、人民银行分支机构、银监部门等机构提出具体意见，经同级人民政府批准后实施，并于2016年12月31日前完成。

二、进一步规范土地储备行为

按照《国土资源部　财政部　人民银行关于印发〈土地储备管理办法〉的通知》(国土资发〔2007〕277号)和《国土资源部　财政部　人民银行　银监会关于加强土地储备与融资管理的通知》(国土资发〔2012〕162号)的规定,各地区应当进一步规范土地储备行为。土地储备工作只能由纳入名录管理的土地储备机构承担,各类城投公司等其他机构一律不得再从事新增土地储备工作。土地储备机构不得在土地储备职能之外,承担与土地储备职能无关的事务,包括城市基础设施建设、城镇保障性安居工程建设等事务,已经承担的上述事务应当按照本通知第一条规定限期剥离和划转。

三、合理确定土地储备总体规模

各地土地储备总体规模，应当根据当地经济发展水平、当地财力状况、年度土地供应量、年度地方政府债务限额、地方政府还款能力等因素确定。现有土地储备规模偏大的，要加快已储备土地的前期开发和供应进度，相应减少或停止新增以后年度土地储备规模，避免由于土地储备规模偏大而形成土地资源利用不充分和地方政府债务压力。

四、妥善处置存量土地储备债务

对清理甄别后认定为地方政府债务的截至2014年12月31日的存量土地储备贷款，应纳入政府性基金预算管理，偿债资金通过政府性基金预算统筹安排，并逐步发行地方政府债券予以置换。

五、调整土地储备筹资方式

土地储备机构新增土地储备项目所需资金，应当严格按照规定纳入政府性基金预算，从国有土地收益基金、土地出让收入和其他财政资金中统筹安排，不足部分在国家核定的债务限额内通过省级政府代发地方政府债券筹集资金解决。自2016年1月1日起，各地不得再向银行业金融机构举借土地储备贷款。地方政府应在核定的债务限额内，根据本地区土地储备相关政府性基金收入、地方政府性债务风险等因素，合理安排年度用于土地储备的债券发行规模和期限。

六、规范土地储备资金使用管理

根据《预算法》等法律法规规定，从2016年1月1日起，土地储备资金从以下渠道筹集：一是财政部门从已供应储备土地产生的土地出让收入中安排给土地储备机构的征地和拆迁补偿费用、土地开发费用等储备土地过程中发生的相关费用。二是财政部门从国有土地收益基金中安排用于土地储备的资金。三是发行地方政府债券筹集的土地储备资金。四是经财政部门批准可用于土地储备的其他资金。五是上述资金产生的利息收入。土地储备资金主要用于征收、收购、优先购买、收回土地以及储备土地供应前的前期开发等土地储备开支，不得用于土地储备机构日常经费开支。土地储备机构所需的日常经费，应当与土地储备资金实行分账核算，不得相互混用。

土地储备资金的使用范围包括：

（一）征收、收购、优先购买或收回土地需要支付的土地价款或征地和拆迁补偿费用。包括土地补偿费和安置补助费、地上附着物和青苗补偿费、拆迁补偿费，以及依法需要支付的与征收、收购、优先购买或收回土地有关的其他费用。

（二）征收、收购、优先购买或收回土地后进行必要的前期土地开发费用。储备土地的前期开发，仅限于与储备宗地相关的道路、供水、供电、供气、排水、通讯、照明、绿化、土地平整等基础设施建设。各地不得借土地储备前期开发，搭车进行与储备宗地无关的上述相关基础设施建设。

（三）按照本通知规定需要偿还的土地储备存量贷款本金和利息支出。

（四）经同级财政部门批准的与土地储备有关的其他支出。包括土地储备工作中发生的地籍调查、土地登记、地价评估以及管护中围栏、围墙等建设等支出。

七、推动土地收储政府采购工作

地方国土资源主管部门应当积极探索政府购买土地征收、收购、收回涉及的拆迁安置补偿服务。土地储备机构应当积极探索通过政府采购实施储备土地的前期开发，包括与储备宗地相关的道路、供水、供电、供气、排水、通讯、照明、绿化、土地平整等基础设施建设。地方财政部门、国土资源主管部门应当会同辖区内土地储备机构制定项目管理办法，并向社会公布项目实施内容、承接主体或供应商条件、绩效评价标准、最终结果、取得成效等相关信息，严禁层层转包。项目承接主体或供应商应当严格履行合同义务，按合同约定数额获取报酬，不得与土地使用权出让收入挂钩，也不得以项目所涉及的土地名义融资或者变相融资。对于违反规定的行为，将按照《预算法》《政府采购法》《政府采购法实施条例》《政府购买服务管理办法（暂行）》等规定进行处理。

八、加强土地储备项目收支预决算管理

土地储备机构应当于每年第三季度根据当地经济发展水平、上年度地方财力状况、近三年土地供应量、上年度地方政府债务限额、地方政府还款能力等因素，按照宗地编制下一年度土地储备资金收支项目预算，经主管部门审核后，报同级财政部门审定。其中：属于政府采购范围的应当按照规定编制政府采购预算，属于政府购买服务项目的应当同时编制政府购买服务预算，并严格按照有关规定执行。地方财政部门应当认真审核土地储备资金收支预算，统筹安排政府性基金预算、地方政府债券收入和存量贷款资金。土地储备支出首先从国有土地收益基金、土地出让收入、存量贷款资金中安排，不足部分再通过省级政府发行的地方政府债券筹集资金解决。财政部门应当及时批复土地储备机构土地储备项目收支预算。

土地储备机构应当严格按照同级财政部门批复的预算执行，并根据土地收购储备的工作进度，提出用款申请，经主管部门审核后，报同级财政部门审批。其中：属于财政性资金的土地储备支出，按照财政国库管理制度的有关规定执行。土地储备机构需要调整土地储备资金收支项目预算的，应当按照规定编制预算调整方案，经主管部门审核后，按照规定程序报同级财政部门批准后执行。

每年年度终了，土地储备机构要按照同级财政部门规定，向同级财政部门报送土地储备资金收支项目决算，并详细提供宗地支出情况。土地储备资金收支项目决算由同级财政部门负责审核或者由具有良好信誉、执业质量高的会计师事务所等相关中介机构进行审核。

土地储备机构应当按照国家关于资产管理的有关规定，做好土地储备资产的登记、核算、评估等各项工作。

九、落实好相关部门责任

规范土地储备和资金管理行为，是进一步完善土地储备制度，促进土地储备健康发展的重要举

措。各级财政、国土资源部门和人民银行分支机构、银监部门等要高度重视，密切合作，周密部署，强化督导，确保上述各项工作顺利实施。

财政部、国土资源部、人民银行、银监会将按照职责分工，会同有关部门抓紧修订《土地储备管理办法》《土地储备资金财务管理暂行办法》《土地储备资金会计核算办法（试行）》《土地储备统计报表》等相关制度。

省级财政、国土资源主管部门和人民银行分支机构、银监部门应当加强对市县土地储备和资金管理工作的指导，督促市县相关部门认真贯彻落实本通知规定，并于2017年3月31日前，将本地区贯彻落实情况以书面形式报告财政部、国土资源部、人民银行和银监会。

此前土地储备和资金管理的相关规定与本通知规定不一致的，以本通知规定为准。

中国人民银行　住房城乡建设部　财政部 关于完善职工住房公积金账户存款利率形成机制的通知

2016年2月16日　银发〔2016〕43号

按照党的十八届三中全会要求和国务院部署，为进一步完善住房公积金管理制度，维护住房公积金缴存人的合法权益，经国务院同意，现就完善职工住房公积金账户存款利率形成机制有关事宜通知如下：

一、自2016年2月21日起，将职工住房公积金账户存款利率，由现行按照归集时间执行活期、三个月存款基准利率，调整为统一按一年期定期存款基准利率执行。

二、中国人民银行上海总部，各分行、营业管理部、省会（首府）城市中心支行、深圳市中心支行要将本通知立即转发至辖区内城市（农村）商业银行、农村合作银行、农村信用社、其他开办职工住房公积金账户存款业务的金融机构及住房公积金管理中心。各国有商业银行、股份制商业银行、中国邮政储蓄银行要将本通知立即转发至各分支机构，并督促其按本通知执行。

三、对执行本通知过程中出现的有关情况要及时处理并报送中国人民银行总行、住房城乡建设部、财政部。

财政部　国家税务总局　住房城乡建设部关于调整房地产交易环节契税　营业税优惠政策的通知

2016年2月17日　财税〔2016〕23号

各省、自治区、直辖市、计划单列市财政厅（局）、地方税务局、住房城乡建设厅（建委、房地局），西藏、宁夏、青海省（自治区）国家税务局，新疆生产建设兵团财务局、建设局：

根据国务院有关部署，现就调整房地产交易环节契税、营业税优惠政策通知如下：

一、关于契税政策

（一）对个人购买家庭唯一住房（家庭成员范围包括购房人、配偶以及未成年子女，下同），面积为90平方米及以下的，减按1%的税率征收契税；面积为90平方米以上的，减按1.5%的税率征收契税。

（二）对个人购买家庭第二套改善性住房，面积为90平方米及以下的，减按1%的税率征收契税；面积为90平方米以上的，减按2%的税率征收契税。

家庭第二套改善性住房是指已拥有一套住房的家庭，购买的家庭第二套住房。

（三）纳税人申请享受税收优惠的，根据纳税人的申请或授权，由购房所在地的房地产主管部门出具纳税人家庭住房情况书面查询结果，并将查询结果和相关住房信息及时传递给税务机关。暂不具备查询条件而不能提供家庭住房查询结果的，纳税人应向税务机关提交家庭住房实有套数书面诚信保证，诚信保证不实的，属于虚假纳税申报，按照《中华人民共和国税收征收管理法》的有关规定处理，并将不诚信记录纳入个人征信系统。

按照便民、高效原则，房地产主管部门应按规定及时出具纳税人家庭住房情况书面查询结果，税务机关应对纳税人提出的税收优惠申请限时办结。

（四）具体操作办法由各省、自治区、直辖市财政、税务、房地产主管部门共同制定。

二、关于营业税政策

个人将购买不足2年的住房对外销售的，全额征收营业税；个人将购买2年以上（含2年）的住房对外销售的，免征营业税。

办理免税的具体程序、购买房屋的时间、开具发票、非购买形式取得住房行为及其他相关税收管理规定，按照《国务院办公厅转发建设部等部门关于做好稳定住房价格工作意见的通知》（国办发〔2005〕26号）、《国家税务总局 财政部 建设部关于加强房地产税收管理的通知》（国税发〔2005〕89号）和《国家税务总局关于房地产税收政策执行中几个具体问题的通知》（国税发〔2005〕172号）的有关规定执行。

三、关于实施范围

北京市、上海市、广州市、深圳市暂不实施本通知第一条第二项契税优惠政策及第二条营业税优惠政策，上述城市个人住房转让营业税政策仍按照《财政部 国家税务总局关于调整个人住房转让营业税政策的通知》（财税〔2015〕39号）执行。

上述城市以外的其他地区适用本通知全部规定。

本通知自2016年2月22日起执行。

中国人民银行　中国银行业监督管理委员会
中国保险监督管理委员会　财政部　国土资源部
住房城乡建设部
关于印发《农民住房财产权抵押贷款试点暂行办法》的通知

2016年3月15日　银发〔2016〕78号

为依法稳妥规范推进农民住房财产权抵押贷款试点，根据《国务院关于开展农村承包土地的经营权和农民住房财产权抵押贷款试点的指导意见》（国发〔2015〕45号）和《全国人大常委会关于授权国务院在北京市大兴区等232个试点县（市、区）、天津市蓟县等59个试点县（市、区）行政区域分别暂时调整实施有关法律规定的决定》精神，现将《农民住房财产权抵押贷款试点暂行办法》（附件1）和《农民住房财产权抵押贷款试点县（市、区）名单》（附件2）印发给你们，请结合实际认真贯彻落实。

附件：1.农民住房财产权抵押贷款试点暂行办法

2.农民住房财产权抵押贷款试点县（市、区）名单

附件1:

农民住房财产权抵押贷款试点暂行办法

第一条　为依法稳妥规范推进农民住房财产权抵押贷款试点，加大金融对“三农”的有效支持，保护借贷当事人合法权益，根据《国务院关于开展农村承包土地的经营权和农民住房财产权抵押贷款试点的指导意见》（国发〔2015〕45号）和《全国人民代表大会常务委员会关于授权国务院在北京市大兴区等232个试点县（市、区）、天津市蓟县等59个试点县（市、区）行政区域分别暂时调整实施有关法律规定的决定》等政策规定，制定本办法。

第二条　本办法所称农民住房财产权抵押贷款，是指在不改变宅基地所有权性质的前提下，以农民住房所有权及所占宅基地使用权作为抵押、由银行业金融机构（以下称贷款人）向符合条件的农民住房所有人（以下称借款人）发放的、在约定期限内还本付息的贷款。

第三条　本办法所称试点地区是指《全国人民代表大会常务委员会关于授权国务院在北京市大兴区等232个试点县（市、区）、天津市蓟县等59个试点县（市、区）行政区域分别暂时调整实施有关法律规定的决定》明确授权开展农民住房财产权抵押贷款试点的县（市、区）。

第四条　借款人以农民住房所有权及所占宅基地使用权作抵押申请贷款的，应同时符合以下条件：

（一）具有完全民事行为能力，无不良信用记录；

（二）用于抵押的房屋所有权及宅基地使用权没有权属争议，依法拥有政府相关主管部门颁发的权属证明，未列入征地拆迁范围；

（三）除用于抵押的农民住房外，借款人应有其他长期稳定居住场所，并能够提供相关证明材料；

（四）所在的集体经济组织书面同意宅基地使用权随农民住房一并抵押及处置。

以共有农民住房抵押的，还应当取得其他共有人的书面同意。

第五条 借款人获得的农民住房财产权抵押贷款，应当优先用于农业生产经营等贷款人认可的合法用途。

第六条 贷款人应当统筹考虑借款人信用状况、借款需求与偿还能力、用于抵押的房屋所有权及宅基地使用权价值等因素，合理自主确定农民住房财产权抵押贷款抵押率和实际贷款额度。鼓励贷款人对诚实守信、有财政贴息、农业保险或农民住房保险等增信手段支持的借款人，适当提高贷款抵押率。

第七条 贷款人应参考人民银行公布的同期同档次基准利率，结合借款人的实际情况合理自主确定农民住房财产权抵押贷款的利率。

第八条 贷款人应综合考虑借款人的年龄、贷款金额、贷款用途、还款能力和用于抵押的农民住房及宅基地状况等因素合理自主确定贷款期限。

第九条 借贷双方可采取委托第三方房地产评估机构评估、贷款人自评估或者双方协商等方式，公平、公正、客观地确定房屋所有权及宅基地使用权价值。

第十条 鼓励贷款人因地制宜，针对借款人需求积极创新信贷产品和服务方式，简化贷款手续，加强贷款风险控制，全面提高贷款服务质量和效率。在农民住房财产权抵押合同约定的贷款利率之外不得另外或变相增加其他借款费用。

第十一条 借贷双方要按试点地区规定，在试点地区政府确定的不动产登记机构办理房屋所有权及宅基地使用权抵押登记。

第十二条 因借款人不履行到期债务，或者按借贷双方约定的情形需要依法行使抵押权的，贷款人应当结合试点地区实际情况，配合试点地区政府在保障农民基本居住权的前提下，通过贷款重组、按序清偿、房产变卖或拍卖等多种方式处置抵押物，抵押物处置收益应由贷款人优先受偿。变卖或拍卖抵押的农民住房，受让人范围原则上应限制在相关法律法规和国务院规定的范围内。

第十三条 试点地区政府要加快推进行政辖区内房屋所有权及宅基地使用权调查确权登记颁证工作，积极组织做好集体建设用地基准地价制定、价值评估、抵押物处置机制等配套工作。

第十四条 鼓励试点地区政府设立农民住房财产权抵押贷款风险补偿基金，用于分担自然灾害等不可抗力造成的贷款损失和保障抵押物处置期间农民基本居住权益，或根据地方财力对农民住房财产权抵押贷款给予适当贴息，增强贷款人放贷激励。

第十五条 鼓励试点地区通过政府性担保公司提供担保的方式，为农民住房财产权抵押贷款主体融资增信。

第十六条 试点地区人民银行分支机构要对开展农民住房财产权抵押贷款业务取得良好效果的贷款人加大支农再贷款支持力度。

第十七条 银行业监督管理机构要统筹研究，合理确定农民住房财产权抵押贷款的风险权重、资本计提、贷款分类等方面的计算规则和激励政策，支持金融机构开展农民住房财产权抵押贷款业务。

第十八条 保险监督管理机构要加快完善农业保险和农民住房保险政策，通过探索开展农民住房财产权抵押贷款保证保险业务等多种方式，为借款人提供增信支持。

第十九条 各试点地区试点工作小组要加强统筹协调，靠实职责分工，扎实做好辖内试点组织实施、跟踪指导和总结评估。试点期间各省年末形成年度试点总结报告，要于每年1月底前（遇节假日顺延）以省级人民政府名义送试点指导小组。

第二十条 人民银行分支机构会同银行业监督管理机构等部门加强试点监测、业务指导和评估总结。试点县（市、区）应提交季度总结报告和政策建议，由人民银行副省级城市中心支行以上分支机构会同银监局汇总于季后20个工作日内报送试点指导小组办公室，印送指导小组各成员单位。

第二十一条 各银行业金融机构可根据本办法有关规定制定农民住房财产权抵押贷款管理制度及实施细则，并抄报人民银行和银行业监督管理机构。

第二十二条 对于以农民住房财产权为他人贷款提供担保的，可参照本办法执行。

第二十三条 本办法由人民银行、银监会会同试点指导小组相关成员单位负责解释。

第二十四条 本办法自发布之日起施行。

附件2:

农民住房财产权抵押贷款试点县（市、区）名单

省份	试点县（市、区）
天津市	蓟县
山西省	晋中市榆次区
内蒙古自治区	和林格尔县、乌兰浩特市
辽宁省	铁岭县、开原市
吉林省	长春市九台区
黑龙江省	林甸县、方正县、杜蒙县
江苏省	常州市武进区、仪征市、泗洪县
浙江省	乐清市、青田县、义乌市、瑞安市
安徽省	金寨县、宣城市宣州区
福建省	晋江市、古田县、上杭县、石狮市
江西省	余江县、会昌县、婺源县
山东省	肥城市、滕州市、汶上县
河南省	滑县、兰考县
湖北省	宜城市、武汉市江夏区
湖南省	浏阳市、耒阳市、麻阳县
广东省	五华县、连州市
广西壮族自治区	田阳县
海南省	文昌市、琼中县
重庆市	江津区、开县、酉阳县
四川省	泸县、郫县、眉山市彭山区

续表

省份	试点县（市、区）
贵州省	金沙县、湄潭县
云南省	大理市、丘北县、武定县
西藏自治区	曲水县
陕西省	平利县、西安市高陵区
甘肃省	陇西县
青海省	湟源县
宁夏回族自治区	平罗县
新疆维吾尔自治区	伊宁市

财政部 住房城乡建设部
关于进一步做好棚户区改造相关工作的通知

2016年3月25日 财综〔2016〕11号

各省、自治区、直辖市、计划单列市财政厅（局）、住房城乡建设厅（局），新疆生产建设兵团财务局、建设局：

大力推进棚户区改造，不仅有利于稳增长，而且能够有效改善困难群众的住房条件，促进社会和谐稳定。各级财政、住房城乡建设部门要高度重视，积极采取有效措施，进一步做好棚户区改造相关工作。现就有关事项通知如下：

一、多渠道筹集资金，加大对棚户区改造的支持力度

各级财政部门要围绕国务院有关加快棚户区改造工作的要求，按照"省级负总责、市县抓落实、中央适当补助"的原则，积极筹措资金，统筹安排，推进棚户区改造工作顺利实施。2016年，中央财政将继续加大对各地棚户区改造工作的支持力度，中央补助力度不低于上年；省级财政也要增加投入，加大对财力困难市县棚户区改造工作的支持力度；市县财政要按规定渠道落实资金来源，通过一般公共预算、政府性基金预算、国有资本经营预算等多渠道筹集棚户区改造资金。其中，地方政府债券筹集资金要继续向棚户区改造倾斜。与此同时，市县财政部门要按照棚户区改造项目实施进度及时拨付资金，确保棚户区改造项目资金需要。

二、落实税费优惠政策，切实降低棚户区改造成本

各级财政部门特别是市县财政部门，要严格按照规定落实棚户区改造涉及的各项税费优惠政策，切实降低棚户区改造成本。一是对棚户区改造项目严格按照规定免收各项行政事业性收费和政府性基金。二是对棚户区改造安置住房建设用地，按规定实行划拨方式供应的，除依法支付征地补偿和拆迁补偿费用以外，免缴土地出让收入。三是对棚户区改造项目涉及的税收，严格按照财政部、国家税务总局规定实行减免优惠政策。

三、推进棚户区改造货币化安置，切实化解库存商品住房

棚户区改造货币化安置有利于缩短安置周期、节省过渡性安置费用，有利于满足棚户区改造居民多样化居住需求，有利于化解库存商品住房。各级财政部门积极要配合住房城乡建设等部门加大政策

宣传力度，引导棚户区改造居民优先选择货币化安置方式。特别是对于商品住房库存量较大、市场房源充足的地方，进一步提高棚户区改造货币化安置比例。通过货币化安置，由棚户区改造居民自主到市场上购买安置住房，或者由市县相关部门搭建平台，组织棚户区改造居民采取团购方式购置安置住房，切实化解存量商品住房。

四、严格遵循政府采购程序，确保安置住房采购公开公平公正

对于需要市县相关部门购买商品住房作为棚户区改造安置住房的，在购买环节要严格遵循政府采购的规定和程序，防止出现暗箱操作、腐败等问题，确保采购过程和结果公开、公平、公正，确保采购的安置住房质优价廉。政府采购商品住房作为棚户区改造安置住房，应当采取公开招标、邀请招标、竞争性谈判、竞争性磋商、单一来源采购等方式进行，公开招标应作为政府采购的主要方式。

五、推进政府购买棚户区改造服务，做好与棚户区改造贷款衔接工作

对于2015年底以前开工的棚户区改造续建项目，可以继续按照已签订的合同规定发放棚户区改造贷款，不纳入地方政府债务，地方政府不得出具任何形式的担保函；对地方政府与借款人签订的相关协议，地方政府要按约定将相关支出逐年纳入财政预算予以保障。对于需要由政府主导运作的2016年新开工棚户区改造项目，要按照规定实施政府购买服务，一律不得通过融资平台公司等企业举借政府债务。各地原融资平台公司通过市场化改制，建立现代企业制度，实现市场化运营，在明确公告今后不再承担政府融资职能的前提下，可作为承接主体，与其他市场主体平等参与棚户区改造工作。银行业金融机构支持新开工的棚户区改造项目，应当严格按照《国务院关于进一步做好城镇棚户区和城乡危房改造及配套基础设施建设有关工作的意见》（国发〔2015〕37号）的规定，与棚户区改造项目承接主体签订贷款合同，按照合同规定以及棚户区改造项目实施进度，直接向棚户区改造项目承接主体发放贷款，防止贷款挪作他用，避免造成贷款资金闲置和浪费，提高贷款资金使用效益。市县财政部门要会同同级住房城乡建设等部门，做好政府购买棚户区改造服务与棚户区改造贷款衔接工作，明确政府购买棚户区改造服务的购买主体、购买范围，落实棚户区改造资金来源，公开择优选择棚户区改造项目承接主体，并与棚户区改造项目承接主体签订购买服务协议，加强对购买服务的履约评估管理，按照协议及时向棚户区改造项目承接主体支付购买服务资金。棚户区改造项目承接主体收到政府支付的购买棚户区改造服务资金后，严格按照贷款合同规定偿还银行业金融机构棚户区改造贷款本息。

六、采取切实有效措施，妥善解决财力困难市县资金问题

各地区要根据当地经济社会发展水平和政府财力状况，既要量力而行，又要尽力而为实施棚户区改造。对于财力困难市县已经纳入省级和国家规划计划的棚户区改造项目，在实施政府购买棚户区改造服务时，首先应当立足市县本级按照规定渠道筹集棚户区改造资金，其次可以采取以下措施解决棚

户区改造资金：一是省级财政可以根据本地区实际情况，将中央下达本地区的棚户区改造补助资金重点向棚户区改造任务较重且财力困难市县倾斜。二是省级财政也要加大对棚户区改造任务较重且财力困难市县的转移支付力度。三是财力困难市县因棚户区改造任务较重确需举借政府债务弥补资金不足的，可以在核定的债务限额内，通过省级政府代发地方政府债券筹集资金。

七、落实棚户区改造贷款贴息政策，引导社会资本参与棚户区改造

各级财政部门要按照财政部印发的《城镇保障性安居工程贷款贴息办法》（财综〔2014〕76号）的规定，继续落实好棚户区改造贷款贴息政策，对符合条件的棚户改造项目予以一定比例和一定期限的利息补贴，鼓励和引导信贷资金、民间资本参与棚户区改造工作。贴息资金按照国库集中支付制度的有关规定，支付到棚户区改造项目承接主体。同时，市县财政部门应建立贴息资金公示制度、贴息情况统计制度，按规定填报贴息情况表，并于每年2月28日前上报省级财政部门；省级财政部门应当于每年3月31日前将汇总的本地区贴息情况表报送财政部。贴息资金申请和使用管理自觉接受财政部门、审计机关的监督。对于违反规定，截留、挤占、挪用贴息资金以及弄虚作假骗取贴息资金的，依照《财政违法行为处罚处分条例》等国家有关规定进行处理处罚；棚户区改造项目改造承接主体违反上述贴息规定，市县财政部门可以取消其申报贴息的资格，并相应收回贴息资金。涉嫌犯罪的，应依法移送司法机关处理。

八、强化棚户区改造资金监督管理，保障棚户区改造资金专款专用

各级财政部门安排用于棚户区改造的资金，要严格按照规定用于棚户区改造项目，确保资金专款专用，任何部门、单位和个人都不得滞留、挤占和挪用。对于挤占、挪用棚户区改造资金的，要依法依规追究有关部门、单位相关责任人员的责任。各级财政部门要会同住房城乡建设等部门建立健全棚户区改造资金来源和使用情况的监督检查机制，对于资金不到位、不落实、使用不符合规定的，要及时予以纠正。

九、开展棚户区改造绩效评价工作，提高棚户区改造社会经济效益

各级财政部门、住房城乡建设部门要按照财政部、住房城乡建设部联合印发的《城镇保障性安居工程财政资金绩效评价暂行办法》（财综〔2015〕6号）的规定，开展棚户区改造资金绩效评价。棚户区改造绩效评价结果将作为分配以后年度棚户区改造资金、调整相关政策等重要参考依据。各级财政部门要会同住房城乡建设等相关部门，认真开展棚户区改造资金绩效评价工作，并做好绩效评价结果的应用，提高棚户区改造社会经济效益。

住房城乡建设部　国家发展改革委　财政部 中国人民银行 关于规范和阶段性适当降低住房公积金缴存比例的通知

2016年4月23日　建金〔2016〕74号

各省、自治区、直辖市人民政府，新疆生产建设兵团：

为贯彻落实党中央、国务院决策部署，推进结构性改革尤其是供给侧结构性改革，减轻企业负担，增强企业活力，促进增加就业和职工现金收入，经国务院同意，现就规范和阶段性适当降低住房公积金缴存比例有关事项通知如下：

一、各地区应当严格执行《住房公积金管理条例》和《建设部、财政部、中国人民银行关于住房公积金管理若干具体问题的指导意见》（建金管〔2005〕5号）规定，凡住房公积金缴存比例高于12%的，一律予以规范调整，不得超过12%。

二、各省、自治区、直辖市人民政府应当结合本地区实际情况，提出阶段性适当降低住房公积金缴存比例的具体办法，由城市人民政府负责组织实施，具体程序按照《住房公积金管理条例》有关规定执行。阶段性适当降低住房公积金缴存比例政策，从2016年5月1日起实施，暂按两年执行。

三、按照《住房公积金管理条例》有关规定，生产经营困难企业除可以降低缴存比例外，还可以申请暂缓缴存住房公积金，经本单位职工代表大会或者工会讨论通过，并经住房公积金管理中心审核，报城市住房公积金管理委员会批准后实施。待企业经济效益好转后，再提高缴存比例或恢复缴存并补缴其缓缴的住房公积金。

规范和阶段性适当降低住房公积金缴存比例是贯彻落实党中央、国务院决策部署的重要举措，涉及面广，政策性强，各地区要高度重视，周密安排，抓好落实，并于2016年6月底前将本通知落实情况报住房城乡建设部。住房城乡建设部将加强业务指导，有关执行情况及时上报国务院。

国务院办公厅
关于加快培育和发展住房租赁市场的若干意见

2016年5月17日　国办发〔2016〕39号

各省、自治区、直辖市人民政府，国务院各部委、各直属机构：

实行购租并举，培育和发展住房租赁市场，是深化住房制度改革的重要内容，是实现城镇居民住有所居目标的重要途径。改革开放以来，我国住房租赁市场不断发展，对加快改善城镇居民住房条件、推动新型城镇化进程等发挥了重要作用，但市场供应主体发育不充分、市场秩序不规范、法规制度不完善等问题仍较为突出。为加快培育和发展住房租赁市场，经国务院同意，现提出以下意见。

一、总体要求

（一）指导思想。全面贯彻党的十八大和十八届三中、四中、五中全会以及中央城镇化工作会议、中央城市工作会议精神，认真落实国务院决策部署，按照“五位一体”总体布局和“四个全面”战略布局，牢固树立和贯彻落实创新、协调、绿色、开放、共享的发展理念，以建立购租并举的住房制度为主要方向，健全以市场配置为主、政府提供基本保障的住房租赁体系。支持住房租赁消费，促进住房租赁市场健康发展。

（二）发展目标。到2020年，基本形成供应主体多元、经营服务规范、租赁关系稳定的住房租赁市场体系，基本形成保基本、促公平、可持续的公共租赁住房保障体系，基本形成市场规则明晰、政府监管有力、权益保障充分的住房租赁法规制度体系，推动实现城镇居民住有所居的目标。

二、培育市场供应主体

（三）发展住房租赁企业。充分发挥市场作用，调动企业积极性，通过租赁、购买等方式多渠道筹集房源，提高住房租赁企业规模化、集约化、专业化水平，形成大、中、小住房租赁企业协同发展的格局，满足不断增长的住房租赁需求。按照《国务院办公厅关于加快发展生活性服务业促进消费结构升级的指导意见》（国办发〔2015〕85号）有关规定，住房租赁企业享受生活性服务业的相关支持政策。

（四）鼓励房地产开发企业开展住房租赁业务。支持房地产开发企业拓展业务范围，利用已建成住房或新建住房开展租赁业务；鼓励房地产开发企业出租库存商品住房；引导房地产开发企业与住房租赁企业合作，发展租赁地产。

（五）规范住房租赁中介机构。充分发挥中介机构作用，提供规范的居间服务。努力提高中介服务质量，不断提升从业人员素质，促进中介机构依法经营、诚实守信、公平交易。

（六）支持和规范个人出租住房。落实鼓励个人出租住房的优惠政策，鼓励个人依法出租自有住房。规范个人出租住房行为，支持个人委托住房租赁企业和中介机构出租住房。

三、鼓励住房租赁消费

（七）完善住房租赁支持政策。各地要制定支持住房租赁消费的优惠政策措施，引导城镇居民通过租房解决居住问题。落实提取住房公积金支付房租政策，简化办理手续。非本地户籍承租人可按照《居住证暂行条例》等有关规定申领居住证，享受义务教育、医疗等国家规定的基本公共服务。

（八）明确各方权利义务。出租人应当按照相关法律法规和合同约定履行义务，保证住房和室内设施符合要求。住房租赁合同期限内，出租人无正当理由不得解除合同，不得单方面提高租金，不得随意克扣押金；承租人应当按照合同约定使用住房和室内设施，并按时缴纳租金。

四、完善公共租赁住房

（九）推进公租房货币化。转变公租房保障方式，实物保障与租赁补贴并举。支持公租房保障对象通过市场租房，政府对符合条件的家庭给予租赁补贴。完善租赁补贴制度，结合市场租金水平和保障对象实际情况，合理确定租赁补贴标准。

（十）提高公租房运营保障能力。鼓励地方政府采取购买服务或政府和社会资本合作（PPP）模式，将现有政府投资和管理的公租房交由专业化、社会化企业运营管理，不断提高管理和服务水平。在城镇稳定就业的外来务工人员、新就业大学生和青年医生、青年教师等专业技术人员，凡符合当地城镇居民公租房准入条件的，应纳入公租房保障范围。

五、支持租赁住房建设

（十一）鼓励新建租赁住房。各地应结合住房供需状况等因素，将新建租赁住房纳入住房发展规划，合理确定租赁住房建设规模，并在年度住房建设计划和住房用地供应计划中予以安排，引导土地、资金等资源合理配置，有序开展租赁住房建设。

（十二）允许改建房屋用于租赁。允许将商业用房等按规定改建为租赁住房，土地使用年限和容积率不变，土地用途调整为居住用地，调整后用水、用电、用气价格应当按照居民标准执行。允许将现有住房按照国家和地方的住宅设计规范改造后出租，改造中不得改变原有防火分区、安全疏散和防火分隔设施，必须确保消防设施完好有效。

六、加大政策支持力度

（十三）给予税收优惠。对依法登记备案的住房租赁企业、机构和个人，给予税收优惠政策支持。落实“营改增”关于住房租赁的有关政策，对个人出租住房的，由按照5%的征收率减按1.5%计算缴纳增值税；对个人出租住房月收入不超过3万元的，2017年底之前可按规定享受免征增值税政策；对房地产中介机构提供住房租赁经纪代理服务，适用6%的增值税税率；对一般纳税人出租在实施“营改增”试点前取得的不动产，允许选择适用简易计税办法，按照5%的征收率计算缴纳增值税。对个人出租住房所得，减半征收个人所得税；对个人承租住房的租金支出，结合个人所得税改革，统筹研究有关费用扣除问题。

（十四）提供金融支持。鼓励金融机构按照依法合规、风险可控、商业可持续的原则，向住房租赁企业提供金融支持。支持符合条件的住房租赁企业发行债券、不动产证券化产品。稳步推进房地产投资信托基金（REITs）试点。

（十五）完善供地方式。鼓励地方政府盘活城区存量土地，采用多种方式增加租赁住房用地有效供应。新建租赁住房项目用地以招标、拍卖、挂牌方式出让的，出让方案和合同中应明确规定持有出租的年限。

七、加强住房租赁监管

（十六）健全法规制度。完善住房租赁法律法规，明确当事人的权利义务，规范市场行为，稳定租赁关系。推行住房租赁合同示范文本和合同网上签约，落实住房租赁合同登记备案制度。

（十七）落实地方责任。省级人民政府要加强本地区住房租赁市场管理，加强工作指导，研究解决重点难点问题。城市人民政府对本行政区域内的住房租赁市场管理负总责，要建立多部门联合监管体制，明确职责分工，充分发挥街道、乡镇等基层组织作用，推行住房租赁网格化管理。加快建设住房租赁信息服务与监管平台，推进部门间信息共享。

（十八）加强行业管理。住房城乡建设部门负责住房租赁市场管理和相关协调工作，要会同有关部门加强住房租赁市场监管，完善住房租赁企业、中介机构和从业人员信用管理制度，全面建立相关市场主体信用记录，纳入全国信用信息共享平台，对严重失信主体实施联合惩戒。公安部门要加强出租住房治安管理和住房租赁当事人居住登记，督促指导居民委员会、村民委员会、物业服务企业以及其他管理单位排查安全隐患。各有关部门要按照职责分工，依法查处利用出租住房从事违法经营活动。

各地区、各有关部门要充分认识加快培育和发展住房租赁市场的重要意义，加强组织领导，健全工作机制，做好宣传引导，营造良好环境。各地区要根据本意见，研究制定具体实施办法，落实工作责任，确保各项工作有序推进。住房城乡建设部要会同有关部门对本意见落实情况进行督促检查。

住房城乡建设部　财政部　国土资源部
关于进一步做好棚户区改造工作有关问题的通知

2016年7月11日　建保〔2016〕156号

各省、自治区住房城乡建设厅、财政厅、国土资源厅，北京市住房城乡建设委、重大项目建设指挥部办公室、财政局、国土资源局，天津市城乡建设委、财政局、国土资源房屋管理局，上海市住房城乡建设管理委、财政局、规划和国土资源局，重庆市城乡建设委、财政局、国土资源房屋管理局，新疆生产建设兵团建设局、财务局、国土资源局：

棚户区改造是一项系统工程。它既包括棚户区征收拆迁和居民安置，还包括开发利用好腾空土地资源，实现腾空土地出让，依合同约定及时偿还开发银行、农业发展银行等金融机构棚改贷款，实现在市域范围内棚改资金大体平衡。为做好这两方面的工作，全面推进棚改，现就有关问题通知如下：

一、加速推进棚改。《政府工作报告》已经明确2016年改造600万套棚户区住房任务，要在原来工作基础上，进一步加大棚改推进力度，确保早开工、早见效；确保提高棚改货币化安置比例；确保落实棚改信贷支持政策；确保棚改资金安全高效利用。同时，要抓紧筹划2017年棚改工作。

二、依法依规控制棚改成本。要树立精打细算理念，严格依法依规办事。要建立健全征收拆迁补偿标准的规则，严格评估制度，确保征收过程公开公平公正。严禁大手大脚花钱，严禁违规支出。

三、科学规划棚改腾空的土地。按照《中共中央　国务院关于进一步加强城市规划建设管理工作的若干意见》（中发〔2016〕6号）提出的“合理安排建设用地，推动城市集约发展”要求，做好城市规划工作。腾空土地的道路、绿地、公共空间与公共服务设施用地的占比，不得超过国家规定的规划建设用地标准。要通过科学规划，集约节约利用土地，确保有足够的土地可以出让。

四、注重配套和环境建设。要在科学规划的基础上，加强腾空区道路、供水、供电等基础设施建设，同时要抓好教育文化、医疗卫生、商业等公共设施建设，搞好绿化，美化环境，吸引企事业单位和居民进驻。

五、优先安排出让棚改腾空的土地。在编制地区土地利用规划、制定年度土地供应计划时，要优先安排棚改腾空土地出让。市、县的棚改腾空土地出让收入、属于政府所有的棚改安置小区配套商业设施销售收入，优先用于棚改；棚改实施主体要构建动态还款机制，确保按合同约定及时偿还贷款。

六、同步推进产业发展。各地在推进棚改的同时，必须努力发挥本地优势，大力开展招商引资，吸引更多社会投资，培育主导产业，完善产业链条，创造新的就业机会，让城市居民不仅住得下，而且住得好。

各省、自治区、直辖市住房城乡建设、财政、国土资源部门要积极争取本地区党委、政府的重视和支持，与开发银行、农业发展银行等金融机构密切配合，努力完成今年棚改征收拆迁和居民安置任务，实现在市域范围内棚改资金大体平衡。

住房城乡建设部　国家发展和改革委员会　工业和信息化部　中国人民银行　国家税务总局　国家工商行政管理总局　中国银行业监督管理委员会　关于加强房地产中介管理促进行业健康发展的意见

2016年7月29日　建房〔2016〕168号

各省、自治区、直辖市住房城乡建设厅（建委、房地局）、发展改革委、物价局、通信管理局、工商局（市场监督管理部门）、银监局，中国人民银行上海总部、各分行、营业管理部、省会（首府）城市中心支行、副省级城市中心支行，各省、自治区、直辖市、计划单列市国家税务局、地方税务局：

房地产中介行业是房地产业的重要组成部分。近年来，房地产中介行业发展较快，在活跃市场、促进交易等方面发挥了重要作用。但部分中介机构和从业人员存在着经营行为不规范、侵害群众合法权益、扰乱市场秩序等问题。为加强房地产中介管理，保护群众合法权益，促进行业健康发展，现提出以下意见：

一、规范中介服务行为

（一）规范中介机构承接业务。中介机构在接受业务委托时，应当与委托人签订书面房地产中介服务合同并归档备查，房地产中介服务合同中应当约定进行房源信息核验的内容。中介机构不得为不符合交易条件的保障性住房和禁止交易的房屋提供中介服务。

（二）加强房源信息尽职调查。中介机构对外发布房源信息前，应当核对房屋产权信息和委托人身份证明等材料，经委托人同意后到房地产主管部门进行房源信息核验，并编制房屋状况说明书。房屋状况说明书要标明房源信息核验情况、房地产中介服务合同编号、房屋坐落、面积、产权状况、挂牌价格、物业服务费、房屋图片等，以及其他应当说明的重要事项。

（三）加强房源信息发布管理。中介机构发布的房源信息应当内容真实、全面、准确，在门店、网站等不同渠道发布的同一房源信息应当一致。房地产中介从业人员应当实名在网站等渠道上发布房源信息。中介机构不得发布未经产权人书面委托的房源信息，不得隐瞒抵押等影响房屋交易的信息。对已出售或出租的房屋，促成交易的中介机构要在房屋买卖或租赁合同签订之日起2个工作日内，将房源信息从门店、网站等发布渠道上撤除；对委托人已取消委托的房屋，中介机构要在2个工作日内将房源信息从各类渠道上撤除。

（四）规范中介服务价格行为。房地产中介服务收费由当事人依据服务内容、服务成本、服务质量和市场供求状况协商确定。中介机构应当严格遵守《中华人民共和国价格法》《关于商品和服务实行明码标价的规定》及《商品房销售明码标价规定》等法律法规，在经营场所醒目位置标识全部服务项目、服务内容、计费方式和收费标准，各项服务均须单独标价。提供代办产权过户、贷款等服务的，应当由委托人自愿选择，并在房地产中介服务合同中约定。中介机构不得实施违反《中华人民共和国价格法》《中华人民共和国反垄断法》规定的价格违法行为。

（五）规范中介机构与金融机构业务合作。中介机构提供住房贷款代办服务的，应当由委托人自主选择金融机构，并提供当地的贷款条件、最低首付比例和利率等房地产信贷政策，供委托人参考。中介机构不得强迫委托人选择其指定的金融机构，不得将金融服务与其他服务捆绑，不得提供或与其他机构合作提供首付贷等违法违规的金融产品和服务，不得向金融机构收取或变相收取返佣等费用。金融机构不得与未在房地产主管部门备案的中介机构合作提供金融服务。

（六）规范中介机构涉税服务。中介机构和从业人员在协助房地产交易当事人办理纳税申报等涉税事项时，应当如实告知税收规定和优惠政策，协助交易当事人依法诚信纳税。税务机关对在房地产主管部门备案的中介机构和取得职业资格的从业人员，其协助房地产交易当事人办理申报纳税事项诚信记录良好的，应当提供方便快捷的服务。从业人员在办理涉税业务时，应当主动出示标明姓名、机构名称、国家职业资格等信息的工作牌。中介机构和从业人员不得诱导、唆使、协助交易当事人签订“阴阳合同”，低报成交价格；不得帮助或唆使交易当事人伪造虚假证明，骗取税收优惠；不得倒卖纳税预约号码。

二、完善行业管理制度

（七）提供便捷的房源核验服务。市、县房地产主管部门要对房屋产权人、备案的中介机构提供房源核验服务，发放房源核验二维码，并实时更新产权状况。积极推行房地产中介服务合同网签和统一编号管理制度。房地产中介服务合同编号应当与房源核验二维码关联，确保真实房源、真实委托。中介机构应当在发布的房源信息中明确标识房源核验二维码。

（八）全面推行交易合同网签制度。市、县房地产主管部门应当按照《国务院办公厅关于促进房地产市场平稳健康发展的通知》（国办发〔2010〕4号）要求，全面推进存量房交易合同网签系统建设。备案的中介机构可进行存量房交易合同网上签约。已建立存量房交易合同网签系统的市、县，要进一步完善系统，实现行政区域的全覆盖和交易产权档案的数字化；尚未建立系统的，要按规定完成系统建设并投入使用。住房城乡建设部将开展存量房交易合同网签系统建设和使用情况的专项督查。

（九）健全交易资金监管制度。市、县房地产主管部门要建立健全存量房交易资金监管制度。中介机构及其从业人员不得通过监管账户以外的账户代收代付交易资金，不得侵占、挪用交易资金。已建立存量房交易资金监管制度的市、县，要对制度执行情况进行评估，不断优化监管方式；尚未建立存量房交易资金监管制度的，要在2016年12月31日前出台监管办法，明确监管制度并组织实施。省级住房城乡建设部门要对所辖市、县交易资金监管制度落实情况进行督促检查，并于2016年12月31日前将落实情况报住房城乡建设部。

（十）建立房屋成交价格和租金定期发布制度。市、县房地产主管部门要会同价格主管部门加强房屋成交价格和租金的监测分析工作，指导房屋交易机构、价格监测机构等建立分区域房屋成交价格和租金定期发布制度，合理引导市场预期。

三、加强中介市场监管

（十一）严格落实中介机构备案制度。中介机构及其分支机构应当按规定到房地产主管部门备案。通过互联网提供房地产中介服务的机构，应当到机构所在地省级通信主管部门办理网站备案，并到服务覆盖地的市、县房地产主管部门备案。房地产、通信、工商行政主管部门要建立联动机制，定期交换中介机构工商登记和备案信息，并在政府网站等媒体上公示备案、未备案的中介机构名单，提醒群众防范交易风险，审慎选择中介机构。

（十二）积极推行从业人员实名服务制度。中介机构备案时，要提供本机构所有从事经纪业务的人员信息。市、县房地产主管部门要对中介从业人员实名登记。中介从业人员服务时应当佩戴标明姓名、机构名称、国家职业资格等信息的工作牌。各地房地产主管部门要积极落实房地产经纪专业人员职业资格制度，鼓励中介从业人员参加职业资格考试、接受继续教育和培训，不断提升职业能力和服务水平。

（十三）加强行业信用管理。市、县房地产主管部门要会同价格、通信、金融、税务、工商行政等主管部门加快建设房地产中介行业信用管理平台，定期交换中介机构及从业人员的诚信记录，及时将中介机构及从业人员的基本情况、良好行为以及不良行为记入信用管理平台，并向社会公示。有关部门要不断完善诚信典型“红名单”制度和严重失信主体“黑名单”制度，建立健全守信联合激励和失信联合惩戒制度。对诚实守信的中介机构和从业人员，在办理房源核验、合同网签、代办贷款等业务时，可根据实际情况实施“绿色通道”等便利服务措施；在日常检查、专项检查中优化检查频次；在选择中介机构运营管理政府投资的公租房时，优先考虑诚信中介机构。对违法违规的中介机构和从业人员，有关部门要在依法依规对失信行为作出处理和评价的基础上，通过信息共享，对严重失信行为采取联合惩戒措施，将严重失信主体列为重点监管对象，限制其从事各类房地产中介服务。有关部门对中介机构作出的违法违规决定和“黑名单”情况，要通过企业信用信息公示系统依法公示。对严重失信中介机构及其法定代表人、主要负责人和对失信行为负有直接责任的从业人员等，要联合实施市场和行业禁入措施。逐步建立全国房地产中介行业信用管理平台，并纳入全国社会信用体系。

（十四）强化行业自律管理。充分发挥行业协会作用，建立健全地方行业协会组织。行业协会要建立健全行规行约、职业道德准则、争议处理规则，推行行业质量检查，公开检查和处分的信息，增强行业协会在行业自律、监督、协调、服务等方面的功能。各级行业协会要积极开展行业诚信服务承诺活动，督促房地产中介从业人员遵守职业道德准则，保护消费者权益，及时向主管部门提出行业发展的意见和建议。

（十五）建立多部门联动机制。省级房地产、价格、通信、金融、税务、工商行政等主管部门要加强对市、县工作的监督和指导，建立联动监管机制。市、县房地产主管部门负责房地产中介行业管理和组织协调，加强中介机构和从业人员管理；价格主管部门负责中介价格行为监管，充分发挥12358价格监管平台作用，及时处理投诉举报，依法查处价格违法行为；通信主管部门负责房地产中介网站管理，依法处置违法违规房地产中介网站；工商行政主管部门负责中介机构工商登记，依法查处未办理营业执照从事中介业务的机构；金融、税务等监管部门按照职责分工，配合做好房地产中介行业管理工作。

（十六）强化行业监督检查。市、县房地产主管部门要加强房地产中介行业管理队伍建设，会同有关部门建立健全日常巡查、投诉受理等制度，大力推广随机抽查监管，建立“双随机”抽查机制，开展联合抽查。对存在违法违规行为的中介机构和从业人员，应当责令限期改正，依法给予罚款等行政处罚，记入信用档案；对违法违规的中介机构，应按规定取消其网上签约资格。对严重侵害群众权益、扰乱市场秩序的中介机构，工商行政主管部门要依法将其清出市场。

国务院办公厅
关于大力发展装配式建筑的指导意见

2016年9月27日　国办发〔2016〕71号

各省、自治区、直辖市人民政府，国务院各部委、各直属机构：

装配式建筑是用预制部品部件在工地装配而成的建筑。发展装配式建筑是建造方式的重大变革，是推进供给侧结构性改革和新型城镇化发展的重要举措，有利于节约资源能源、减少施工污染、提升劳动生产效率和质量安全水平，有利于促进建筑业与信息化工业化深度融合、培育新产业新动能、推动化解过剩产能。近年来，我国积极探索发展装配式建筑，但建造方式大多仍以现场浇筑为主，装配式建筑比例和规模化程度较低，与发展绿色建筑的有关要求以及先进建造方式相比还有很大差距。为贯彻落实《中共中央　国务院关于进一步加强城市规划建设管理工作的若干意见》和《政府工作报告》部署，大力发展装配式建筑，经国务院同意，现提出以下意见。

一、总体要求

（一）指导思想。全面贯彻党的十八大和十八届三中、四中、五中全会以及中央城镇化工作会议、中央城市工作会议精神，认真落实党中央、国务院决策部署，按照“五位一体”总体布局和“四个全面”战略布局，牢固树立和贯彻落实创新、协调、绿色、开放、共享的发展理念，按照适用、经济、安全、绿色、美观的要求，推动建造方式创新，大力发展装配式混凝土建筑和钢结构建筑，在具备条件的地方倡导发展现代木结构建筑，不断提高装配式建筑在新建建筑中的比例。坚持标准化设计、工厂化生产、装配化施工、一体化装修、信息化管理、智能化应用，提高技术水平和工程质量，促进建筑产业转型升级。

（二）基本原则。坚持市场主导、政府推动。适应市场需求，充分发挥市场在资源配置中的决定性作用，更好发挥政府规划引导和政策支持作用，形成有利的体制机制和市场环境，促进市场主体积极参与、协同配合，有序发展装配式建筑。

坚持分区推进、逐步推广。根据不同地区的经济社会发展状况和产业技术条件，划分重点推进地区、积极推进地区和鼓励推进地区，因地制宜、循序渐进，以点带面、试点先行，及时总结经验，形成局部带动整体的工作格局。

坚持顶层设计、协调发展。把协同推进标准、设计、生产、施工、使用维护等作为发展装配式建筑的有效抓手，推动各个环节有机结合，以建造方式变革促进工程建设全过程提质增效，带动建筑业整体水平的提升。

（三）工作目标。以京津冀、长三角、珠三角三大城市群为重点推进地区，常住人口超过300万人的其他城市为积极推进地区，其余城市为鼓励推进地区，因地制宜发展装配式混凝土结构、钢结构和现代木结构等装配式建筑。力争用10年左右的时间，使装配式建筑占新建建筑面积的比例达到30%。

同时，逐步完善法律法规、技术标准和监管体系，推动形成一批设计、施工、部品部件规模化生产企业，具有现代装配建造水平的工程总承包企业以及与之相适应的专业化技能队伍。

二、重点任务

（四）健全标准规范体系。加快编制装配式建筑国家标准、行业标准和地方标准，支持企业编制标准、加强技术创新，鼓励社会组织编制团体标准，促进关键技术和成套技术研究成果转化为标准规范。强化建筑材料标准、部品部件标准、工程标准之间的衔接。制修订装配式建筑工程定额等计价依据。完善装配式建筑防火抗震防灾标准。研究建立装配式建筑评价标准和方法。逐步建立完善覆盖设计、生产、施工和使用维护全过程的装配式建筑标准规范体系。

（五）创新装配式建筑设计。统筹建筑结构、机电设备、部品部件、装配施工、装饰装修，推行装配式建筑一体化集成设计。推广通用化、模数化、标准化设计方式，积极应用建筑信息模型技术，提高建筑领域各专业协同设计能力，加强对装配式建筑建设全过程的指导和服务。鼓励设计单位与科研院所、高校等联合开发装配式建筑设计技术和通用设计软件。

（六）优化部品部件生产。引导建筑行业部品部件生产企业合理布局，提高产业聚集度，培育一批技术先进、专业配套、管理规范的骨干企业和生产基地。支持部品部件生产企业完善产品品种和规格，促进专业化、标准化、规模化、信息化生产，优化物流管理，合理组织配送。积极引导设备制造企业研发部品部件生产装备机具，提高自动化和柔性加工技术水平。建立部品部件质量验收机制，确保产品质量。

（七）提升装配施工水平。引导企业研发应用与装配式施工相适应的技术、设备和机具，提高部品部件的装配施工连接质量和建筑安全性能。鼓励企业创新施工组织方式，推行绿色施工，应用结构工程与分部分项工程协同施工新模式。支持施工企业总结编制施工工法，提高装配施工技能，实现技术工艺、组织管理、技能队伍的转变，打造一批具有较高装配施工技术水平的骨干企业。

（八）推进建筑全装修。实行装配式建筑装饰装修与主体结构、机电设备协同施工。积极推广标准化、集成化、模块化的装修模式，促进整体厨卫、轻质隔墙等材料、产品和设备管线集成化技术的应用，提高装配化装修水平。倡导菜单式全装修，满足消费者个性化需求。

（九）推广绿色建材。提高绿色建材在装配式建筑中的应用比例。开发应用品质优良、节能环保、功能良好的新型建筑材料，并加快推进绿色建材评价。鼓励装饰与保温隔热材料一体化应用。推广应用高性能节能门窗。强制淘汰不符合节能环保要求、质量性能差的建筑材料，确保安全、绿色、环保。

（十）推行工程总承包。装配式建筑原则上应采用工程总承包模式，可按照技术复杂类工程项目招投标。工程总承包企业要对工程质量、安全、进度、造价负总责。要健全与装配式建筑总承包相适应的发包承包、施工许可、分包管理、工程造价、质量安全监管、竣工验收等制度，实现工程设计、部品部件生产、施工及采购的统一管理和深度融合，优化项目管理方式。鼓励建立装配式建筑产业技术创新联盟，加大研发投入，增强创新能力。支持大型设计、施工和部品部件生产企业通过调整组织架构、健全管理体系，向具有工程管理、设计、施工、生产、采购能力的工程总承包企业转型。

（十一）确保工程质量安全。完善装配式建筑工程质量安全管理制度，健全质量安全责任体系，落实各方主体质量安全责任。加强全过程监管，建设和监理等相关方可采用驻厂监造等方式加强部品部件生产质量管控；施工企业要加强施工过程质量安全控制和检验检测，完善装配施工质量保证体系；在建筑物明显部位设置永久性标牌，公示质量安全责任主体和主要责任人。加强行业监管，明确符合装配式建筑特点的施工图审查要求，建立全过程质量追溯制度，加大抽查抽测力度，严肃查处质量安全违法违规行为。

三、保障措施

（十二）加强组织领导。各地区要因地制宜研究提出发展装配式建筑的目标和任务，建立健全工作机制，完善配套政策，组织具体实施，确保各项任务落到实处。各有关部门要加大指导、协调和支持力度，将发展装配式建筑作为贯彻落实中央城市工作会议精神的重要工作，列入城市规划建设管理工作监督考核指标体系，定期通报考核结果。

（十三）加大政策支持。建立健全装配式建筑相关法律法规体系。结合节能减排、产业发展、科技创新、污染防治等方面政策，加大对装配式建筑的支持力度。支持符合高新技术企业条件的装配式建筑部品部件生产企业享受相关优惠政策。符合新型墙体材料目录的部品部件生产企业，可按规定享受增值税即征即退优惠政策。在土地供应中，可将发展装配式建筑的相关要求纳入供地方案，并落实到土地使用合同中。鼓励各地结合实际出台支持装配式建筑发展的规划审批、土地供应、基础设施配套、财政金融等相关政策措施。政府投资工程要带头发展装配式建筑，推动装配式建筑"走出去"。在中国人居环境奖评选、国家生态园林城市评估、绿色建筑评价等工作中增加装配式建筑方面的指标要求。

（十四）强化队伍建设。大力培养装配式建筑设计、生产、施工、管理等专业人才。鼓励高等学校、职业学校设置装配式建筑相关课程，推动装配式建筑企业开展校企合作，创新人才培养模式。在建筑行业专业技术人员继续教育中增加装配式建筑相关内容。加大职业技能培训资金投入，建立培训基地，加强岗位技能提升培训，促进建筑业农民工向技术工人转型。加强国际交流合作，积极引进海外专业人才参与装配式建筑的研发、生产和管理。

（十五）做好宣传引导。通过多种形式深入宣传发展装配式建筑的经济社会效益，广泛宣传装配式建筑基本知识，提高社会认知度，营造各方共同关注、支持装配式建筑发展的良好氛围，促进装配式建筑相关产业和市场发展。

住房城乡建设部　财政部
关于做好城镇住房保障家庭租赁补贴工作的指导意见

2016年12月8日　建保〔2016〕281号

各省、自治区住房城乡建设厅、财政厅，北京市住房城乡建设委、财政局，天津市城乡建设委、国土资源房屋管理局、财政局，上海市住房城乡建设管理委、财政局，重庆市城乡建设委、国土资源房屋管理局、财政局，新疆生产建设兵团建设局、财务局：

为贯彻落实《国务院办公厅关于加快培育和发展住房租赁市场的若干意见》（国办发〔2016〕39号），进一步做好城镇住房保障家庭租赁补贴工作，完善住房保障制度，现提出以下意见：

一、总体要求

（一）指导思想

深入贯彻党的十八大和十八届三中、四中、五中、六中全会以及中央城市工作会议精神，认真落实国务院决策部署，以建立购房与租房并举、市场配置与政府保障相结合的住房制度为主要方向，进一步完善住房保障制度。城镇住房保障采取实物配租与租赁补贴相结合的方式，逐步转向以租赁补贴为主。

（二）基本原则

1.因地制宜，因城施策。各地要根据经济发展水平、房地产市场状况、政府财政承受能力、住房保障对象需求等因素，合理确定租赁补贴的发放规模和发放对象。公租房存量较大、租赁补贴需求较小的地区，应加大公租房分配入住力度。

2.市场导向，动态调整。各地要结合当地住房市场租金水平、人均住房面积等情况，合理确定租赁补贴标准和补贴面积等，建立健全租赁补贴制度，并动态调整。

3.分类保障，差别补贴。根据住房保障家庭的住房困难程度和支付能力，各地可分类别、分层次对在市场租房居住的住房保障家庭予以差别化的租赁补贴，保障其基本居住需求。

二、明确租赁补贴具体政策

（一）研究制定准入条件。各地要研究制定租赁补贴申请家庭的住房、收入、财产等准入条件，原则上租赁补贴申请家庭的人均可支配收入应低于当地城镇人均可支配收入的一定比例，具体条件和比例由各地研究确定，并动态调整，向社会公布。

（二）分档确定补贴标准。各地要结合当地住房租赁市场的租金水平、补贴申请家庭支付能力以及财力水平等因素，分档确定租赁补贴的标准，具体标准由各地研究确定，并动态调整，向社会公布。

（三）合理确定租赁补贴面积。各地要结合租赁补贴申请家庭的成员数量和本地区人均住房面积等情况，合理确定租赁补贴面积标准，原则上住房保障家庭应租住中小户型住房，户均租赁补贴面积不超过60平方米，超出部分由住房保障家庭自行承担。

（四）加大政策支持力度。各地发放租赁补贴的户数列入全国城镇保障性安居工程年度计划。市、县财政要安排专项资金发放租赁补贴，省级财政要继续支持市、县租赁补贴工作，中央财政城镇保障性安居工程专项资金可统筹用于发放租赁补贴。

三、强化租赁补贴监督管理

（一）规范合同备案制度。租赁补贴申请家庭应与房屋产权人或其委托人签订租赁合同，并及时将租赁合同、房屋权属证明、租赁发票等材料提交住房城乡建设部门审核。各地要根据轮候排序结果，与补贴申请家庭签订租赁补贴协议，明确补贴标准、发放期限和停发补贴事项及违约责任等，并按月或季度发放租赁补贴，在每年12月25日前完成年度最后一次租赁补贴的核发。租赁补贴发放方式由各地自行确定，确保用于住房保障家庭租赁住房。

（二）建立退出机制。各地要按户建立租赁补贴档案，定期进行复核，及时掌握补贴发放家庭的人口、收入、住房等信息的变动状况。对符合条件的，继续发放租赁补贴；对不再符合租赁补贴保障条件的家庭，应终止发放租赁补贴。领取补贴期间申请实物配租公租房的，配租入住后停止发放租赁补贴。

（三）健全信息公开和监督机制。各地要建立健全租赁补贴的申请、受理、审核、公示和发放机制，全面公开租赁补贴的发放计划、发放对象、申请审核程序、发放结果及退出情况等信息，畅通投诉举报渠道，主动接受社会监督，确保租赁补贴发放的公平、公开、公正。

四、加强组织领导

（一）进一步提高对租赁补贴工作重要性的认识。切实做好城镇住房保障家庭租赁补贴有关工作，是优化住房保障方式，深化住房制度改革，加快改善城镇住房困难家庭居住条件的重要举措；也是引导城镇居民合理住房消费，促进房地产市场平稳健康发展，培育和发展住房租赁市场，推动新型城镇化进程的必然要求。各地要结合实际，研究出台或修订具体实施意见（方案），确保租赁补贴工作的顺利开展。

（二）明确部门职责及协调机制。各地要建立健全租赁补贴申请家庭对申请材料真实性负责的承诺、授权审核制度。住房城乡建设、财政等部门要根据职责，做好租赁补贴申请材料的受理、审核工作，建立信息共享机制，着力提高补贴发放资格审核的准确性，对符合条件的住房保障家庭及时予以公示。财政部门根据审核结果，及时拨付租赁补贴资金，并对资金使用情况履行监管职责。对租赁补贴工作中存在违法违规行为的单位或个人，应依法依规追究相关责任。

国土资源部
关于进一步加快宅基地和集体建设用地确权登记发证有关问题的通知

2016年12月16日　国土资发〔2016〕191号

各省、自治区、直辖市国土资源主管部门，新疆生产建设兵团国土资源局：

《国土资源部 财政部 住房城乡建设部 农业部 国家林业局关于进一步加快推进宅基地和集体建设用地使用权确权登记发证工作的通知》（国土资发〔2014〕101号）印发以来，各地采取切实措施，大力推进农村宅基地和集体建设用地确权登记发证工作，取得了积极进展。但同时也遇到了一些问题，比如有的地方农村地籍调查工作基础薄弱，难以有效支撑和保障农村房地一体的不动产登记；有的地方只开展宅基地、集体建设用地调查，没有调查房屋及其他定着物；个别地方不动产统一登记发证后，仍然颁发老证；一些地方宅基地“一户多宅”、超占面积等问题比较严重，且时间跨度大，权源资料不全等，影响了不动产登记工作的整体进度。尤其是农村土地制度改革试点地区土地确权登记发证迟缓，直接影响了试点工作的顺利推进。为进一步加快农村宅基地和集体建设用地确权登记发证工作，有效支撑农村土地制度改革，现就有关问题通知如下：

一、颁发统一的不动产权证书。目前全国所有的市、县均已完成不动产统一登记职责机构整合，除西藏的部分市、县外，都已实现不动产登记“发新停旧”。农村宅基地和集体建设用地使用权以及房屋所有权是不动产统一登记的重要内容，各地要按照《不动产登记暂行条例》《不动产登记暂行条例实施细则》《不动产登记操作规范（试行）》等法规政策规定，颁发统一的不动产权证书。涉及设立抵押权、地役权或者办理预告登记、异议登记的，依法颁发不动产登记证明。

二、因地制宜开展房地一体的权籍调查。各地要开展房地一体的农村权籍调查，将农房等宅基地、集体建设用地上的定着物纳入工作范围。对于已完成农村地籍调查的宅基地、集体建设用地，应进一步核实完善地籍调查成果，补充开展房屋调查，形成满足登记要求的权籍调查成果。对于尚未开展农村地籍调查的宅基地、集体建设用地，应采用总调查的模式，由县级以上地方人民政府统一组织开展房地一体的权籍调查。农村权籍调查不得收费，不得增加农民负担。

农村权籍调查中的房屋调查要执行《农村地籍和房屋调查技术方案（试行）》有关要求。条件不具备的，可采用简便易行的调查方法，通过描述方式调查记录房屋的权利人、建筑结构、层数等内容，实地指界并丈量房屋边长，简易计算房屋占地面积，形成满足登记要求的权籍调查成果。对于新型农村社区或多（高）层多户的，可通过实地丈量房屋边长和核实已有户型图等方式，计算房屋占地面积和建筑面积。

三、规范编制不动产单元代码。宅基地、集体建设用地和房屋等定着物应一并划定不动产单元，编制不动产单元代码。对于已完成宗地统一代码编制的，应以宗地为基础，补充房屋等定着物信息，形成不动产单元代码。对于未开展宗地统一代码编制或宗地统一代码不完备的，可在地籍区（子区）划分成果基础上，充分利用已有的影像图、地形图等数据资料，通过坐落、界址点坐标等信息预判宗地或房屋位置，补充开展权籍调查等方式，编制形成唯一的不动产单元代码。

四、公示权属调查结果。县级以上地方人民政府统一组织的宅基地、集体建设用地和房屋首次登记，权属调查成果要在本集体经济组织范围内公示。开展农村房地一体权籍调查时，不动产登记机构（国土资源主管部门）应将宅基地、集体建设用地和房屋的权属调查结果送达农村集体经济组织，并要求在村民会议或村民代表会议上说明，同时以张贴公告等形式公示权属调查结果。对于外出务工人员较多的地区，可通过电话、微信等方式将权属调查结果告知权利人及利害关系人。

五、结合实际依法处理"一户多宅"问题。宅基地使用权应按照"一户一宅"要求，原则上确权登记到"户"。符合当地分户建房条件未分户，但未经批准另行建房分开居住的，其新建房屋占用的宅基地符合相关规划，经本农民集体同意并公告无异议的，可按规定补办有关用地手续后，依法予以确权登记；未分开居住的，其实际使用的宅基地没有超过分户后建房用地合计面积标准的，依法按照实际使用面积予以确权登记。

六、分阶段依法处理宅基地超面积问题。农民集体成员经过批准建房占用宅基地的，按照批准面积予以确权登记。未履行批准手续建房占用宅基地的，按以下规定处理：1982年《村镇建房用地管理条例》实施前，农民集体成员建房占用的宅基地，范围在《村镇建房用地管理条例》实施后至今未扩大的，无论是否超过其后当地规定面积标准，均按实际使用面积予以确权登记。1982年《村镇建房用地管理条例》实施起至1987年《土地管理法》实施时止，农民集体成员建房占用的宅基地，超过当地规定面积标准的，超过面积按国家和地方有关规定处理的结果予以确权登记。1987年《土地管理法》实施后，农民集体成员建房占用的宅基地，符合规划但超过当地面积标准的，在补办相关用地手续后，依法对标准面积予以确权登记，超占面积在登记簿和权属证书附记栏中注明。

历史上接受转让、赠与房屋占用的宅基地超过当地规定面积标准的，按照转让、赠与行为发生时对宅基地超面积标准的政策规定，予以确权登记。

七、依法确定非本农民集体成员合法取得的宅基地使用权。非本农民集体成员因扶贫搬迁、地质灾害防治、新农村建设、移民安置等按照政府统一规划和批准使用宅基地的，在退出原宅基地并注销登记后，依法确定新建房屋占用的宅基地使用权。

1982年《村镇建房用地管理条例》实施前，非农业户口居民（含华侨）合法取得的宅基地或因合法取得房屋而占用的宅基地，范围在《村镇建房用地管理条例》实施后至今未扩大的，可按实际使用面积予以确权登记。1982年《村镇建房用地管理条例》实施起至1999年《土地管理法》修订实施时止，非农业户口居民（含华侨）合法取得的宅基地或因合法取得房屋而占用的宅基地，按照批准面积予以确权登记，超过批准的面积在登记簿和权属证书附记栏中注明。

八、依法维护农村妇女和进城落户农民的宅基地权益。农村妇女作为家庭成员，其宅基地权益应记载到不动产登记簿及权属证书上。农村妇女因婚嫁离开原农民集体，取得新家庭宅基地使用权的，应依法予以确权登记，同时注销其原宅基地使用权。

农民进城落户后，其原合法取得的宅基地使用权应予以确权登记。

九、分阶段依法确定集体建设用地使用权。1987年《土地管理法》实施前，使用集体土地兴办乡（镇）村公益事业和公共设施，经所在乡（镇）人民政府审核后，可依法确定使用单位集体建设用地使用权。乡镇企业用地和其他经依法批准用于非住宅建设的集体土地，至今仍继续使用的，经所在农民集体同意，报乡（镇）人民政府审核后，依法确定使用单位集体建设用地使用权。1987年《土地管理法》实施后，乡（镇）村公益事业和公共设施用地、乡镇企业用地和其他经依法批准用于非住宅建设的集体土地，应当依据县级以上人民政府批准文件，确定使用单位集体建设用地使用权。

十、规范没有土地权属来源材料的宅基地、集体建设用地确权登记程序。对于没有权属来源材料的宅基地，应当查明土地历史使用情况和现状，由所在农民集体或村委会对宅基地使用权人、面积、四至范围等进行确认后，公告30天无异议，并出具证明，经乡（镇）人民政府审核，报县级人民政府审定，属于合法使用的，予以确权登记。

对于没有权属来源材料的集体建设用地，应当查明土地历史使用情况和现状，认定属于合法使用的，经所在农民集体同意，并公告30天无异议，经乡（镇）人民政府审核，报县级人民政府批准，予以确权登记。

财政部　国家税务总局
关于明确金融　房地产开发　教育辅助服务等增值税政策的通知

2016年12月21日　财税〔2016〕140号

各省、自治区、直辖市、计划单列市财政厅（局）、国家税务局，地方税务局，新疆生产建设兵团财务局：

现将“营改增”试点期间有关金融、房地产开发、教育辅助服务等政策补充通知如下：

一、《销售服务、无形资产、不动产注释》（财税〔2016〕36号）第一条第（五）项第1点所称“保本收益、报酬、资金占用费、补偿金”，是指合同中明确承诺到期本金可全部收回的投资收益。金融商品持有期间（含到期）取得的非保本的上述收益，不属于利息或利息性质的收入，不征收增值税。

二、纳税人购入基金、信托、理财产品等各类资产管理产品持有至到期，不属于《销售服务、无形资产、不动产注释》（财税〔2016〕36号）第一条第（五）项第4点所称的金融商品转让。

三、证券公司、保险公司、金融租赁公司、证券基金管理公司、证券投资基金以及其他经人民银行、银监会、证监会、保监会批准成立且经营金融保险业务的机构发放贷款后，自结息日起90天内发生的应收未收利息按现行规定缴纳增值税，自结息日起90天后发生的应收未收利息暂不缴纳增值税，待实际收到利息时按规定缴纳增值税。

四、资管产品运营过程中发生的增值税应税行为，以资管产品管理人为增值税纳税人。

五、纳税人2016年1—4月转让金融商品出现的负差，可结转下一纳税期，与2016年5—12月转让金融商品销售额相抵。

六、《财政部 国家税务总局关于全面推开营业税改征增值税试点的通知》（财税〔2016〕36号）所称“人民银行、银监会或者商务部批准”“商务部授权的省级商务主管部门和国家经济技术开发区批准”从事融资租赁业务（含融资性售后回租业务）的试点纳税人（含试点纳税人中的一般纳税人），包括经上述部门备案从事融资租赁业务的试点纳税人。

七、《营业税改征增值税试点有关事项的规定》（财税〔2016〕36号）第一条第（三）项第 10点中“向政府部门支付的土地价款”，包括土地受让人向政府部门支付的征地和拆迁补偿费用、土地前期开发费用和土地出让收益等。

房地产开发企业中的一般纳税人销售其开发的房地产项目（选择简易计税方法的房地产老项目除外），在取得土地时向其他单位或个人支付的拆迁补偿费用也允许在计算销售额时扣除。纳税人按上述规定扣除拆迁补偿费用时，应提供拆迁协议、拆迁双方支付和取得拆迁补偿费用凭证等能够证明拆迁补偿费用真实性的材料。

八、房地产开发企业（包括多个房地产开发企业组成的联合体）受让土地向政府部门支付土地价款后，设立项目公司对该受让土地进行开发，同时符合下列条件的，可由项目公司按规定扣除房地产开发企业向政府部门支付的土地价款。

（一）房地产开发企业、项目公司、政府部门三方签订变更协议或补充合同，将土地受让人变更为项目公司;

（二）政府部门出让土地的用途、规划等条件不变的情况下，签署变更协议或补充合同时，土地价款总额不变;

（三）项目公司的全部股权由受让土地的房地产开发企业持有。

九、提供餐饮服务的纳税人销售的外卖食品，按照“餐饮服务”缴纳增值税。

十、宾馆、旅馆、旅社、度假村和其他经营性住宿场所提供会议场地及配套服务的活动，按照“会议展览服务”缴纳增值税。

十一、纳税人在游览场所经营索道、摆渡车、电瓶车、游船等取得的收入，按照“文化体育服务”缴纳增值税。

十二、非企业性单位中的一般纳税人提供的研发和技术服务、信息技术服务、鉴证咨询服务，以及销售技术、著作权等无形资产，可以选择简易计税方法按照3%征收率计算缴纳增值税。

非企业性单位中的一般纳税人提供《营业税改征增值税试点过渡政策的规定》（财税〔2016〕36号）第一条第（二十六）项中的“技术转让、技术开发和与之相关的技术咨询、技术服务”，可以参照上述规定，选择简易计税方法按照3%征收率计算缴纳增值税。

十三、一般纳税人提供教育辅助服务，可以选择简易计税方法按照3%征收率计算缴纳增值税。

十四、纳税人提供武装守护押运服务，按照“安全保护服务”缴纳增值税。

十五、物业服务企业为业主提供的装修服务，按照“建筑服务”缴纳增值税。

十六、纳税人将建筑施工设备出租给他人使用并配备操作人员的，按照“建筑服务”缴纳增值税。

十七、自2017年1月1日起，生产企业销售自产的海洋工程结构物，或者融资租赁企业及其设立的项目子公司、金融租赁公司及其设立的项目子公司购买并以融资租赁方式出租的国内生产企业生产的海洋工程结构物，应按规定缴纳增值税，不再适用《财政部　国家税务总局关于出口货物劳务增值税和消费税政策的通知》（财税〔2012〕39号）或者《财政部　国家税务总局关于在全国开展融资租赁货物出口退税政策试点的通知》（财税〔2014〕62号）规定的增值税出口退税政策，但购买方或者承租方为按实物征收增值税的中外合作油（气）田开采企业的除外。

2017年1月1日前签订的海洋工程结构物销售合同或者融资租赁合同，在合同到期前，可继续按现行相关出口退税政策执行。

十八、本通知除第十七条规定的政策外，其他均自2016年5月1日起执行。此前已征的应予免征或不征的增值税，可抵减纳税人以后月份应缴纳的增值税。

国土资源部　国家发展和改革委员会　财政部　住房城乡建设部　农业部　中国人民银行　国家林业局　中国银行业监督管理委员会　关于扩大国有土地有偿使用范围的意见

2016年12月31日　国土资规〔2016〕20号

各省、自治区、直辖市人民政府，国务院各部委、各直属机构：

自土地使用制度改革以来，我国已形成较为完善的国有建设用地有偿使用制度体系，对落实“十分珍惜、合理利用土地和切实保护耕地”基本国策，保障城镇化、工业化发展，促进社会主义市场经济体制的建立和完善，发挥了重大作用。近年来，随着我国经济发展进入新常态，国有土地有偿使用覆盖面不到位、制度不健全等问题逐渐凸显，市场配置资源决定性作用没有得到充分发挥。为进一步完善国有土地有偿使用制度，根据《中华人民共和国土地管理法》及相关法律规定，经国务院同意，提出以下意见。

一、总体要求

（一）指导思想。全面贯彻党的十八大和十八届三中、四中、五中、六中全会精神，深入学习贯彻习近平总书记系列重要讲话精神，紧紧围绕统筹推进“五位一体”总体布局和协调推进“四个全面”战略布局，牢固树立创新、协调、绿色、开放、共享的发展理念，按照党中央、国务院决策部署，立足基本国情和发展阶段，坚持和完善国有土地全民所有制，坚持和完善国有土地有偿使用制度，使市场在资源配置中起决定性作用和更好发挥政府作用，进一步深化国有土地使用和管理制度改革，扩大国有土地有偿使用范围，促进国有土地资源全面节约集约利用，更好地支撑和保障经济社会持续健康发展。

（二）基本原则。坚持用途管制。严格落实国有农用地、建设用地和未利用地用途管制，国有土地的开发、利用和保护应坚持生态优先的原则，必须符合土地利用总体规划、城乡规划和主体功能区规划等各相关规划。

坚持市场配置。落实国有土地所有权权益，明晰使用权为核心的国有土地资产产权归属、权利类型及对应权能。扩大国有建设用地有偿使用范围，推进国有农用地有偿使用，规范国有未利用地使用管理。完善国有土地有偿使用方式，健全公平开放透明的国有土地市场规则。

坚持依法行政。依法扩大国有土地有偿使用范围，法律规定应当有偿使用的国有土地，必须有偿使用。根据投融资体制、国有企事业单位、农垦等相关领域改革要求，逐步缩小划拨用地范围。依法严格生态用地保护。

二、扩大国有建设用地有偿使用范围

（一）完善公共服务项目用地政策。根据投融资体制改革要求，对可以使用划拨土地的能源、环境保护、保障性安居工程、养老、教育、文化、体育及供水、燃气供应、供热设施等项目，除可按划拨方式供应土地外，鼓励以出让、租赁方式供应土地，支持市、县政府以国有建设用地使用权作价出资或者入股的方式提供土地，与社会资本共同投资建设。市、县政府应依据当地土地取得成本、市场供需、产业政策和其他用途基准地价等，制定公共服务项目基准地价，依法评估并合理确定出让底价。公共服务项目用地出让、租赁应遵循公平合理原则，不得设置不合理的供应条件，只有一个用地意向者的，可以协议方式供应。国有建设用地使用权作价出资或者入股的使用年限，应与政府和社会资本合作期限相一致，但不得超过对应用途土地使用权出让法定最高年限。加快修订《划拨用地目录》，缩小划拨用地范围。

（二）完善国有企事业单位改制建设用地资产处置政策。事业单位等改制为企业的，其使用的原划拨建设用地，改制后不符合划拨用地法定范围的，应按有偿使用方式进行土地资产处置，符合划拨用地法定范围的，可继续以划拨方式使用，也可依申请按有偿使用方式进行土地资产处置。上述单位改制土地资产划转的权限和程序按照分类推进事业单位改革国有资产处置的相关规定办理；土地资产处置的权限和程序参照国有企业改制土地资产处置相关规定办理。政府机构、事业单位和国有独资企业之间划转国有建设用地使用权，划转后符合《划拨用地目录》保留划拨方式使用的，可直接办理土地转移登记手续；需有偿使用的，划入方应持相关土地资产划转批准文件等，先办理有偿用地手续，再一并办理土地转移登记和变更登记手续。

三、规范推进国有农用地使用制度改革

（一）加强国有农用地确权登记工作。以承包经营以外的合法方式使用国有农用地的国有农场、草场以及使用国家所有的水域、滩涂等农用地进行农业生产，申请国有农用地使用权登记的，可按相关批准用地文件，根据权利取得方式的不同，明确处置方式，参照《不动产登记暂行条例实施细则》（国土资源部令第63号）有关规定，分别办理国有农用地划拨、出让、租赁、作价出资或者入股、授权经营使用权登记手续。

（二）规范国有农用地使用管理。使用国有农用地不得擅自改变土地用途，耕地、林地、草地等农业用途之间相互转换的，应依法依规进行，具体管理办法由国务院相关部门共同制定。国有农用地的有偿使用，严格限定在农垦改革的范围内。农垦企业改革改制中涉及的国有农用地，国家以划拨方式处置的，使用权人可以承包租赁；国家以出让、作价出资或者入股、授权经营方式处置的，考虑农业生产经营特点，合理确定使用年限，最高使用年限不得超过50年，在使用期限内，使用权人可以承包租赁、转让、出租、抵押。国家以租赁方式处置的，使用权人可以再出租。按照严格保护为主的原则，依法规范国有林地使用管理。改变国有农用地权属及农业用途之间相互转换的，应当办理不动产登记手续。

（三）明确国有农场、牧场改革国有农用地资产处置政策。国有农场、牧场改制，应由改制单位提出改制方案，按资产隶属关系向主管部门提出申请，主管部门提出明确意见并征求同级国土资源、发展改革、财政等相关部门意见后，报同级政府批准。对属于省级以上政府批准实行国有资产授权经

营的国有独资企业或公司的国有农场、国有牧场等，其涉及国有农用地需以作价出资或者入股、授权经营及划拨方式处置的，由同级国土资源主管部门根据政府批准文件进行土地资产处置。改制单位涉及土地已实行有偿使用或需转为出让或租赁土地使用权的，直接到土地所在地市、县国土资源主管部门申请办理变更登记或有偿用地手续。

（四）完善国有农用地土地等级价体系。开展基于土地调查的农用地等别调查评价与监测工作，定期更新草地、耕地等农用地土地等别数据库。完善农用地定级和估价规程，部署开展农用地定级试点，稳步推进农用地基准地价制定和发布工作，及时反映农用地价格变化。加强农用地价格评估与管理，显化维护国有农用地资产。

四、严格国有土地开发利用和供应管理

（一）严格生态用地保护。按照有度有序利用自然、调整优化空间结构的原则，严格管控土地资源开发利用，促进人与自然和谐共生。对国家相关法律法规和规划明确禁止开发的区域，严禁以任何名义和方式供应国有土地，用于与保护无关的建设项目。

（二）规范国有土地使用权作价出资或者入股、授权经营管理。作价出资或者入股土地使用权实行与出让土地使用权同权同价管理制度，依据不动产登记确认权属，可以转让、出租、抵押。国有企事业单位改制以作价出资或者入股、授权经营方式处置的国有建设用地，依据法律法规改变用途、容积率等规划条件的，应按相关规定调整补交出让金。

（三）改革完善国有建设用地供应方式。地方政府可依据国家产业政策，对工业用地采取先行以租赁方式提供用地，承租方投资工业项目达到约定条件后再转为出让的先租后让供应方式，或部分用地保持租赁、部分用地转为出让的租让结合供应方式。各地可根据实际情况，实行工业用地弹性年期出让政策。支持各地以土地使用权作价出资或者入股方式供应标准厂房、科技孵化器用地，为小型微型企业提供经营场所，促进大众创业、万众创新。

（四）规范国有土地使用权抵押管理。国有建设用地使用权抵押应按照物权法、担保法等相关法律法规的规定执行。农垦国有农用地使用权担保要按照《中共中央　国务院关于进一步推进农垦改革发展的意见》（中发〔2015〕33号）的部署，以试点的方式有序开展。

各地区要认真落实本意见要求，加强指导支持，精心组织实施，切实做好扩大国有土地有偿使用范围各项工作。国土资源部将会同有关部门对本意见落实情况进行督促指导，重大事项及时向国务院报告。